EVIDENCIA:
TODOS ESTÁN BAJO UN HECHIZO

Cómo romper hechizos y maldiciones

SHANE WALL

Godly Writes Publishing, LLC

Orangeburg, SC

Copyright © 2025 by Shane Wall

Todos los derechos reservados. Ninguna parte de esta publicación puede ser reproducida, almacenada en un sistema de recuperación o transmitida en ninguna forma ni por ningún medio, sea electrónico, mecánico, de grabación o de otro tipo, sin el permiso previo y por escrito del editor.

Publicado por:
Godly Writes Publishing
P. O. Box 2005
Orangeburg, SC 29116-2005

Reina-Valera 1960® es una marca registrada de Sociedades Bíblicas Unidas y se puede usar únicamente bajo licencia.

Evidencia: Todos están bajo un hechizo — Cómo romper hechizos y maldiciones

ISBN: 978-0-9967997-4-4

Descargos de responsabilidad:

Este libro es una obra de no ficción. Las historias y testimonios compartidos son verdaderos según el mejor conocimiento del autor y se presentan con el fin de ofrecer percepción y entendimiento bíblico. El contenido de este libro no pretende sustituir el asesoramiento profesional en cuestiones espirituales, emocionales o psicológicas.

El nombre satanás y los términos relacionados no están escritos con mayúscula en este libro de forma intencional, excepto cuando aparecen en citas directas de las Escrituras o al inicio de una oración. Esta decisión refleja nuestra elección de negarle la dignidad del reconocimiento, incluso a costa de la gramática convencional.

Diseño de portada e interior por Greg Jackson, ThinkPen Design

10 9 8 7 6 5 4 3 2 1

Distribución mundial, impreso en EE. UU.

WWW.SHANEWALL.COM

DEDICATORIA

Este libro está dedicado con amor al legado de mi padre, Hoover Wall.

Su apoyo silencioso pero firme a mi vida y ministerio fue extraordinario. Durante los últimos 16 años de su vida, me honró confiando en mí como su pastor. Compartía mis escritos, sermones y citas con plena confianza y orgullo.

El día después de predicar su elogio fúnebre, el Espíritu Santo me dio una perspectiva que jamás olvidaré. Él dijo:

«Los buenos médicos hacen todo lo que está en su poder para asegurarse de que sus pacientes regresen a casa. Los buenos abogados hacen todo lo que está en su poder para asegurarse de que sus clientes encarcelados regresen a casa. Y los buenos pastores hacen todo lo que está en su poder para asegurarse de que sus feligreses regresen a casa.»

Estoy profundamente agradecido —y profundamente conmovido— de que mi papá esté de regreso en casa, en el Cielo, con nuestro Señor y Salvador, Jesucristo.

TABLA DE CONTENIDOS

Capítulo 1: **Identificar los hechizos y el Evangelio** 7
Capítulo 2: **Identificar las maldiciones** 33
Capítulo 3: **El poder del Evangelio** 71
Capítulo 4: **Cómo creer** 105
Capítulo 5: **Pasos prácticos para superar la esclavitud** 131
Capítulo 6: **Caminando en libertad** 143
Capítulo 7: **Superar los hechizos de miedo y ansiedad** 159
Llamado al altar y oración de salvación 191
Oración diaria para poder diario 193
Bendiciones que rompen maldiciones 197
Oraciones para romper hechizos y maldiciones 203
Declaraciones para romper hechizos y maldiciones 219
Afirmaciones para romper hechizos y maldiciones 233
Acerca del autor 247
Contacto 248

CAPÍTULO 1:

IDENTIFICAR LOS HECHIZOS Y EL EVANGELIO

¿Qué es un hechizo?

Quizás les sorprenda que, después de más de 40 años predicando y más de 20 años como pastor, no me limito a «practicar lo que predico». En cambio, creo en predicar lo que ya practico. Este enfoque me permite conectar con las congregaciones de manera más profunda, compartiendo las lecciones que he aprendido y los obstáculos y desafíos que probablemente enfrentarán, como yo lo hice. A través de esta perspectiva de sabiduría experiencial, quiero guiar con perspectivas prácticas, ayudando a todos a navegar y superar las dificultades de la vida con un éxito rotundo.

He enfrentado personalmente hechizos y maldiciones de diversos tipos y sé cómo el poder de Dios me ha liberado de algunas fuerzas difíciles. Por eso, confío en que puedan experimentar la misma libertad que yo.

Este enfoque nos lleva a una verdad bíblica significativa sobre las prácticas. En Deuteronomio 18:9-22, Dios advirtió a los israelitas que evitaran las prácticas de las naciones paganas que los rodeaban. El versículo 11 es la primera mención explícita de un *hechizo* en la Biblia, introduciendo la palabra hebrea *chabar,* que significa «encantar» o «atar». El concepto de *chabar* implica manipular, controlar o atar a las personas mediante conjuros o encantamientos, y está fuertemente asociado con el lanzamiento de hechizos. Esta mención marca la primera vez que la Biblia aborda explícitamente la idea de los hechizos, revelando la postura clara de Dios contra tales prácticas.

9 Cuando entres a la tierra que Jehová tu Dios te da, no aprenderás a hacer según las abominaciones de aquellas naciones.

> *10 No sea hallado en ti quien haga pasar a su hijo o a su hija por el fuego, ni quien practique adivinación, ni agorero, ni sortílego, ni hechicero.*
> *11 ni encantador, ni adivino, ni mago, ni quien consulte a los muertos.*
> *12 Porque es abominación para con Jehová cualquiera que hace estas cosas, y por estas abominaciones Jehová tu Dios las echa estas naciones de delante de ti.*
>
> Deuteronomio 18:9-12 RVR1960

En este pasaje, Dios enumeró una serie de prácticas ocultas, como la adivinación, la brujería y la nigromancia. El versículo 11 menciona específicamente al *encantador*, alguien que usa hechizos para atar o encantar a otros. Estas prácticas, profundamente arraigadas en las culturas paganas que rodeaban a Israel, fueron condenadas por Dios como abominaciones: acciones detestables y contrarias a su naturaleza. Según las investigaciones, la definición de *abominación* es algo que Dios nunca quiso que se creara, lo que enfatiza su odio absoluto por estas prácticas.

La aversión de Dios por estas prácticas ocultistas provenía de su naturaleza engañosa, que alejaba a la gente de Su verdad y la arrastraba a la oscuridad de las influencias demoníacas. En lugar de confiar en practicantes ocultistas y sus hechizos, Dios deseaba que su pueblo confiara solo en Él. Su odio por estos métodos es la razón por la que dejó claro que tales prácticas estaban prohibidas y la razón por la que expulsaría a las naciones que las practicaban.

Dios proveyó una alternativa para su pueblo, prometiendo levantar un profeta al que pudieran escuchar en lugar de recurrir a quienes se dedicaban al ocultismo. Deuteronomio 18:15 (RVR1960) dice: «Profeta de en medio de ti, de tus hermanos, como yo; te levantará Jehová tu Dios; a él oiréis». Esta promesa profética señalaba la venida de Jesucristo, el Profeta supremo, quien guiaría a su pueblo hacia la verdad, en contraste con las mentiras y engaños del ocultismo.

Los versículos 19-22 resaltan la seriedad con la que Dios considera Sus palabras habladas a través de este Profeta:

19 Más a cualquiera que no oyere mis palabras que él hablare en mi nombre, yo le pediré cuenta.

20 El profeta que tuviere la presunción de hablar palabra en mi nombre, a quien yo no le haya mandado hablar, o que hablare en nombre de dioses ajenos, el tal profeta morirá.

21 Y si dijeres en tu corazón: ¿Cómo conoceremos la palabra que Jehová no ha hablado?

22 Si el profeta hablare en nombre de Jehová, y no se cumpliere lo que dijo ni aconteciere, es palabra que Jehová no ha hablado, con presunción la habló el tal profeta; no tengas temor de él.

Deuteronomio 18:19-22 RVR1960

Estos versículos enfatizan que cualquiera que afirme hablar en nombre de Dios debe ser preciso y fiel a su mensaje. Si una profecía no se cumplía, la falta de precisión demostraba que el profeta había hablado con presunción. Esta norma divina distinguía al verdadero Profeta, a quien Dios prometió levantar, de los falsos profetas y ocultistas que buscaban engañar al pueblo de Dios con hechizos y mentiras.

¡El misterio de los hechizos resuelto!

En los silenciosos pasillos del lenguaje, un poder oculto yace latente, esperando ser descubierto. El aparentemente inocente *hechizo de palabras* encierra un profundo secreto que ha resonado discretamente durante siglos. Más allá de su definición común, desvela una historia de encantamiento, manipulación y las fuerzas invisibles que han moldeado cada vida. Están a punto de descubrir que, sin saberlo, todos hemos permitido que hechizos influyentes rijan y gobiernen las decisiones finales que hemos ido tomando en nuestras vidas.

En 1250, cuando los caballeros vagaban y los castillos se erguían imponentes, el término «hechizo» debutó en el Inglés Medio. Pero esto no fue solo una cuestión de evolución lingüística; también marcó la convergencia del significado y el misticismo. En esencia, «hechizo» significaba más que simples palabras; significaba hablar, conversar y anunciar. Retrocedamos al año 900, cuando encontramos el término «hechizo» en Inglés Medio, definido como una historia, un cuento, una narración. El gótico (lengua germánica oriental extinta) define «hechizo» como una fábula o un relato. Estos significados anteriores se vuelven personales e incluso alarmantes a medida que nos muestran que cada historia que creemos, cada narrativa que abrazamos en nuestros corazones y cada cuento que respaldamos, privada o abiertamente, se convierte en un hechizo lanzado sobre nuestras vidas.

Un hechizo está diseñado para llevar a una persona a creer y actuar según una historia particular hasta que esas acciones se conviertan en un hábito o estilo de vida controlador.

Cada uno de nosotros navega por un mundo ensombrecido por el misterio de los hechizos, pero no todos estamos atrapados en las garras de las maldiciones. Al embarcarnos en este viaje para desentrañar la enigmática existencia de hechizos y maldiciones, nos centraremos principalmente en su sutil pero poderosa influencia. Nuestro énfasis en los hechizos es necesario porque muchas personas, incluso después de liberarse de las maldiciones, quedan atrapadas por estos sistemas de creencias que se arraigaron en sus corazones durante el tiempo que estuvieron bajo una maldición. ¿Qué son exactamente los hechizos y las maldiciones? ¿Cómo se abren paso en nuestras vidas y por qué parecen aferrarse a nosotros con tanta persistencia? Este libro quiere desmitificar los hechizos y las maldiciones, ya que las personas a menudo temen aquello que no comprenden.

Cómo saber si están bajo un hechizo

Aquí está la revelación: los hechizos no son solo conjuros místicos en libros polvorientos de brujería; son las historias que escuchamos, aceptamos, mantenemos y vivimos. Ya sea la historia de nuestra alimentación, relaciones o incluso nuestra identidad, los hechizos influyen en las narrativas, cuentos e historias que elegimos creer y a las que nos aferramos.

La psicología básica demuestra que el deseo de obtener placer o evitar el dolor impulsa el comportamiento humano. Quienes lanzan hechizos con éxito (a menudo llamados *hechiceros*) explotan este comportamiento básico para convencer sutilmente a sus víctimas de que la nueva influencia es solo una extensión de su estilo de vida actual. Esta manipulación hace creer a las víctimas que pueden introducir estas nuevas acciones en sus vidas para su propio beneficio. En realidad, ignoran que la decisión y el control han sido implantados, de manera discreta, aunque deliberadamente, por el hechicero para que la consideren y, en algún momento, la adopten. (Más adelante en este capítulo, profundizaré en cuándo se lanzan hechizos sobre víctimas inconscientes).

Las víctimas susceptibles a los hechizos a menudo desconocen que quienes los lanzan los controlan a distancia, creyendo que sus acciones son autodirigidas. Una vez que el promotor lanza un hechizo con éxito, las ideas se arraigan en la psicología de las víctimas, integrándose a la perfección en sus vidas como un mecanismo de afrontamiento, influenciado y operado por el mal, para diversas situaciones y circunstancias. Esta influencia insidiosa reemplaza la guía y la protección que ofrece la naturaleza amorosa y bondadosa de Dios, desviándolas de su guía divina.

Los hechizos y las maldiciones a menudo se valen del miedo para convencer a las víctimas de que esos nuevos comportamientos son esenciales para su autodefensa y protección ante amenazas percibidas. Esta manipulación, impulsada por el miedo, crea una sensación de urgencia, haciéndoles creer que adoptar estos comportamientos es crucial para su supervivencia. En realidad, estas personas suelen protegerse de peligros *imaginarios,* que podrían ser la inofensiva y esperanzadora realidad que Dios les ha preparado. La astucia de estos hechizos reside en su capacidad para oscurecer el propio discernimiento de la víctima, haciéndoles sentir que deben confiar en estas falsas protecciones.

Los hechiceros fomentan un clima de miedo mediante historias falsas que pintan un panorama sombrío. Distorsionan la percepción de la realidad de sus víctimas, alejándolas de la paz y seguridad genuinas que Dios ofrece. Reconocer esta táctica es crucial para liberarse del yugo psicológico de los hechizos y recuperar la seguridad y tranquilidad divinas que Dios ha destinado para nosotros.

Embárquense en un viaje para desentrañar los hechizos que tejen las historias que nos contamos o que creemos de los demás. ¿Qué historias hemos interiorizado? ¿Qué narrativas nos frenan? ¿Qué hechizos estamos viviendo ahora? Estamos a punto de descubrir las fuerzas invisibles que podrían frenarnos durante días, semanas, meses o años.

El tejido invisible de las historias

En la rica trama del lenguaje, en los cuentos del Alto Alemán Antiguo y del Nórdico Antiguo, encontramos nuestras vidas entrelazadas con la definición de *spjall*, «dicho, cuento». *El spill en* gótico (lengua germánica oriental extinta) es una *historia* o *fábula* que revela el poder subyacente de la palabra hablada. Con esto, confirmamos la sorprendente verdad de que las historias a las que nos adherimos rigen continuamente nuestras acciones, moldean nuestras emociones y dictan los caminos que elegimos.

Comprender estos hechizos es más que detectar libros ocultistas o sociedades secretas, es parte del lenguaje y la historia. Las historias tejen sus hechizos silenciosos en la trama de nuestras vidas, revelando una comprensión profunda que puede transformar nuestro destino. Nos encontramos en el umbral de esta revelación, escudriñando el pasado antiguo para descubrir el poder omnipresente de las narrativas: fuerzas que moldean nuestras acciones y nuestra propia existencia.

Piensen en lo que muchos llaman el «hechizo de amor», no como un encantamiento caprichoso, sino como una narrativa profunda que guía nuestros corazones y decisiones. Muchos dicen: «No puedo evitar a quién amo» o «No puedo controlar mis sentimientos». No se dan cuenta de que estos sentimientos son la esencia de un hechizo: una historia en la que se cree y se actúa de manera acorde. Sin embargo, las enseñanzas de Jesús ofrecen una contra narrativa: «No se turbe vuestro corazón...» (Juan 14:1a), recordándonos que no somos meros títeres de nuestras emociones, sino maestros controladores y protectores de nuestros corazones y, en última instancia, de nuestros destinos.

Sobre toda cosa guardada, guarda tu corazón;
Porque de él mana la vida.

Proverbios 4:23 RVR1960

El origen del Evangelio

La palabra «Evangelio» tiene un origen interesante. El primer elemento de la palabra en inglés antiguo era una o larga (ō). Pero, cambió por una asociación errónea con «Dios», como si *God-story* (la historia de Cristo) se convirtiera en *good-story*, que es la traducción correcta. Proviene del término inglés antiguo *gōdspell*, que significa «buenas noticias»: la historia de buenas noticias sobre Jesucristo. «Evangelio» se formó combinando partes de las palabras *good* y *spell*. En este sentido, y a modo de aclaración, la transición de *God-story* a *good-story* es intencional.

De hecho, el Evangelio es el buen hechizo que puede aniquilar todo mal. Asimismo, al considerar estos versículos de la Biblia y reemplazar «Evangelio» por «buen hechizo», lo que antes era un misterio ahora se hace evidente: el poder del Evangelio es un buen hechizo (una buena historia) en el que creemos. La buena historia produce una fuerza impenetrable contra cualquier mal hechizo (mal cuento o historia) que encuentre:

> *Porque no me avergüenzo del evangelio, porque es poder de Dios para salvación a todo aquel que cree; al judío primeramente, y también al griego.*
>
> Romanos 1:16 RVR1960

Curiosamente, el origen griego de la palabra «salvación» se extiende mucho más allá de la oración que ofrecemos para recibir a Jesús en nuestros corazones y vidas. Con demasiada frecuencia, como cristianos, hemos limitado la salvación al momento en que nos rendimos a Jesús en oración, como si el poder del Evangelio dejara de surtir efecto después de decir «Amén». Si la salvación se limitara a ese único momento de oración, el efecto del Evangelio sería efímero. Sin embargo, el significado griego original de «salvación» abarca *la totalidad de los beneficios y bendiciones que los cristianos, redimidos de todos los males terrenales, disfrutarán tras el regreso visible de Cristo del cielo en el reino consumado y eterno de Dios*. El poder del Evangelio se extiende más allá del momento de la salvación, hasta que Jesucristo regrese para recibirnos como suyos. ¡Oh, qué día tan glorioso será ese!

El poder del Evangelio no solo nos salva; nos previene de futuras oposiciones determinadas a llevarnos de regreso a una vida de pecado contra Dios y a una falta de relación cercana con Él.

Piénsenlo así: Si el Evangelio solo fue lo suficientemente fuerte como para rescatarnos del infierno, pero incapaz de librarnos de los hechizos, maldiciones y fortalezas que aún intentan dictar nuestras vidas, ¿qué clase de poder es ese? No, Dios nunca quiso que tratáramos la salvación como una transacción única. El buen hechizo del Evangelio es el único que sigue funcionando cada día, rompiendo las falsas narrativas, las maldiciones generacionales y las creencias destructivas que intentan reescribir nuestra historia.

El enemigo quiere que la gente piense que la salvación es una simple puerta que cruzamos una vez. Pero el Evangelio no es un momento; es un movimiento. No es solo un evento pasado; es poder presente. Y no es solo escapar del infierno; es victoria total sobre las fuerzas de la oscuridad cada día. Por eso el Evangelio es el único hechizo que puede romper cualquier otro hechizo.

Porque en el evangelio la justicia de Dios se revela por fe y para fe, como está escrito: Mas el justo por la fe vivirá.

Romanos 1:17 RVR1960

El Evangelio de Jesucristo es un buen hechizo en su forma más pura y sin adulterar: una gloriosa narrativa de redención, amor y esperanza. Cuando elegimos vivir según el Evangelio, nos alineamos con un buen hechizo: el único conjuro comprobado que promete y libera de todo hechizo demoníaco que nos ata y nos paraliza. Poseemos un poder inmenso para resistir a los maleficios cuando vivimos según el poder vivificante del buen hechizo: el Evangelio. Muchos creen que el propósito del Evangelio se cumple al ofrecer la oración de salvación. ¿Sabían que el poder del Evangelio continúa obrando en nuestras vidas mucho después de orar por primera vez para recibir a Jesucristo y salvar nuestras almas? Compartiré más sobre el efecto duradero del Evangelio en la siguiente sección de este capítulo.

No seas vencido de lo malo, sino vence con el bien el mal.

Romanos 12:21 RVR1960

El evangelio (buen hechizo): Más allá de la salvación

Una idea ampliamente aceptada es que el Evangelio de Jesucristo alcanza su máximo potencial cuando ofrece salvación a quienes no tenían una relación previa con Jesús. Sin embargo, la realidad es que, después de la salvación, la obra eficaz del Evangelio en nuestras vidas continúa completándonos para la gloria de Dios. En el Nuevo Testamento de la Biblia, el Evangelio se usa en varias frases: el Evangelio del Reino (Mateo 4:23, Mateo 9:35, Mateo 24:14 y Marcos 1:14), *Evangelio de Jesucristo* (Marcos 1:1), *Evangelio de Cristo* (Romanos 1:16, Romanos 15:19, Romanos 15:29, 1 Corintios 9:12, 1 Corintios 9:18, 2 Corintios 4:4, 2 Corintios 9:13, 2 Corintios 10:14, Gálatas 1:7, Filipenses 1:27, 1 Tesalonicenses 3:2), *Evangelio de Dios* (Romanos 1:1, Romanos 15:16, 2 Corintios 11:7, 1 Tesalonicenses 2:2, 1 Tesalonicenses 3:1). 2:8, 1 Tesalonicenses 2:9, 1 Pedro 4:17), y varios textos, incluyendo el *Evangelio de la paz.*

El término «Evangelio» apareció por primera vez en el Nuevo Testamento cuando Jesús comenzó a predicar. Dado que su crucifixión, sepultura y resurrección aún no habían tenido lugar, el Evangelio tuvo un impacto más amplio que el simple momento de la oración de salvación.

Y recorrió Jesús toda Galilea, enseñando en las sinagogas de ellos, y predicando el evangelio del reino, y sanando toda enfermedad y toda dolencia en el pueblo.

Mateo 4:23 RVR1960

El Evangelio del Reino de Dios que predicó Jesús incluye lecciones profundas sobre cómo Dios, nuestro Rey, obra en la Tierra. Jesús nos enseñó a buscar primero el Reino de Dios (Mateo 6:31-33), prometiendo que Dios aportaría lo necesario a nuestras vidas. El Reino de Dios representa cómo Dios gobierna la vida en el Cielo y en la Tierra, enfatizando nuestra obediencia a sus leyes reveladas por Jesús. Jesús se refirió a sus enseñanzas como «el Evangelio», que sigue siendo una parte vital de la buena nueva que puede liberarnos de toda influencia maligna, ya sea enviada o autoinfligida.

Los libros del Nuevo Testamento de Mateo, Marcos, Lucas y Juan son «los Evangelios» porque la historia completa de Jesucristo comprende el hechizo de bien que aún nos fortalece miles de años después de su ascensión a los Cielos. Los estudiosos de la Biblia han señalado durante siglos que el Evangelio se extiende desde el nacimiento de Cristo hasta su regreso a la Tierra.

> ...*Para esto apareció el Hijo de Dios, para deshacer las obras del diablo.*
>
> 1 Juan 3:8b RVR1960

De nuevo, el Evangelio no es solo un medio de salvación que pierde su poder una vez que Dios obra ese milagro. El buen hechizo del Evangelio permanece con quien sigue construyendo su relación con Jesús, continuando su propósito en la Tierra al aniquilar las obras del diablo. Todo hechizo y toda maldición lanzada está bajo la autoridad de Jesucristo. Como las Escrituras nos mandan a vencer el mal con el bien (Romanos 12:21), sigamos descubriendo cómo el Evangelio de Jesucristo, el buen hechizo, puede erradicar todo hechizo y maldición que nos cause sufrimiento a nosotros o a alguien que conocemos.

Un compañero de trabajo lanza un hechizo

Los hechizos se esconden a simple vista, incluso en mi ciudad natal, Orangeburg (Carolina del Sur). Como hechiceros malvados, algunos tejen palabras dañinas, creando maldiciones que se hacen pasar por el destino. Sin embargo, existe el poder superior del Evangelio de Jesucristo, que puede romper todos los encantamientos oscuros. No solo se lanzan hechizos en rituales sombríos. Las burlas de familiares, el susurro cruel de un extraño e incluso las declaraciones de los líderes comunitarios pueden atarnos con las cuerdas invisibles de los hechizos. Los relatos de miedo, juicio y superstición circulan en nuestras vidas, proyectando sombras oscuras sobre los inconscientes. Pero recuerden, los conjuros cantados no nos controlan; sino que son las historias y narrativas que elegimos creer las que forjan nuestro destino.

A finales de los 80, tras abandonar la universidad, trabajé en un almacén con corrientes de aire que apestaba a cartón viejo. Cada estante que rellenaba alimentaba la baja autoestima que sufría en silencio. Antiguos compañeros llegaban como clientes, recién graduados con nuevos proyectos, coches y casas. No necesitaba que un demonio me atormentara, porque mis propios pensamientos tejían los hechizos de fracaso, haciéndome creer que estaría atrapado allí, rellenando estantes para siempre.

Vivía con mis padres y asistía fielmente a los servicios religiosos, aunque nada de esto parecía importar. Un guion invisible se reproducía en mi mente, una historia que me convencía de que la inutilidad era mi destino. Un día, un compañero de trabajo me fulminó con la mirada, irritado por mis conversaciones sobre Jesús. Sus dedos me señalaron y danzaron en un gesto extraño y burlón. Entonces hizo una predicción ominosa: «Esta tarde vas a tener un accidente de coche de camino a casa y vas a morir». Cada palabra era como un nuevo nudo en el hechizo. Pero al mantener su mirada con una sonrisa, algo en mí cambió. Respondí: «Te veo mañana». Con cada sílaba que pronunciaba, sentía cómo se deshacía cada hilo de ese oscuro hechizo, intencionado y fallido.

La clave para romper hechizos, o intentos de hechizos, como en esta historia del almacén de alimentos, no reside en rituales complejos, sino en abrazar una narrativa gloriosa y auténtica. La revelación verdadera y edificante de Dios reemplaza a las historias de miedo y limitación con la historia del Evangelio, que es la narrativa de la buena nueva de Jesucristo. Vivir conforme al Evangelio es una auténtica guerra espiritual, no una batalla de cánticos y conjuros. La guerra espiritual es un esfuerzo intencional por reclamar o recuperar el propósito original de Dios para nuestras vidas.

La historia del hechizo de Jerry

Una mañana, estaba haciendo fila con uno de mis hijos espirituales, DeJaun, en un Starbucks. Al darme la vuelta, vi a un hombre desconocido detrás de mí. Al instante, el Espíritu Santo me reveló aspectos de su corazón y espíritu. Exclamé: «¡Poderoso hombre de Dios! ¿Qué pasa, hijo?». Se quedó boquiabierto, abrió los ojos como platos, se tapó la boca con la mano y empezó a reír. Luego dijo: «Estaba en el coche escuchando al Dr. Myles Munroe, y mencionó que necesitamos gente piadosa a nuestro alrededor para poder destacar». Mientras continuaba compartiendo cómo mis palabras confirmaban lo que acababa de oír momentos antes de entrar a la cafetería, DeJaun y yo escuchamos atentamente.

Pedimos y nos sentamos juntos mientras Jerry, el hombre al que me había dirigido, empezó a compartir abiertamente su historia de vida y cómo se había menospreciado. Para no crear un momento embarazoso, evité mencionar su aparente estado de nerviosismo, evidenciado por el temblor de sus manos. Mientras hablaba de los hechizos y la posible maldición que había afectado su vida, finalmente reconoció el temblor y admitió que no podía controlarlo.

Jerry continuó diciendo que había orado el día anterior, pidiéndole a Dios que le diera un mentor y una iglesia a la que asistir. Después de hablar más sobre su vida, DeJaun y yo oramos por él y lo invitamos al servicio el domingo en The Feast of the Lord, la iglesia que pastoreo. Jerry asistió y se unió a la congregación casi de inmediato. Compartió su testimonio conmigo y quería que lo mencionara para animar a otros a conocer lo que Dios puede hacer en sus vidas.

He orado para que su fe y su coraje aumenten al leer la historia de Jerry:

Me llamo Jerry y sufrí ansiedad y miedo severo toda mi vida. De niño, sufrí acoso y me acusaron de actos que no cometí, lo que me llevó a odiarme. También me culpaba por acciones ajenas en las que no tenía nada que ver. Me aislé de estos problemas jugando a videojuegos o saliendo con personas que eran malas influencias. Alrededor de los 11 o 12 años, comencé a tener pensamientos suicidas, pensando que mi familia estaría mejor sin mí. Pronto empecé a consumir drogas y a tener malas relaciones, arraigado en problemas que no sabía cómo solucionar. No sonreía en ninguna de mis fotos. Me odiaba. Aun así, seguí adelante con la vida, a pesar de cómo me trataban algunos familiares.

Conocía a Dios e iba a la iglesia, pero nunca encontraba lo que necesitaba. A veces pienso en el pasado y me doy cuenta de que la mayoría de las iglesias que conocía querían que los niños jugaran y se divirtieran para asegurarse de que siguieran asistiendo, pero esa diversión solo duraba un par de horas. Luego, los jóvenes feligreses volvíamos a situaciones horribles donde faltaban la diversión y los juegos.

Necesitaba algo de la iglesia que me ayudara a superar el odio que sentía por mí mismo causado por las pruebas que enfrenté. Necesitaba algo o alguien que me ayudara a vencer la vida aterradora que encontré en casa y en la calle.

El apóstol Shane Wall fue el orador principal durante un servicio ministerial al que asistí una noche. Hacia el final del servicio, invitó a quienes padecían ansiedad y problemas espirituales a pasar al frente del escenario para orar. Desesperado por liberarme de los evidentes hechizos y maldiciones que sufría, subí, sabiendo que podía recibir mi sanación porque había presenciado en otras ocasiones cómo Jesús usó al apóstol Wall para ayudar a personas a recuperarse de muchos males.

Antes de esa noche, sufría de ansiedad extrema casi a diario. Pensaba demasiado, me temblaban las manos y el estómago sin control, y el miedo me acosó durante mucho tiempo. Un escalofrío me atormentaba día y noche. Ni siquiera puedo contar las veces que fui a urgencias solo para que me dijeran que mis constantes vitales estaban bien, incluso mientras estaba en medio de un ataque espiritual. Los hechizos y maldiciones que soporté fueron una carga mental y física durante demasiados años, y solo tengo 26 años. Estoy casado y tengo una hermosa hijita.

En el servicio de hoy, he visto a personas liberadas, pues el poder de Dios evidentemente las liberaba. Cuando el apóstol Wall llegó hasta mí y me impuso las manos, el poder de Dios me inundó mientras hablaba a los espíritus malignos que atormentaban mi mente y mi cuerpo. Solo puedo describir lo que sentí después como una liberación, como si todo lo que me atenazaba se soltara y me abandonara.

Apenas conocía al apóstol Wall desde hacía unas semanas y lo respetaba como un gran maestro de la Biblia. Ese día, mientras oraba por mí, me enseñó mediante esta liberación. Me dijo: «Ahora ya no puedes preocuparte más, porque volverás a atraer la actividad de los espíritus malignos para que te atormenten». Aprendí que tenía que hacer mi parte del trabajo para mantenerme libre, sin ceder a futuras tentaciones de preocupación, miedo y ansiedad.

Desde ese momento, hace casi dos años, ya no tengo escalofríos. No me tiemblan las manos ni el estómago. Tengo la mente más clara y fuerte, y puedo controlar mis pensamientos mejor que nunca. Me gusta cómo reacciono a las situaciones con calma, en lugar de nerviosismo e irracionalidad. Estoy agradecido por cómo Dios usó al apóstol Shane Wall, y él siempre le da toda la gloria a Dios cuando menciono cómo Dios lo usó para bendecir mi vida.

Cuando Jerry renovó su compromiso con Jesucristo, su vida experimentó una profunda transformación. Asistía a los servicios religiosos con regularidad, oraba con más fervor y vivía para Dios con mayor sinceridad. El Evangelio de Jesucristo es, sin duda, el poder de Dios para la salvación, y esta buena racha continúa su poder por el resto de nuestras vidas, como Jerry experimentó en carne propia.

Actualmente, Jerry es un ministro ordenado que ha ayudado a muchas personas a tener una relación profunda y gratificante con el Señor, tal como él lo ha conocido. Solo Dios sabe cuántos hechizos y maldiciones ha liberado de la vida de otras personas después de que Jerry experimentase el poder transformador del Evangelio y compartiera su testimonio con amor.

Jerry ha organizado pequeños grupos para ayudar a personas con ansiedad y miedo. Es un pionero en la búsqueda de almas que asiste a un gimnasio local para jugar baloncesto con otros jóvenes, les da testimonio de Jesús y los invita a la iglesia. Dondequiera que vaya, a Jerry le apasiona y le llena de alegría hablar a desconocidos del amor y el poder de Jesucristo. Usa el Evangelio (un buen hechizo) para romper hechizos en las vidas que encuentra a diario. ¡A Dios sea la gloria por la historia del Evangelio que puede destruir hechizos y maldiciones en cualquier parte del mundo!

Los antiguos ecos del poder narrativo

Piensen en cómo la Biblia muestra el poder transformador de las historias. Desde el comienzo de la Génesis, ¡Dios literalmente crea todo con su palabra! Más tarde, Jesús usa parábolas e historias cotidianas para revelar profundas verdades espirituales. No son cuentos antiguos y polvorientos, sino palabras vivas y espirituales que siguen transformando vidas hoy en día.

La historia del Evangelio ha impulsado algunas de las transformaciones más extraordinarias de la humanidad en la historia reciente. Por ejemplo, el Evangelio iluminó la creencia del Dr. Martin Luther King Jr. en la igualdad y la no violencia. El Dr. King canalizó esta narrativa en palabras y acciones que impulsaron el movimiento por los derechos civiles, derogando leyes injustas y abriendo los corazones a la rectitud y la verdad.

La madre Teresa de Calcuta, quien vivió el mensaje evangélico de cuidar «a los más insignificantes», mostró al mundo un amor que rompió con la idea de que la riqueza equivale al valor. Su servicio a los menos afortunados transformó las vidas a las que sirvió con humildad, pero también nuestra perspectiva actual sobre la dignidad humana.

¡Incluso la ficción puede generar un cambio poderoso! Los libros de *Narnia* de CS Lewis también mostraron a niños y adultos las cualidades de sacrificio, redención y esperanza en un entorno fantástico. Demostró que las historias pueden conectar viejas verdades con nuevas formas de comprensión, acercando a las personas a la esencia del Evangelio.

Estas historias nos recuerdan que no somos simples oyentes pasivos. Se nos permite elegir narrativas que difunden la verdad y el amor. ¿Cuál es su propia historia del Evangelio? ¿Han visto su poder transformar su vida? A través de cómo hablamos, actuamos e incluso creamos, contribuimos a escribir la historia continua de Dios obrando en el mundo: un relato que tiene el poder de cambiarlo todo.

Narrativas negativas: desentrañar los hechizos de nuestras vidas

Liberarse de los relatos negativos empieza por reconocerlos. Piensen en esos hechizos arraigados en nosotros sobre qué es lo que nos hace felices, como la necesidad de vestir a la última moda. En séptimo grado, me impactó cómo otros alumnos valoraban la moda. En los 80, se podían comprar tres pares de zapatillas de imitación por diez dólares, y esas eran las que yo llevaba. Un compañero me llamó la atención sobre mis zapatos mientras el profesor no estaba en clase. Dijo: «He visto esos zapatos en el boletín de ofertas. ¡Seguro que tu madre te compró los tres pares!». Todos se rieron a carcajadas, y yo me encogí de vergüenza, sentía que podría derretirme en el suelo y desaparecer de ese momento embarazoso. En lugar de reconocer su afirmación sobre la decisión de mi madre de comprar todos los pares, mentí y le dije que no. Incluso le mentí a mi madre al llegar a casa ese día. Le dije que los zapatos me hacían daño, lo que provocó que aceptara mi mentira a regañadientes.

Había aceptado la idea de que mi valor provenía de mi ropa. Debemos ayudar a los niños a afrontar estas situaciones para evitar que cometan el mismo error. Queremos que vean cómo estos pequeños momentos nos moldean y les recordemos que su valor no proviene de opiniones externas. Enseñémosles que la verdadera felicidad no reside en poseer cosas, sino en quiénes son y en el bien que aportan al mundo.

La crítica directa de mi compañero me tomó por sorpresa. Han pasado décadas, y ahora, con la perspectiva que tengo, imagino una respuesta que podría haber convertido la broma de mi compañero en un momento de empatía. Podría haber contestado: «Bueno, mis padres probablemente no ganan tanto como los tuyos, pero me quieren y se esfuerzan por darme lo mejor que pueden. Me alegra que tus padres tengan dinero para comprarte zapatos más caros para que nadie se burle de ti». No sé si esto habría despertado la compasión de mi compañero, pero una cosa está clara: una respuesta así me habría salvado de sucumbir a una narrativa que finalmente me llevó a engañar a mi madre. Esta reflexión abre la conversación sobre diversas tácticas para contrarrestar y desmontar los engaños y hechizos dañinos que podríamos encontrar.

Sino acuérdate de Jehová tu Dios, porque él te da el poder para hacer las riquezas, a fin de confirmar su pacto que juró a tus padres, como en este día.

Deuteronomio 8:18 RVR1960

No defiendo lo que a menudo se denomina el «Evangelio de la prosperidad». Sin embargo, me mantengo fiel a la escritura que afirma que Dios no nos otorga riquezas directamente, sino que nos concede la capacidad de adquirirlas.

Hace poco me vino a la mente un preciado recuerdo de la difunta Dra. Audrey Brunson, pastora que visitó mi iglesia como ministra invitada en varias ocasiones. Uno de sus impactantes mensajes incluía una famosa y cómica declaración: «No espero las riquezas en el cielo cuando muera. Quiero un filete en mi plato y un poco de jamón donde estoy ahora». Rechazaba firmemente la idea de que un compromiso con Cristo requería una vida de pobreza, negándose a dejar que esta concepción invadiera su vida.

No te afanes por hacerte rico; Sé prudente, y desiste.

Proverbios 23:4 RVR1960

A veces, sin darnos cuenta, también nos hechizamos la vida al esforzarnos incansablemente por acumular riquezas. ¿Cómo podemos saber si vivimos en una pobreza innecesaria o nos sobrecargamos en la búsqueda de riquezas? Cuando buscamos la guía de Dios mediante la oración para comprender y aceptar su plan financiero para nuestras vidas, Él nos asegura que ya no estamos bajo el hechizo que nos impide alcanzar el potencial que Dios nos dio.

Hechizos lanzados sobre víctimas inconscientes

La gente suele creer que los hechizos, supuestamente lanzados sin el conocimiento de la víctima, actúan a nivel subconsciente. En algunos sistemas de creencias, se cree que estos hechizos pueden influir en las ideas, emociones o comportamientos de una persona sin que sea consciente. Dichos hechizos pueden acceder eficazmente al subconsciente, infundiendo sugestiones o manipulando percepciones sin que la persona se dé cuenta.

Esta teoría se alinea con conceptos de la psicología como la influencia subconsciente, la sugestión y la preparación. Incluso si una persona no es consciente de que alguien la ha hechizado, puede ser susceptible a sus efectos si su subconsciente es receptivo a las sugestiones o influencias del hechizo.

Un ejemplo de este método de hechizo y manipulación ocurrió cuando Sansón cayó víctima del engaño de Dalila. En Jueces 16, Sansón, conocido por su extraordinaria fuerza, desconocía las verdaderas intenciones de Dalila, quien insistentemente buscaba descubrir el secreto de su poder. La manipulación de Dalila funcionó a un nivel que Sansón no percibió completamente. Ella usó su influencia para debilitar poco a poco su resistencia y extraerle su secreto. Cuando Sansón finalmente reveló que su fuerza residía en su cabello sin cortar, Dalila actuó en consecuencia, lo que provocó que fuera capturado por los filisteos.

Esta historia real muestra cómo la influencia sutil y el engaño pueden operar de forma similar a los hechizos, afectando las acciones y decisiones de alguien sin que la víctima sea consciente de ello. La manipulación y el encanto de Dalila le permitieron infiltrarse en el subconsciente de Sansón, lo que lo llevó a confiar en ella y a creer que ella jamás lo traicionaría.

El relato de la experiencia de Sansón enfatiza la importancia de la vigilancia y el discernimiento al contextualizar la ruptura de hechizos y maldiciones. Así como la caída de Sansón se debió a que había subestimado la influencia de quienes lo rodeaban, en la actualidad las personas deben ser conocedoras del potencial de manipulación subconsciente. Reconocer estas influencias y buscar la guía divina puede brindar protección y claridad. Al permanecer en sintonía con la sabiduría de Dios y rodearse de personas de confianza y fieles, uno puede protegerse de los engaños que pueden causar daño espiritual o personal.

Estaba bajo un hechizo de glotonería

Como sincera advertencia, entiendo que romper los hechizos que han fomentado hábitos poco saludables requiere un esfuerzo deliberado y una planificación cuidadosa. Este esfuerzo vale la pena, ya que la alternativa puede tener consecuencias nefastas. Si bien esta sección se centra en los pasos para superar el consumo excesivo de comida, los mismos principios se aplican a cualquier comportamiento inducido por un hechizo que amenace con destruir áreas de nuestra vida. Debemos abordar estos cambios con seriedad, reconociendo la necesidad de estrategias meditadas y trabajo constante. Además, recomiendo utilizar los recursos disponibles para explorar formas naturales (materiales y cotidianas) de revertir prácticas dañinas, garantizando un enfoque integral y equilibrado para liberarnos de hábitos perjudiciales.

Aunque no soy profesional de la salud ni de la salud mental, he experimentado personalmente los desafíos de comer en exceso y entiendo la lucha espiritual que conlleva. Mis conocimientos provienen de años recorriendo este camino, buscando la guía de Dios y aprendiendo de los éxitos y los fracasos.

Hubo una época en la que tenía la terrible costumbre de comer hasta quedarme completamente lleno. El Espíritu Santo me reprendía a menudo y me arrepentía, solo para volver a fallar en la siguiente comida. El hechizo o la falsa narrativa que aceptaba sobre mí mismo era: «Comer no me satisface a menos que esté completamente lleno». Por simple e inofensivo que parezca este pensamiento, está lejos de serlo. Esta creencia puede causar enfermedades, dolencias e incluso la muerte a muchos que comparten esta historia errónea. He visto episodios del programa *Mi Vida de 270 kg* y he visto a gente explicar cómo no pueden parar de comer hasta que se han atiborrado de comida y bebida.

A menudo sentía el estómago incómodamente apretado y tenso, una sensación que detestaba cada vez que la experimentaba. Pero seguía comiendo en exceso. El hechizo me dominaba tanto que olvidaba la incomodidad de episodios anteriores de sobrealimentación, porque el disfrute de la ingesta constante de comida eclipsaba cualquier recuerdo de miserias pasadas. Mi atención se centraba únicamente en los sabores y texturas placenteros de la comida y la bebida que consumía en ese momento.

¿Cuál fue la solución que me liberó de ese hechizo? Me tomaré mi tiempo para explicarles y abrirles mi corazón, porque quiero que entiendan cómo liberarse de los hechizos, especialmente cuando parece que no tienen la fuerza suficiente para vencerlos. Podemos tener esperanza en medio de nuestras dificultades. Las herramientas que compartiré son conceptos comprobados, tanto espirituales como naturales. Lean esta sección completa para comprender todas las soluciones que descubrí.

Digo, pues: Andad en el Espíritu, y no satisfagáis los deseos de la carne.

Gálatas 5:16 RVR1960

Debemos resistir la tentación de los placeres físicos y alinear nuestras vidas con la voluntad de Dios, entregándonos al Espíritu Santo. Compartiré más sobre mi lucha para dejar de comer en exceso para ayudarles a comprender plenamente la solución que descubrí.

El pecado repetitivo, especialmente cuando sabemos que está mal, pero lo repetimos conscientemente, es lo que enfrentó Pablo cuando escribió:

Porque no hago el bien que quiero, sino el mal que no quiero, eso hago.

Romanos 7:19 RVR1960

Me encantaba comer siempre que veía la televisión. Así que intenté evitar verla mientras comía, pensando que entretenerme era la raíz de mi problema. Sin embargo, incluso sin televisión, seguía sentado, comiendo, hablando, picando y dándome un gusto excesivo. De nuevo, me arrepentía de desobedecer las instrucciones del Espíritu Santo. El hechizo de los excesos también me tenía atrapado en las garras del pecado repetitivo.

¿La glotonería es pecado? Dado que, en la Biblia, Dios nos ordenó evitar cualquier cosa que nos desvíe de su voluntad, entonces sí, la glotonería es pecaminosa. Comer en exceso, como otros excesos, puede convertirse en una forma de idolatría, donde priorizamos nuestros deseos de satisfacción física por encima de nuestra obediencia a Dios. Cuanto más cedemos a estos deseos, más permitimos que este hechizo se apodere de nosotros, manteniéndonos en un círculo de pecado difícil de romper. Ahora comprendo que la verdadera libertad solo puede venir de la entrega al Espíritu Santo y de alinear nuestras acciones con la Palabra de Dios.

20 No estés con los bebedores de vino,
*   Ni con los comedores de carne;*
21 Porque el bebedor y el comilón empobrecerán,
*   Y el sueño hará vestir vestidos rotos.*

Proverbios 23:20-21 RVR1960

Estos versículos nos instan encarecidamente a evitar relacionarnos con quienes se exceden. Es mucho más fácil caer en la glotonería cuando se está rodeado de otros que hacen lo mismo. El segundo versículo destaca que la glotonería conduce a la somnolencia, que a la larga puede causar pereza, descuido de nuestras responsabilidades y, en consecuencia, pobreza.

el fin de los cuales será perdición, cuyo dios es el vientre, y cuya gloria es su vergüenza; que solo piensan en lo terrenal.

Filipenses 3:19 RVR1960

Este versículo aborda la gula con mayor seriedad, afirmando que los glotones hacen de su vientre su dios. En este contexto, el término «vientre» significa más que plenitud física; simboliza la entrega a los placeres del paladar, la entrega a la gula.

La verdadera raíz de cualquier comportamiento glotón no es solo el deseo de saciarse en exceso, sino más bien el impulso de satisfacer nuestro paladar: encontrar algo que agrade nuestros gustos. Al reflexionar sobre mis retos, me doy cuenta de que mi objetivo nunca fue solo llenarme el estómago, sino complacer mis sentidos. Esta perspectiva de Filipenses 3:19 me ayuda a comprender que la glotonería proviene de la búsqueda del placer sensorial, no del consumo excesivo.

Cualquier historia que un hechizo nos haga creer y vivir puede romperse al buscar la Palabra de Dios para obtener información, así como al comprender que debemos descubrir y tomar el control del punto de placer asociado con el hechizo que nos desafía.

Superar cualquier exceso implica integrar perspectivas espirituales y aplicaciones prácticas y naturales. Desde la perspectiva bíblica, sumergirse en la Palabra de Dios y acoger la guía del Espíritu Santo proporciona el cambio fundamental para comprender el impacto dañino del exceso y aceptar la necesidad de arrepentimiento y renovación.

En la práctica, el primer paso es desarrollar la sabiduría sobre los hábitos naturales (materiales) y aprendidos. Para quienes comen en exceso, esto significa prestar mucha atención a qué, cuándo y cuánto comemos. Llevar un diario de alimentos puede ayudar a registrar los patrones de alimentación, facilitando la identificación de los desencadenantes de este exceso. Antes de realizar cualquier acción que pueda llevar a un comportamiento controlado por hechizos, como comer, es importante detenerse un momento para orar y agradecer sinceramente a Dios por la comida (en este caso). También puede ayudarnos cambiar el enfoque del mero consumo a la apreciación y a comer con propósito. Esta práctica se alinea con la guía del Salmo 119:105, donde la Palabra de Dios se convierte en una luz guía que nos ayuda a tomar mejores decisiones.

Lámpara es a mis pies tu palabra,
Y lumbrera a mi camino.

Salmos 119:105 RVR1960

Incorporar actividades basadas en el buen comportamiento también puede desempeñar un papel importante para frenar los excesos. El ejercicio físico promueve un estilo de vida saludable y es un factor disuasorio práctico para la glotonería, sustituyendo un hábito perjudicial por uno saludable. Reemplazar las acciones negativas por positivas implica la dimensión natural tanto como la espiritual. Para actuar con eficacia, es necesario armonizar el corazón, la mente, el espíritu, el alma y el cuerpo; garantizando así un enfoque holístico de transformación.

Debemos declarar abiertamente que nuestras acciones correctivas reemplazan las conductas perjudiciales del pasado. Esta práctica refuerza nuestra determinación y anima a otros a ser nuestros compañeros de responsabilidad no oficiales. Además, escucharnos a nosotros mismos declarar nuestras palabras de determinación en voz alta nos anima y nos fortalece.

También es crucial establecer un entorno de apoyo. Rodearse de personas que fomentan y adoptan hábitos saludables, a la vez que nos brindan apoyo, puede influir significativamente en nuestra capacidad para superar los excesos u otros hábitos desfavorables. Compartir las dificultades y las victorias con un amigo de confianza o con un pequeño grupo puede fomentar un sentido de comunidad y un propósito compartido, como se enfatiza en Proverbios 27:17 RVR1960: «Hierro con hierro se aguza; Y así el hombre aguza el rostro de su amigo.»

Establecer metas realistas y alcanzables también es vital. Dividir el proceso en pasos razonables, como reducir el tamaño de las porciones, elegir opciones de alimentos más saludables y programar comidas regulares, por ejemplo, puede ayudarnos a mantener el progreso sin sentirnos abrumados. Celebrar las pequeñas victorias en el camino refuerza el comportamiento positivo y motiva el esfuerzo continuo. Dado que los hechizos influyen en nuestro estilo de vida, estas sugerencias nos ayudan a crear y mantener rutinas saludables a largo plazo después de romperlos.

Estas estrategias prácticas, combinadas con la fortaleza espiritual que proviene de la Palabra de Dios y la guía del Espíritu Santo, hacen que la posibilidad de liberarse del exceso y de otros males sea una realidad alcanzable. Queremos centrarnos en liberarnos de los placeres excesivos o pecaminosos que podrían causarnos daños irreversibles. Este enfoque holístico, práctico y espiritual, nutre y equilibra los aspectos físicos y espirituales de la vida. Esto conduce a una existencia más sana y plena, en consonancia con la voluntad de Dios para nuestro cuerpo, mente y alma (3 Juan 1:2).

Los hechizos de la debilidad secreta te están esperando

A menudo nos excedemos porque intentamos aliviar una sensación. Pero lo que percibimos no es solo una emoción; es una presencia espiritual. El exceso se manifiesta porque intentamos reemplazar algo espiritual con algo material. Y esa falta de satisfacción espiritual siempre prevalecerá sobre lo material a menos que ejerzamos la sabiduría de Dios. Por ejemplo, cuando experimentamos un espíritu de frustración, podríamos recurrir a la comida u otras sustancias calmantes para intentar apaciguar esa sensación. Pero, por mucho que nos complazcamos, nuestras decisiones materiales no pueden aliviar nuestro malestar espiritual.

Intentar forzar una solución natural para mitigar la miseria espiritual puede llevar a un mayor consumo de cosas deseadas. Con demasiada frecuencia, este consumo se vuelve excesivo y muchos son los que han perdido la vida intentando dominar una batalla espiritual con sustancias dañinas. La clave para romper este círculo vicioso es reconocer que solo las soluciones espirituales, como la oración, la adoración y la búsqueda de la guía de Dios, pueden brindar alivio y sanación a sentimientos como la fatiga, la frustración o la ansiedad.

La fatiga es uno de los mayores enemigos de nuestro bienestar mental, físico y espiritual. Ya sea extrema o moderada, puede debilitar nuestra resistencia a la tentación y hacernos vulnerables a la persistencia de un ataque. Cuando estamos cansados, nuestro cuerpo y mente anhelan alivio, y queriendo escapar del agotamiento, podemos recurrir a actividades perjudiciales como la inmoralidad sexual, el alcohol, el abuso de drogas, la sobrealimentación u otros hábitos destructivos. Sin embargo, el alivio que nuestro cuerpo anhela y necesita se encuentra en un sueño reparador, que nos restaura y nos rejuvenece.

La ilusión de que los placeres dañinos pueden aportar una satisfacción duradera a la sensación de cansancio es un hechizo engañoso que jamás podrá satisfacer la necesidad subyacente de un sueño reparador. Reconocer y abordar de frente nuestra necesidad genuina de relajarnos o incluso de hacer una siesta es clave para liberarnos de este ciclo destructivo que ofrece soluciones inadecuadas para un descanso sensato. Busquemos actividades guiadas por el Espíritu Santo que debiliten el control de un hechizo sobre nuestras vidas hasta que nos liberemos por completo de él.

Hechizos de placer

¿Cuál es su punto de placer? Es diferente para cada persona. Quienes tienen relaciones sexuales prematrimoniales o extramatrimoniales, a pesar de las claras enseñanzas de la Biblia en contra, no solo buscan pasar el rato. Se entregan a un punto de placer específico, que a menudo va más allá del acto en sí. Para mí, comer en exceso me producía la sensación física de tener el estómago lleno. Pero el momento de placer intensificado era saciar mi apetito. Para otra persona, su debilidad podría ser un dulce, pero para otros, un dulce no tiene ningún atractivo. El punto de placer es personal y único para cada individuo. La clave para comprenderlo es descubrir la historia que hemos adoptado y que nos convence de que ese placer nos traerá plenitud.

Imaginemos a alguien atrapado en un ciclo de inmoralidad sexual. Su punto de placer podría provenir de la creencia: «Nadie me quiere lo suficiente como para dedicarme toda su atención». Una vez que acepta esa narrativa, la cree tan profundamente que se convierte en su verdad, lo que le lleva a ignorar las verdaderas intenciones de los demás. Desestima el daño potencial y cae en la trampa de buscar la satisfacción inmediata a través de la aceptación. Su necesidad de atención y aprobación le impide ver las consecuencias, dejándose llevar por el placer, la validación o la interacción a toda costa.

Para otra persona involucrada en relaciones ilícitas, el placer podría ser tan simple como una caricia inocente en el hombro o la espalda, reclamando así el afecto que anhela. La historia detrás de esto podría ser: «La gente me evita como si fuera contagioso. Me siento invisible entre la multitud». Si esto les resuena, recuerden que no son veneno. Dios tiene un plan para su vida. En lugar de sentirse evitados por la gente, reconozcan que Dios les protege por un propósito más elevado del que imaginan.

Debemos estar alerta, protegiéndonos de la vulnerabilidad que conlleva desear el placer con tanta intensidad que permitimos que los hechizos se infiltren en nuestras vidas. La historia que nos creemos sobre nosotros mismos o cómo nos tratan los demás, sumada a la posibilidad de que alguien satisfaga el punto de placer creado por el hechizo que nos domina, puede llevarnos a un pecado que deriva en un estilo de vida destructivo con consecuencias desagradables e incluso mortales.

Dado que estos hechizos generan placer, es natural buscar el placer que prometen. Sin embargo, podemos cancelar para siempre la historia que hemos creído al aceptar la verdad del buen hechizo del Evangelio. El Evangelio no solo trata de la venida de Jesús a la Tierra para morir; incluye su nacimiento, enseñanzas, milagros y todo lo que hizo como parte de su misión divina antes de cumplir las profecías de su muerte y resurrección.

Jesús también prometió que nunca nos dejaría ni nos abandonaría, lo que significa que el poder del Evangelio sigue vigente en la actualidad. Los libros de Mateo, Marcos y Lucas en la Biblia son evangelios sinópticos porque narran relatos similares de la vida de Jesús. No debemos omitir ninguna parte de la vida ni del legado de Jesús en el Evangelio: la buena nueva que abarca todo lo que hizo y sigue haciendo en, por y a través de nosotros.

Prepárense para profundizar

En los próximos capítulos, exploraremos las historias que nos han atrapado y las narrativas que han dictado nuestras decisiones y emociones. Descubriremos los hechizos y las maldiciones bajo las que hemos vivido y, lo que es más importante, aprenderemos a liberarnos de ellos mediante el poder del Evangelio. Aplicar las soluciones de este libro no es solo un ejercicio académico; es un viaje hacia la libertad, una batalla para recuperar la narrativa de nuestras vidas que los hechizos nos han arrebatado.

Nuestra tarea es sencilla: identificar los hechizos y maldiciones que nos han dominado, romper su dominio y abrazar la verdad que nos libera, el mensaje de Jesucristo. Este buen hechizo nos libera de las narrativas negativas que nos atan.

Comprender el poder de la narrativa y la creencia para moldear nuestras vidas sienta las bases para explorar lo que significa estar bajo un hechizo o una maldición. Esta comprensión nos lleva a un punto crucial: el poder transformador del Evangelio, el hechizo positivo que puede romper las cadenas de las narrativas negativas.

Pero ¿qué implica vivir bajo un buen hechizo? No se trata solo de asistir a la iglesia o leer la Biblia, aunque son excelentes opciones de vida; se trata de una profunda transformación personal que cambia nuestra comprensión de la realidad. Aceptar la verdad implica reconocer si las historias que hemos creído se basan en la realidad o en un engaño, y discernir la poderosa verdad del Evangelio de Jesucristo que nos libera.

Jesús incluyó costumbres concretas de su vida terrenal en Israel para ayudar a sus oyentes a familiarizarse mejor con los puntos de las enseñanzas de su Reino. Al profundizar en la historia material y la psicología detrás de la espiritualidad de los hechizos y las maldiciones, exploraremos cómo las culturas antiguas integraban estos conceptos y cómo la interpretación moderna del pensamiento humano nos permite comprender el poder de la creencia y la narrativa. Este viaje nos llevará desde las polvorientas calles de la antigua Jerusalén hasta estudios de psicología cognitiva de vanguardia.

Además, analizaremos historias reales de personas que se encontraron bajo hechizos dañinos (historias de vergüenza, desesperación y desesperanza) y cómo el poder transformador del Evangelio rompió esos hechizos, llevándolos a una vida de libertad, propósito y alegría.

Al analizar estas historias, descubriremos los hilos conductores: las mentiras creídas, las verdades ignoradas y los momentos de revelación que condujeron a su libertad. Estas narraciones demostrarán el poder del buen conjuro, y guiarán a los lectores a identificar y romper hechizos y maldiciones en sus propias vidas. Los capítulos restantes serán más que instructivos; serán un llamado a la acción, un desafío para adentrarse en una nueva historia: la historia de libertad y verdad que se encuentra en Jesucristo.

Antes de pasar al siguiente capítulo sobre las maldiciones, siento que el Espíritu Santo me impulsa a guiarles para que le pregunten a nuestro Padre: «Señor, ¿hay historias o narrativas en las que creo ahora mismo que me están causando hechizos? Por favor, revélamelos y guíame para eliminarlos de mi vida. En el nombre de Jesús, te lo pido. Amén».

CAPÍTULO 2:

IDENTIFICAR LAS MALDICIONES

Entender las raíces de las maldiciones en nuestras vidas

En la década de 1960, AA Allen, un reconocido evangelista sanador, se encontró con una mujer poseída por un espíritu demoníaco en una de sus reuniones de avivamiento. Aunque el acompañante que la trajo se refirió a su condición como un «hechizo», lo que esta querida señora sufrió fue sin duda una maldición maligna impuesta sobre su vida. Mientras el reverendo Allen oraba por ella, el demonio se manifestó verbalmente, declarando: «¡Soy lucifer!».

El acompañante que llevó a la mujer a la reunión relató cómo el demonio la había atormentado, explicando en una grabación de Miracle Revival Recordings de 1964: «Cuando era joven, había un muchacho que quería casarse con ella, pero ella no quería, así que la hechizó. Sus padres la llevaron a un brujo por el dolor en el pecho [causado por la posesión demoníaca resultante del hechizo]. Querían que sanara, pero no sabían adónde ir. Era católica, y todos los años, dicen, mantenían ese hechizo sobre ella…».

El acompañante continuó: «Cuando íbamos a su casa, a buscarla en coche para llevarla a una reunión de oración; se veían los poderes malignos alrededor de la casa. Se sentía en la casa… la fuerza del diablo. El diablo intenta matarla, intenta matar a su hijo, y odia a su esposo, y cada vez que hablábamos con ella de su esposo y su hijo, no podía hablar. Cuando este hechizo la ataca, la deja sin palabras».

El reverendo Allen expulsó al demonio de la mujer en esa reunión de avivamiento. Dios liberó a esa preciosa dama de la opresión y posesión demoníaca mediante el poder de la oración, el mandato y la fe en Jesucristo. La siguiente proclamación bíblica sigue vigente hoy: Cuando nos entregamos a Cristo, el poder del Evangelio puede liberarnos de toda la cautividad espiritual.

El Evangelio de Jesucristo es tan poderoso que rompe incluso los hechizos y maldiciones más fuertes, como el que sufrió la mujer poseída por un demonio en esta historia real. En el siguiente versículo, Jesús declaró:

El Espíritu del Señor está sobre mí,
Por cuanto me ha ungido para dar buenas nuevas a los pobres;
Me ha enviado a sanar a los quebrantados de corazón;
A pregonar libertad a los cautivos,
Y vista a los ciegos;
A poner en libertad a los oprimidos;

Lucas 4:18 RVR1960

Jesús también demostró Su autoridad sobre las fuerzas demoníacas cuando ordenó a un espíritu inmundo que saliera de un hombre:

25 Pero Jesús le reprendió, diciendo: ¡Cállate, y sal de él!
26 Y el espíritu inmundo, sacudiéndole con violencia, y clamando a gran voz, salió de él.

Marcos 1:25-26 RVR1960

Los creyentes han recibido esta autoridad por medio de Cristo y pueden vencer cualquier hechizo o maldición gracias al poder del Evangelio mediante el Espíritu Santo. Las palabras por sí solas no expulsan a los demonios. Los expulsamos por la autoridad de Jesucristo, porque su Evangelio nos fortalece mediante la fe en Jesús, la creencia en su Palabra y la obediencia a su mandato de expulsar demonios.

¿Qué es una maldición?

De humano a humano, una maldición es un acto de juramento o invocación del mal sobre alguien, una plegaria a una entidad maligna para que una maldición o calamidad caiga sobre alguien. Profundizar en el origen de las maldiciones es crucial para liberarse de ellas eficazmente. Las maldiciones pueden surgir de diversas fuentes, cada una con un impacto único en nuestras vidas. Comprender estas raíces no implica culpar a nadie, sino que consiste en buscar claridad y dirección en nuestro camino hacia la liberación de las maldiciones.

Aunque las referencias bíblicas establecen firmemente que las maldiciones son genuinas y efectivas, en la sociedad secular contemporánea, el concepto o la creencia en ellas suele ser más simbólico que literal. Además, los métodos utilizados para «producir» maldiciones varían considerablemente, dependiendo de las creencias culturales y personales. Algunas de las maneras en que las personas podrían creer que pueden producir maldiciones incluyen:

Palabras e intenciones: El poder de las palabras habladas es profundo e innegable en las complejas experiencias de la interacción humana. Muchos creen que las palabras cargadas de intensas emociones o intenciones negativas pueden manifestarse como una maldición; es decir, un conjuro verbal que desea daño o desgracia a otra persona. Esta noción se basa en la comprensión de que nuestras lenguas poseen el doble poder de la vida y la muerte.

> *La muerte y la vida están en poder de la lengua,*
> *Y el que la ama comerá de sus frutos.*
>
> Proverbios 18:21 RVR1960

El mismo instrumento corporal que puede infligir dolor y tristeza también puede aprovechar el poder de infundir vida, esperanza y sanación. Esta dualidad nos recuerda el peso de nuestras palabras y la responsabilidad que debemos asumir. Al elegir conscientemente pronunciar palabras de vida, podemos contrarrestar y dominar la fuerza destructiva de las intenciones negativas, transformando una vida maldita en una bendita, de la oscuridad a la luz. En esta danza de palabras, la intencionalidad de nuestras lenguas se convierte en una poderosa herramienta de cambio, moldeando nuestra realidad y el mundo que nos rodea con cada palabra.

Un querido amigo mío, pastor, testificó que fue a su cita médica y descubrió que el doctor le daba una noticia importante. Le dijo que tenía diabetes. Sin pensarlo dos veces, respondió: «No, no tengo». El doctor reiteró que el diagnóstico era cierto: mi amigo tenía diabetes. De nuevo, respondió: «No, no tengo». Después de varias semanas, volvió a consultar con su médico para un chequeo tras el diagnóstico de diabetes. Para sorpresa del médico, ya no podía confirmar el diagnóstico anterior. ¡Por fe, mi amigo creyó en su corazón y confesó su fe en Dios públicamente!

Acciones simbólicas: Una mística que trasciende lo ordinario

Algunas personas creen que ciertos rituales poseen el poder de invocar una maldición. Quemar una efigie o escribir un nombre en un papel para luego destruirlo conlleva la intención de causar daño, impregnando la realidad con energía negativa. Se cree que estas acciones canalizan y proyectan la voluntad del conjurador, transformando objetos mundanos en canales de fuerza hostil. En este ámbito simbólico, el acto físico se convierte en una manifestación de la intención, que se cree que tiene el poder de alterar destinos y moldear las fuerzas invisibles que gobiernan la vida de las víctimas.

> *Ninguna arma forjada contra ti prosperará, y condenarás toda lengua que se levante contra ti en juicio. Esta es la herencia de los siervos de Jehová, y su salvación de mí vendrá, dijo Jehová.*
>
> Isaías 54:17 RVR1960

Al salir de casa, camino al trabajo, me encontré con una imagen inquietante: un gato muerto en mi jardín. Al vivir en un camino de tierra en la zona rural de Orangeburg, Carolina del Sur, no era ajeno a los gatos callejeros, pero era la primera vez que encontraba uno muerto en mi propiedad. Al acercarme al gato, noté que su cuerpo estaba en una posición poco natural y que el suelo circundante tenía marcas circulares. Me quedó claro que era un intento de maldecirme a mí o a mi familia.

Descarté el débil intento con una carcajada: «¡Vaya! ¿Es esto todo lo que tienen? ¡Aplico la sangre de Jesús sobre este terreno y anulo sus planes porque no prevalecerán!».

Al regresar a casa del trabajo, encontré el lugar impecable, como si nada hubiera pasado. El gato y el inquietante dibujo en el suelo habían desaparecido.

Esta experiencia, aunque extraña, no me asustó; solo parecía un intento fallido de brujería dirigido contra mi familia o contra mí. Lo vi como la representación tangible de un arma forjada contra mí, y tan cierto como que se forjó, fue frustrada por la protección y la autoridad divinas de Dios, otorgadas a través de mi fe en Él. Sabiendo que la obra continua del Evangelio de Jesucristo fortalece nuestras vidas, podemos vencer cualquier hechizo o maldición que cualquier hechicero imagine.

Medios tecnológicos: En la era digital, el panorama de las maldiciones ha evolucionado, y algunos creen que el mundo virtual ofrece una nueva vía para el odio. Algunos consideran el acto de enviar mensajes amenazantes o dañinos a través de las redes sociales u otros medios electrónicos como una forma contemporánea de maldición. Esta versión moderna de una práctica ancestral utiliza la tecnología como vehículo para transmitir las malas intenciones, permitiendo que palabras e imágenes circulen por internet y causen dolor. En este contexto, la pantalla se convierte en un medio para infligir daño sobrenatural, transformando las pulsaciones de teclas en una herramienta para ejercer influencia y causar daño a distancia.

En varias ocasiones, el contenido bíblico que he compartido en mis redes sociales ha generado críticas. Si bien borrar los comentarios negativos es tentador, prefiero aprovechar esos momentos clave como oportunidades educativas. A menudo, quienes critican están bajo el influjo de creencias arraigadas que necesitan la luz de la sabiduría o una mayor comprensión para liberarse. Con la ayuda del Espíritu Santo, es fundamental discernir si alguien ataca de verdad o solo busca iluminación, independientemente de si es consciente de que busca ayuda o no. Al responder con sabiduría y comprensión fundamentadas en la Palabra de Dios, ejercemos el poder de romper hechizos y maldiciones al guiar a otros a la verdad.

Influencia psicológica: Al igual que con los hechizos, el poder de la creencia puede ser un arma de doble filo, especialmente en el ámbito de las maldiciones. El impacto psicológico de creerse maldito puede ser profundo, dando lugar a una espiral de profecías autocumplidas o síntomas psicosomáticos. En este laberinto mental de pensamientos convincentes, la línea entre la realidad y la percepción se difumina, y la mera convicción de estar maldito puede manifestarse de forma tangible, moldeando las experiencias y la salud. Este fenómeno destaca la sutil conexión entre la mente y el cuerpo, destacando la profunda influencia de nuestros pensamientos y creencias en el bienestar físico y emocional. Con la creencia y la realidad, la mente se convierte tanto en campo de batalla como en arma, capaz de conjurar sus propias maldiciones desde las sombras de la duda y el miedo.

¿Por qué te abates, oh alma mía,
Y por qué te turbas dentro de mí?
Espera en Dios; porque aún he de alabarle,
Salvación mía y Dios mío.

Salmo 42:11 RVR1960

Este versículo es particularmente conmovedor, pues captura una profunda conversación entre el espíritu humano y su alma. Reflexiona sobre el momento en que Dios formó a Adán del polvo de la tierra, insufló en él un espíritu viviente y lo transformó en un alma viviente. La creación de Adán resalta el origen divino y la compleja conexión entre nuestra naturaleza espiritual y física.

El Salmo 42:11 es un versículo al que recurro a menudo para justificar mi diálogo interno. A lo largo de mi vida, me ha costado expresar mis emociones. Durante mi infancia, en los años 70 y 80, a los hombres se les decía con frecuencia que guardaran sus sentimientos para sí mismos, ya que esa moderación se consideraba propia de hombres. Sin embargo, en los últimos años, se ha producido un cambio que anima a los hombres a expresar sus emociones con mayor franqueza. Me encuentro atrapado entre estas dos perspectivas. La verdad es que no quiero compartir lo que siento, pero a menudo me cuesta identificar y expresar mis emociones. Sin embargo, a través de la reflexión con la oración y las conversaciones con otros, he llegado a conectar más que nunca con mis sentimientos.

Esta nueva comprensión comenzó cuando me di cuenta de que mi espíritu podía comunicarse con mi alma. En el Salmo 42, el salmista describe un momento en el que su espíritu cuestiona el estado abatido de su alma. Comprender que mi espíritu puede discernir la condición de mi alma y fortalecerla me ha dado la libertad para expresar mis sentimientos con mayor franqueza, porque ahora comprendo lo que sucede espiritualmente en mi interior. La comunicación entre mi espíritu y mi alma se ha vuelto vital cuando no me siento bien en las partes espirituales de mi ser, como mi mente, mi corazón y mi espíritu.

Esta no es una enseñanza de la Nueva Era. No creemos que el espíritu o el alma humana sea divina en sí misma. Seguimos las claras enseñanzas del Espíritu Santo, presentes en el Antiguo y el Nuevo Testamento. Cada verdad compartida en este libro se fundamenta en las Escrituras y se alinea con la sana doctrina bíblica. Los versículos que se presentan no están distorsionados ni se desvían de su contexto original; más bien, refuerzan que esta revelación se basa en la Palabra de Dios y no en ideologías místicas o artificiales. Mi objetivo no es introducir una teología extraña o nueva, sino ilustrar cómo la Biblia ya aborda estas realidades espirituales de maneras que brindan claridad, sanidad y liberación.

Reconocer el papel de mi espíritu humano me hace consciente del alimento continuo que requiere: mediante la oración, el ayuno, el estudio bíblico y más. Romanos 8:16 nos dice que el Espíritu Santo da testimonio a nuestro espíritu humano de que somos hijos de Dios. Por lo tanto, debo mantener mi espíritu receptivo al Espíritu Santo alimentándolo con la Palabra de Dios y con todo lo que Él considere necesario para mi crecimiento y bienestar.

Entonces Jehová Dios formó al hombre del polvo de la tierra, y sopló en su nariz aliento de vida, y fue el hombre un ser viviente.

Génesis 2:7 RVR1960

El espíritu humano es una parte innata de nosotros, diseñado para buscar, indagar y explorar más allá de la superficie de nuestra existencia, anhelando constantemente una comprensión y una conexión más profundas. La información sensorial que recibimos de nuestro entorno —lo que vemos, oímos y experimentamos— penetra en nuestro espíritu, influyendo en nuestro corazón y alma, moldeando nuestra forma de pensar, hablar y actuar. Dada esta profunda conexión, debemos estar atentos a lo que nos exponemos. Lo que absorbemos afecta al espíritu humano, creado por Dios con el propósito de buscar su verdad. Por lo tanto, cuidar nuestros ojos y oídos es fundamental para nutrir un espíritu que se mantenga alineado con el diseño de Dios.

Me acordaba de mis cánticos de noche;
Meditaba en mi corazón,
Y mi espíritu inquiría:

Salmo 77:6 RVR1960

Con mi alma te he deseado en la noche, y en tanto que me dure el espíritu dentro de mí, madrugaré a buscarte; porque luego que hay juicios tuyos en la tierra, los moradores del mundo aprenden justicia.

Isaías 26:9 RVR1960

Sin embargo, debemos cuidarnos de absorber imágenes y sonidos malignos; Dios desea que comprendamos profundamente el bien que emana de Él, sin estar informados sobre la maldad del mundo. Este rechazo a la maldad permite que el poder de Dios se manifieste a través de nosotros al vencer las artimañas y armas del diablo dirigidas contra nosotros.

19 Porque vuestra obediencia ha venido a ser notoria a todos, así que me gozo de vosotros; pero quiero que seáis sabios para el bien, e ingenuos para el mal.
20 Y el Dios de paz aplastará en breve a Satanás bajo vuestros pies. La gracia de nuestro Señor Jesucristo sea con vosotros.

Romanos 16:19-20 RVR1960

Después de que Dios formó a Adán del polvo de la tierra e insufló en él un espíritu que le dio vida, Adán se convirtió en un alma viviente (Génesis 2:7). Esta alma abarca la voluntad, el intelecto y las emociones de la persona, y constituye la esencia de la experiencia y la identidad humanas.

En gran manera me gozaré en Jehová, mi alma se alegrará en mi Dios; porque me vistió con vestiduras de salvación, me rodeó de manto de justicia, como a novio me atavió, y como a novia adornada con sus joyas.

Isaías 61:10 RVR1960

10 Cuando la sabiduría entrare en tu corazón,
  Y la ciencia fuere grata a tu alma,
11 La discreción te guardará;
  Te preservará la inteligencia,

Proverbios 2:10-11 RVR1960

Y les dijo: Mi alma está muy triste, hasta la muerte; quedaos aquí y velad.

Marcos 14:34 RVR1960

Otra parte integral de nuestro ser es el corazón, el lugar donde nacen y se cultivan las creencias. Nuestras convicciones y fe más profundas se albergan en esta región de nuestra existencia, influyendo en nuestras decisiones y guiando nuestras acciones.

Porque con el corazón se cree para justicia, pero con la boca se confiesa para salvación.

Romanos 10:10 RVR1960

El espíritu, el alma y el corazón dirigen colectivamente nuestra existencia, por lo que es fundamental que nuestras almas no se rindan simplemente a lo que el espíritu busca, encuentra y entrega para que el corazón crea. Cuando el alma reflexiona, decide y actúa según estas indicaciones, moldea nuestra realidad. Estas dinámicas pueden generar influencia psicológica, llevando a las personas a vivir en un estado perpetuo de terror, convencidas de estar bajo una maldición o un hechizo.

Cantar y escuchar canciones que dirigen nuestra adoración hacia Dios o Jesús, orar en todo momento oportuno, leer la Biblia para profundizar nuestra comprensión de Jesús y sus enseñanzas: todas estas prácticas garantizan que nuestro espíritu solo tenga recursos piadosos y justos de los cuales extraer. Dedicarnos a estas disciplinas como estilo de vida nos ayuda a garantizar que nuestro espíritu, alma y corazón permanezcan consagrados a la voluntad y el uso de Dios, protegiéndonos de la intención de hechizos y maldiciones formuladas por otros seres humanos.

En el ámbito de las maldiciones, quienes las practican suelen adherirse al principio de que la fe se demuestra por las obras, creyendo que palabras y acciones específicas, ejecutadas con precisión, pueden lograr el resultado deseado. Esta creencia en el poder del ritual y el conjuro se basa en una profunda convicción de la eficacia de sus prácticas. En cambio, Dios llama a los cristianos a un nivel de fe más elevado, anclado en sus promesas y enseñanzas.

Si quienes conjuran maldiciones actúan con tanta convicción en sus rituales, ¿cuánto más deberíamos los cristianos, quienes tenemos la verdad directamente de la Palabra de Dios, ejercitar nuestra fe para producir obras de estricta obediencia? Esta obediencia, nacida de una fe genuina en Dios, tiene el potencial de desencadenar los resultados que Dios desea en nuestras vidas, trascendiendo las limitaciones del esfuerzo humano y accediendo al poder divino que transforma los destinos.

No seas vencido de lo malo, sino vence con el bien el mal.

Romanos 12:21 RVR1960

El papel profético de las maldiciones

Los profetas del Antiguo Testamento a veces pronunciaban maldiciones como parte de su mandato divino. Estas maldiciones eran declaraciones del juicio de Dios contra la infidelidad, la idolatría y la injusticia. Por ejemplo, el profeta Jeremías maldijo a quienes confiaban en simples mortales en lugar del Señor.

Así ha dicho Jehová: Maldito el varón que confía en el hombre, y pone carne por su brazo, y su corazón se aparta de Jehová.

Jeremías 17:5 RVR1960

Sin embargo, es fundamental destacar que el propósito de estas maldiciones proféticas no era causar daño por el simple hecho de causarlo, sino llamar al pueblo al arrepentimiento y la fidelidad a Dios. El objetivo final era la restauración y la reconciliación, no la destrucción.

Las maldiciones en la Biblia suelen tener una dimensión profética. Los profetas eran mensajeros de Dios, encargados de transmitir sus advertencias y juicios. Cuando pronunciaban maldiciones, dicha acción era un llamado al arrepentimiento y un recordatorio enfático de las consecuencias de la desobediencia continua. Esta dimensión profética significa que las maldiciones no eran simples amenazas o castigos aleatorios; eran declaraciones específicas de Dios sobre las consecuencias futuras si las personas continuaban desobedeciendo su Palabra. Las Escrituras muestran claramente este aspecto profético, destacando que Dios siempre revelaba sus intenciones a través de sus profetas antes de traer juicio. Las Escrituras confirman claramente esta función de los profetas:

Porque no hará nada Jehová el Señor, sin que revele su secreto a sus siervos los profetas.

Amós 3:7 RVR1960

Así, cuando profetas como Moisés o Isaías pronunciaban una maldición, no hablaban por convicción personal. Más bien, hablaban bajo autoridad divina, declarando eventos que ocurrirían si la gente se negaba a obedecer los mandatos de Dios. La función profética de las maldiciones no era meramente punitiva, sino redentora. El objetivo final era volver el corazón del pueblo a Dios, evitar el cumplimiento de la maldición y restaurar a quienes se habían desviado del camino recto a un lugar de bendición. Este propósito resalta la naturaleza dinámica de las maldiciones en la narrativa bíblica, donde incluso las advertencias más severas estaban imbuidas de la esperanza de redención.

Reflexionar sobre el papel profético de las maldiciones nos recuerda la importancia de prestar atención a las advertencias de Dios en nuestra vida. En este caso, la censura nos anima a escuchar la voz del Espíritu Santo, a estar atentos a las áreas en las que nos podemos desviar del camino de Dios y a responder con humildad y obediencia.

Cuando Dios maldice

Cuando Dios lanza una maldición sobre un individuo o un grupo en el reino divino, las consecuencias son mucho más profundas que cualquier intercambio terrenal de maldiciones entre humanos.

> 8 *¿Robará el hombre a Dios? Pues vosotros me habéis robado. Y dijisteis: ¿En qué te hemos robado? En vuestros diezmos y ofrendas.*
> 9 *Malditos sois con maldición, porque vosotros, la nación toda, me habéis robado.*
> 10 *Traed todos los diezmos al alfolí y haya alimento en mi casa; y probadme ahora en esto, dice Jehová de los ejércitos, si no os abriré las ventanas de los cielos, y derramaré sobre vosotros bendición hasta que sobreabunde.*
> 11 *Reprenderé también por vosotros al devorador, y no os destruirá el fruto de la tierra, ni vuestra vid en el campo será estéril, dice Jehová de los ejércitos.*
> 12 *Y todas las naciones os dirán bienaventurados; porque seréis tierra deseable, dice Jehová de los ejércitos.*
>
> Malaquías 3:8-12 RVR1960

El pasaje de Malaquías nos reta a considerar el peso de nuestras acciones, en particular en lo que respecta a los diezmos y las ofrendas. Nos recuerda que nuestra relación con Dios no se trata solo de lo que recibimos, sino también de lo que damos. Dar no es una simple transacción; es un testimonio de nuestra confianza en la provisión de Dios y nuestro compromiso con su Reino.

Cuando Dios retiene sus bendiciones, inevitablemente sobreviene una maldición. En las profundas palabras de Malaquías, encontramos un principio divino que habla directamente al corazón de cada creyente. Cuando Dios retiene sus bendiciones de protección, provisión, etc., no es un simple acto pasivo, sino una retención deliberada que es un claro recordatorio de una verdad espiritual más profunda. Esta retención nos muestra el significado subyacente de tal maldición: la ausencia de las bendiciones de Dios. Esta ausencia es una respuesta divina a las acciones o inacciones de un individuo. En pocas palabras, Dios no maldice activamente a las personas; las maldice al negarse a bendecirlas.

Cuando no honramos a Dios con nuestros diezmos y ofrendas, nos situamos fuera del ámbito de sus bendiciones, como si estuviéramos a la sombra, a un paso del cálido resplandor de su favor. La maldición, por lo tanto, no es un castigo aleatorio, sino una consecuencia natural de nuestra desconexión con la Fuente de todas las bendiciones.

Este texto bíblico también nos invita a la introspección y a realinear nuestras prioridades con la Ley de Dios (su voluntad), asegurándonos de que nuestra generosidad refleje nuestra gratitud y confianza en la fidelidad inquebrantable de Dios. Es un llamado a volver a la luz, a disfrutar de la abundancia de las bendiciones de Dios y a experimentar el gozo de estar en armonía con su divina voluntad. Sin la bondad de Dios en nuestras vidas, experimentaremos muchas maldiciones que podrían parecer aleatorias, pero que ocurren automáticamente.

En Jeremías 17:5-8, Dios establece una clara distinción entre quienes confían en la fuerza humana y quienes confían en Él. Declara una maldición sobre quienes confían en las personas:

> 5 Así ha dicho Jehová: Maldito el varón que confía en el hombre, y pone carne por su brazo, y su corazón se aparta de Jehová.
> 6 Será como la retama en el desierto, y no verá cuando viene el bien, sino que morará en los sequedales en el desierto, en tierra despoblada y deshabitada.
>
> Jeremías 17:5-6 RVR1960

Por el contrario, Dios proclama bendiciones sobre aquellos que ponen su fe en Él:

> 7 Bendito el varón que confía en Jehová, y cuya confianza es Jehová.
> 8 Porque será como el árbol plantado junto a las aguas, que junto a la corriente echará sus raíces, y no verá cuando viene el calor,

> *sino que su hoja estará verde; y en el año de sequía no se fatigará, ni dejará de dar fruto.*
>
> Jeremías 17:7-8 RVR1960

Estos versículos de Jeremías resaltan la profunda diferencia en los resultados según dónde depositemos nuestra confianza. Confiar en la fuerza humana conduce a una existencia estéril e infructuosa, mientras que confiar en el Señor resulta en una vida de vitalidad, resiliencia y crecimiento continuo, incluso en tiempos difíciles.

Puesto que toda maldición de Dios es una retención de Su bendición, cualquier otra maldición que un demonio pueda producir a través de esfuerzos humanos puede ser rota, cancelada y aniquilada por una bendición de Dios.

Esta profunda verdad nos lleva a la esencia del poder redentor de Dios. Ninguna maldición está fuera de su poder para revertirla. Cuando Dios decide bendecir, sus bendiciones erradican cualquier maldición. Las bendiciones de Dios tienen la autoridad suprema, ya sea que la maldición provenga de la desobediencia, como se menciona en Deuteronomio, o sea causada por acciones humanas maliciosas influenciadas por fuerzas demoníacas.

Para comprender cómo Dios emplea las bendiciones para erradicar las maldiciones que envió, debemos observar la naturaleza de su gracia y misericordia. Mediante el arrepentimiento y el retorno a Dios, el fluir de sus bendiciones se renueva, rompiendo las cadenas de cualquier maldición. Al alinear nuestras vidas con su voluntad, buscar su rostro y vivir en obediencia, sus bendiciones nos restauran y nos protegen de futuras maldiciones.

La historia de Balaam en Números 23 subraya vívidamente este principio en Números 23:20. Este versículo ilustra que cuando Dios declara una bendición, esta permanece inmutable, venciendo cualquier maldición. Ya se trate de maldiciones generacionales, aflicciones personales o ataques espirituales, invocar las bendiciones de Dios mediante la fe, la oración y la obediencia puede derribar cualquier fortaleza de oscuridad.

Así, en cada circunstancia, estamos invitados a buscar las bendiciones de Dios como el remedio definitivo contra todas las maldiciones, encontrando libertad, restauración y vida abundante en Su gracia y amor inmutables.

Si bien ningún versículo establece estrictamente que «a quien Dios bendice, nadie puede maldecir» o «a quien Dios maldiga, nadie puede bendecir», el concepto sin duda está presente en la Biblia, en particular en la narrativa de Balaam/Balac en el Libro de los Números, como se mencionó anteriormente. Los pasajes de Números 23:8 y 23:20 transmiten esta idea eficazmente:

¿Por qué maldeciré yo al que Dios no maldijo?
¿Y por qué he de execrar al que Jehová no ha execrado?

Números 23:8 RVR1960

He aquí, he recibido orden de bendecir;
Él dio bendición, y no podré revocarla.

Números 23:20 RVR1960

Estos versículos muestran que las bendiciones de Dios son irrevocables y no pueden ser deshechas por la intervención humana o espiritual. De igual manera, cuando Dios maldice, su juicio permanece firme. Este tema se repite a lo largo de las Escrituras, enfatizando la autoridad y soberanía supremas de Dios.

Las bendiciones previenen las maldiciones

Las bendiciones sirven como escudo, impidiendo que las maldiciones se arraiguen en nuestras vidas y destruyendo las que ya están arraigadas. Si una maldición está presente en nuestras vidas, indica que hemos cumplido ciertas condiciones que permiten que exista. Para romperla, debemos alinearnos con las condiciones necesarias para recibir las bendiciones de Dios.

Romper una maldición requiere una bendición específica que contrarreste directamente la causa subyacente. Para permanecer libres de maldiciones, debemos vivir conforme a la Palabra y la voluntad de Dios, cumpliendo los requisitos específicos de la bendición que la destruye. Al hacerlo, eliminamos la causa de la maldición y mantenemos una vida de favor y protección divinos.

1 Bienaventurado el varón que no anduvo en consejo de malos,
Ni estuvo en camino de pecadores,
Ni en silla de escarnecedores se ha sentado;
2 Sino que en la ley de Jehová está su delicia,
Y en su ley medita de día y de noche.
3 Será como árbol plantado junto a corrientes de aguas,
Que da su fruto en su tiempo,
Y su hoja no cae;
Y todo lo que hace, prosperará.

Salmo 1:1-3 RVR1960

Dado que la bendición se considera bíblicamente como lo opuesto a la maldición (Génesis 12:3, Romanos 12:14), el Salmo 1:1-3 ofrece un poderoso modelo para comprender cómo las bendiciones sirven como barrera protectora contra las maldiciones. El pasaje comienza ilustrando las acciones de una persona bendecida: alguien que evita el consejo de los impíos, se niega a interponerse en el camino de los pecadores y no se sienta en la silla de los escarnecedores. Estas decisiones reflejan una decisión consciente de distanciarse de las influencias que conducen al pecado y, en última instancia, a las maldiciones. Al mantenerse alejado de estas influencias negativas, la persona está en condiciones de recibir las bendiciones de Dios, creando así un escudo espiritual que impide que las maldiciones se filtren en esa vida.

El enfoque se centra en la relación de la persona bendecida con la Ley de Dios. El pasaje describe a alguien que se deleita en la Ley del Señor y medita en ella día y noche. Esta constante interacción con la Palabra de Dios sienta las bases de una vida que se nutre continuamente de la sabiduría y la guía divinas. Así como un árbol plantado junto a corrientes de agua recibe constantemente el alimento que necesita para crecer, una vida arraigada en la Palabra de Dios se refresca y sustenta constantemente con sus bendiciones. Esta conexión continua con la Ley de Dios promueve el crecimiento espiritual y asegura que la persona se mantenga resiliente ante cualquier maldición que surja de la desobediencia o el pecado.

La imagen del árbol en el versículo 3 destaca el poder de las bendiciones de Dios para proteger y sustentar. Un árbol plantado junto a corrientes de agua está bien nutrido y da fruto en su tiempo, con hojas que no se marchitan. Esto simboliza una vida de bendición constante, una vida próspera. La maldición de la esterilidad o el fracaso no tiene cabida en nuestras vidas cuando estamos anclados en la Palabra de Dios y recibimos su favor y protección constantes. Esta metáfora nos recuerda que vivir conforme a la Palabra de Dios produce salud espiritual y un escudo duradero contra las maldiciones que buscan perturbar y destruir nuestro bienestar.

Veamos otra parte de la historia de Balaam en Números 22. Él ofrece un profundo ejemplo de cómo las bendiciones de Dios sirven de protección, impidiendo que las maldiciones se apoderen de la vida de su pueblo. Balaam, profeta conocido por su habilidad para pronunciar bendiciones y maldiciones, fue abordado por Balac, rey de Moab, quien temía a los israelitas. Al ver su número y conocer sus conquistas, Balac buscó a Balaam para que maldijera a los israelitas, creyendo que esta maldición los llevaría a la ruina.

Sin embargo, cuando Balaam se preparaba para emprender la tarea, Dios intervino.

Entonces dijo Dios a Balaam: No vayas con ellos, ni maldigas al pueblo, porque bendito es.

Números 22:12 RVR1960

Este versículo destaca el principio crucial mencionado anteriormente: cuando Dios bendice a alguien, ninguna maldición puede vencerlo. A pesar de la presión de Balac y la posible recompensa que Balaam podría recibir, la orden de Dios fue clara: su bendición sobre los israelitas invalidó cualquier maldición.

La importancia de este versículo trasciende la situación inmediata de Balaam. Ilustra una verdad eterna sobre la naturaleza de la protección de Dios. Él protegió a los israelitas de la maldición de Balaam porque Él había perdonado sus malas acciones y ahora estaban bajo Su bendición.

No ha notado iniquidad en Jacob,

Ni ha visto perversidad en Israel.
Jehová su Dios está con él,
Y júbilo de rey en él.

Números 23:21 RVR1960

Esta bendición del perdón de Dios era una barrera espiritual que impedía que cualquier maldición penetrara. La historia continúa con Balaam intentando varias veces maldecir a Israel, solo para descubrir que cada vez que abría la boca, Dios convertía su maldición en bendición.

Esta narración nos recuerda poderosamente que las bendiciones de Dios no son meros dones pasivos, sino fuerzas activas que protegen y preservan a su pueblo. Cuando Dios declara a alguien bendecido, esa bendición se erige como una defensa formidable contra cualquier intento del enemigo de hacerle daño. La experiencia de Balaam subraya la inutilidad de maldecir lo que Dios ha bendecido, reforzando que alinearse con la voluntad de Dios y recibir sus bendiciones es la manera más eficaz de mantenerse libre de maldiciones.

Hoy, esta historia nos recuerda que cuando obedecemos a Dios y vivimos bajo su bendición, estamos protegidos de los ataques espirituales que puedan presentarse. La bendición de Dios, como se demuestra en Números 22:12, es una recompensa y un escudo que garantiza que los planes del enemigo sean frustrados y que el pueblo de Dios permanezca bajo su protección divina.

Pero ¿permanecieron los israelitas bajo la protección de Dios?

La historia de Balaam da un giro más sombrío cuando pasa de intentar maldecir directamente a los israelitas a emplear una estrategia más sutil e insidiosa. Tras comprender que no podía maldecir lo que Dios había bendecido, Balaam aconsejó a Balac que tentara a los israelitas a pecar mediante la inmoralidad sexual y la idolatría. Al inducirlos a comportamientos comprometedores, Balaam sabía que provocarían la ira de Dios y quebrantarían su protección, lo que les haría perder su favor.

Balac siguió el consejo de Balaam, y pronto las mujeres moabitas sedujeron a los hombres israelitas, llevándolos a la inmoralidad sexual y a la adoración de baal de Peor. Las consecuencias fueron graves: una plaga devastadora azotó el campamento, cobrándose la vida de 24.000 personas (Números 25:1-9). Este trágico giro de los acontecimientos pone de manifiesto cómo la desobediencia puede dar lugar a maldiciones que podrían haberse evitado.

Sin embargo, la historia no termina con la plaga. Alcanzó su punto álgido cuando un israelita llamado Zimri hizo alarde de su desobediencia al traer al campamento a una madianita, Cozbi. Finees, nieto de Aarón, en un acto de celo por la justicia de Dios, atravesó a Zimri y a Cozbi con una lanza, clavándosela en el vientre de Cozbi (Números 25:8). El acto de Finees desvió la ira de Dios, y puso fin a la plaga. Aunque sus acciones detuvieron la destrucción de inmediato, el daño ya estaba hecho.

Este trágico suceso sirve como un aleccionador recordatorio de que, si bien las bendiciones de Dios nos protegen, la desobediencia puede anular esa protección, dejándonos vulnerables a los ataques del enemigo. El plan de Balaam funcionó, no por una maldición que pudiera pronunciar, sino porque el pecado permitió que la maldición se arraigara al retirar Dios su bendición protectora. Este antiguo relato de la vida real es una alarmante ilustración de la facilidad con la que podemos ser engañados por tentaciones sutiles y descarriadas, ya que las concesiones pueden tener consecuencias espirituales y físicas devastadoras.

> *Pero tengo unas pocas cosas contra ti: que tienes ahí a los que retienen la doctrina de Balaam, que enseñaba a Balac a poner tropiezo ante los hijos de Israel, a comer de cosas sacrificadas a los ídolos, y a cometer fornicación.*
>
> Apocalipsis 2:14 RVR1960

Hoy, esta historia sirve de advertencia: obedecer a Dios nos mantiene bajo el escudo de sus bendiciones, protegiéndonos de planes malignos ocultos y de quienes nos atacan. Sin embargo, como demuestra la historia de Balaam, incluso la más mínima rebelión puede quebrar ese escudo y abrir la puerta a la entrada de maldiciones. Números 22:12 demuestra cómo las bendiciones de Dios actúan como una fuerza protectora, salvaguardando a su pueblo de las maldiciones. Mantener el cuidado de Dios requiere nuestra vigilancia constante contra el pecado.

Deuteronomio 28: Bendición y maldición

En Deuteronomio 28, Dios contrasta las bendiciones de nuestra obediencia con las maldiciones de nuestra desobediencia. No ahondaré en el debate sobre si las bendiciones y maldiciones de Deuteronomio 28 se aplican a nosotros actualmente. Sin embargo, es innegable que muchos sermones, blogs y libros superventas, alentadores e inspiradores, han hecho referencia a las bendiciones de este pasaje. Estos poderosos mensajes, junto con canciones galardonadas en los premios Grammy, Stellar y Dove, resuenan en quienes, por fe, aplican con éxito las promesas de estas bendiciones a sus vidas, confiando en Dios.

La clave para experimentar el favor y la protección de Dios reside en seguir sus mandamientos y vivir conforme a su Palabra. Cada bendición está vinculada a un área específica de la vida, y la maldición correspondiente advierte sobre las consecuencias de alejarse de Dios. Al comprender estos principios, recordamos la importancia de alinear nuestras vidas con la voluntad de Dios, asegurando que sus bendiciones fluyan a cada aspecto de nuestra vida.

Deuteronomio 28:1-2 enfatiza el requisito central para recibir las bendiciones de Dios: la obediencia. El pasaje afirma que, si los israelitas escuchan diligentemente la voz del Señor su Dios, observando cuidadosamente todos sus mandamientos, entonces él los exaltará sobre todas las naciones de la tierra, y sus bendiciones vendrán sobre ellos y los alcanzarán.

Esta obediencia no se trata solo de conformidad externa, sino de un compromiso sincero para vivir conforme a las leyes y principios de Dios. Requiere un enfoque diligente y cuidadoso para seguir cada aspecto de los mandamientos de Dios, lo que refleja una profunda devoción a su voluntad. La promesa es que, si se cumplen estas condiciones, las bendiciones de Dios no solo se darán, sino que abundarán en cada área de la vida. Estas estipulaciones subrayan la importancia de una vida plenamente alineada con la voluntad de Dios como camino para experimentar sus abundantes bendiciones que previenen las maldiciones mencionadas más adelante en Deuteronomio 28.

Los primeros catorce versículos se centran en las bendiciones que provienen de la obediencia a los mandatos de Dios, mientras que desde el versículo 15 hasta el final del capítulo se detallan las maldiciones que resultan de la desobediencia. Muchas de las bendiciones de Deuteronomio 28 corresponden a una maldición y, juntas, describen vívidamente las consecuencias de nuestras decisiones. A continuación, se resumen las bendiciones y maldiciones correspondientes, destacando los requisitos de Dios para vivir en armonía con su Palabra.

1. Bendecido o maldito en la ciudad y en el campo

Bendición: En los versículos 3 y 4, Dios promete que la obediencia resultará en bendiciones tanto en la ciudad como en el campo. Esto significa que el favor de Dios te acompañará dondequiera que vayas, ya sea en la ciudad o en el campo. Tu familia, tu trabajo y tu vida diaria prosperarán bajo sus bendiciones.

Maldición: Sin embargo, los versículos 16-17 describen lo contrario para quienes desobedecen. Serás maldecido en la ciudad y en el campo. Esto representa una vida de frustración e infructuosidad, dondequiera que estés. Los lugares donde quieras prosperar se convertirán en fuentes de dificultades y lucha.

2. Cestas y almacenes bendecidos o malditos

Bendición: El versículo 5 nos dice que tu canasta y tu granero serán bendecidos. Esto representa la provisión de Dios para tus necesidades diarias: tu provisión de alimentos y recursos será abundante y suficiente. Todo rebosará, ya sea la despensa de tu hogar o tus reservas a largo plazo.

Maldición: En cambio, el versículo 17 afirma que la canasta y el granero serán maldecidos si desobedeces. Esto significa falta de provisión, necesidad e insuficiencia constantes. Tus esfuerzos por almacenar recursos serán inútiles, lo que te llevará a la escasez.

3. Bendecido o maldito en el fruto de tu cuerpo y ganado

Bendición: El versículo 4 promete que el fruto de tu vientre (tus hijos), el fruto de tu tierra y la cría de tu ganado serán bendecidos. Tu familia prosperará, tu tierra será productiva y tus animales se multiplicarán, lo que simboliza prosperidad y crecimiento general.

Maldición: Sin embargo, los versículos 18 y 20 describen la maldición que recae sobre quienes desobedecen. Sus hijos, cosechas y ganado sufrirán, lo que representa una vida de esterilidad, tanto física como material. Lo que debería traer alegría y plenitud se convertirá en una fuente de dolor y decepción.

4. Bendecido o maldito al entrar y al salir

Bendición: El versículo 6 te asegura que serás bendecido al entrar y al salir. Esto habla de la protección y el favor de Dios que te rodea en todos los aspectos de la vida, ya sea que estés emprendiendo un nuevo proyecto o en tu rutina diaria.

Maldición: El versículo 19 advierte que la desobediencia resultará en maldiciones al entrar y salir. En lugar de protección, enfrentarás peligro y fracaso en todas tus empresas. La ansiedad y la inseguridad reemplazarán la paz que buscas en tus idas y venidas.

5. Victoria sobre los enemigos o derrota ante los enemigos

Bendición: El versículo 7 declara que el Señor hará que los enemigos que se levanten contra ti sean derrotados ante ti. Te atacarán por un lado, pero huirán por siete, lo que resalta la protección y liberación de Dios, asegurando la victoria en cada batalla que enfrentes.

Maldición: Por otro lado, el versículo 25 revela la maldición de la desobediencia: ser derrotado por tus enemigos. En lugar de victoria, sufrirás derrota y humillación, convirtiéndote en el escarnio de las naciones. Tus batallas terminarán en ruina, sin protección divina que te ampare.

6. **Abundante prosperidad o sequía y hambruna**
   Bendición: El versículo 11 promete abundante prosperidad en todo lo que hagas. Dios hará prosperar a tu familia, tu ganado y tus cosechas, lo que te llevará a una vida de abundancia.
   Maldición: En contraste, los versículos 23-24 describen una maldición de sequía y hambre. Los cielos arriba serán como bronce, y la tierra abajo como hierro. La lluvia será reemplazada por polvo, lo que representa la esterilidad total y la imposibilidad de producir nada fructífero.

7. **Establecidos como pueblo santo de Dios o destrucción y dispersión**
   Bendición: El versículo 9 resalta la bendición máxima: ser establecidos como el pueblo santo de Dios, apartados para Sus propósitos, la forma más alta de favor donde el nombre de Dios es glorificado a través de nuestras vidas.
   Maldición: Los versículos 36 y 37 hablan de la maldición de ser expulsados de la tierra y esparcidos entre las naciones. En lugar de ser apartados para Dios, enfrentarán destrucción, exilio y desgracia, viviendo como extranjeros en tierras extranjeras.

Bendiciones del Sermón del Monte

Las Bienaventuranzas, pronunciadas por Jesús en su Sermón del Monte (Mateo 5:1-12), son una serie de declaraciones que comienzan con «Bienaventurados» y describen las actitudes y acciones que Dios honra. Estas declaraciones ofrecen una profunda comprensión de cómo Dios otorga las bendiciones y las condiciones necesarias para recibirlas. Cada bendición está ligada a una actitud o condición del corazón específica que nos alinea con el favor de Dios. Al cumplir estas condiciones descritas por Jesús, podemos estar seguros de que cualquier maldición que se nos oponga será impotente ante las bendiciones que Jesús prometió en las Bienaventuranzas. Ahora, vamos a profundizar en las bendiciones concretas que Jesús compartió en su sermón y a explorar las posturas del corazón que las revelan.

1. Bendecidos con el Reino de los Cielos: Pobres en Espíritu (Mateo 5:3)

Para ser bendecidos con el Reino de los Cielos, Jesús nos dice que debemos ser «pobres de espíritu», lo que significa reconocer nuestra pobreza espiritual y nuestra completa dependencia de Dios. Ser «pobre de espíritu» está relacionado con la humildad, reconociendo que no podemos salvarnos a nosotros mismos ni ganarnos el favor de Dios con nuestros esfuerzos. Es la base para recibir la bendición de Dios, porque poseer pobreza de espíritu abre nuestros corazones a su gracia. Al inclinarnos y admitir nuestra necesidad de Dios, nos alineamos con su Reino, donde encontramos las riquezas de su misericordia y herencia.

2. Bendecidos con consuelo: Los que lloran (Mateo 5:4)

La bendición del consuelo se promete a quienes lloran. El duelo, en este contexto, se refiere a una profunda tristeza por las pérdidas personales, el pecado y el sufrimiento del mundo. Cuando lloramos por nuestros pecados o nos lamentamos por el sufrimiento del mundo, demostramos un corazón alineado con la compasión y la justicia de Dios. Este tipo de duelo conduce al arrepentimiento y a una relación más profunda con Dios, lo que resulta en la bendición del consuelo divino. Dios se acerca a los quebrantados de corazón y promete sanar y restaurar a quienes acuden a Él en su dolor.

3. Bendecidos con herencia: Los mansos (Mateo 5:5)

La mansedumbre a menudo se malinterpreta como debilidad, pero en el sentido bíblico, se refiere a la fuerza bajo control. Mansedumbre significa ser amable, paciente y sumiso a la voluntad de Dios. Los mansos no se abren paso hacia el poder ni la riqueza por la fuerza; en cambio, confían en el tiempo y la soberanía de Dios. A cambio, Jesús promete que los mansos heredarán la tierra. Esta bendición habla de una herencia futura en el reino eterno de Dios y de la paz y la satisfacción que provienen de vivir con humildad y confiar en Dios en el presente.

4. Bendecidos con plenitud: Aquellos que tienen hambre y sed de justicia (Mateo 5:6)

Para ser bendecidos con plenitud, Jesús nos llama a tener hambre y sed de justicia, lo que es más que un deseo casual; tener hambre y sed en el sentido espiritual representa un anhelo intenso de ver la justicia, la verdad y la santidad de Dios prevalecer en el mundo que nos rodea. A quienes buscan la justicia con tanto entusiasmo se les promete satisfacción, porque Dios es fiel para satisfacer el deseo espiritual más profundo de quienes lo buscan con fervor. La bendición es que Dios nos llenará de su justicia, haciéndonos más semejantes a él y satisfaciendo nuestras almas de maneras que el mundo jamás podrá.

5. Bendecidos con Misericordia: Los Misericordiosos (Mateo 5:7)
Jesús dijo: «Bienaventurados los misericordiosos, porque ellos alcanzarán misericordia» (Mateo 5:7). La misericordia de la que habla Jesús no es un acto fugaz de bondad; es una compasión profunda y duradera que refleja significativamente el corazón de Dios. Ser misericordioso es extender perdón y gracia, tal como Dios lo ha hecho con nosotros. La misericordia es excusar las malas acciones; sino elegir perdonar a pesar de las ofensas. El perdón es una fuerza poderosa que rompe cadenas y sana a quienes lo reciben y a quienes lo ofrecen.

Sin embargo, Jesús también lanzó una advertencia aleccionadora sobre los límites del perdón en un área específica: la blasfemia contra el Espíritu Santo.

> *31 Por tanto os digo: Todo pecado y blasfemia será perdonado a los hombres; mas la blasfemia contra el Espíritu no les será perdonada.*
> *32 A cualquiera que dijere alguna palabra contra el Hijo del Hombre, le será perdonado; pero al que hable contra el Espíritu Santo, no le será perdonado, ni en este siglo ni en el venidero.*
> Mateo 12:31-32 RVR1960

Según su significado original en griego, blasfemia en este contexto de las Escrituras registradas se refiere a calumnia, detracción o palabras que dañan el buen nombre de otra persona. En concreto, se relaciona con palabras impías y reprochadoras dirigidas contra la majestad divina de Dios. Por lo tanto, la blasfemia contra el Espíritu Santo implica un rechazo difamatorio, deliberado y consciente del Espíritu Santo, atribuyéndolo a una entidad maligna. Esta grave forma de calumnia demuestra un corazón endurecido que no solo se resiste a Dios, sino que también difama su propia naturaleza, lo que resulta en un pecado imperdonable. Este es un firme recordatorio para acercarnos a Dios con reverencia y un corazón abierto, siempre conscientes de nuestras palabras y actitudes hacia su Espíritu.

6. Bendecidos con la visión de Dios: Los de limpio corazón (Mateo 5:8)

Para ser bendecidos con la capacidad de ver a Dios en las situaciones que enfrentamos, tanto nosotros como los demás, debemos poseer pureza de corazón. La pureza de corazón trasciende las simples acciones externas; refleja un estado interior libre de deseos corruptos, pecado y culpa. Quienes son puros de corazón buscan a Dios con sinceridad e integridad, deseando fervientemente alinear sus vidas con su voluntad. Esta pureza abre la puerta a la experiencia de la presencia de Dios ahora y en la eternidad. La bendición de percibir la intervención de Dios en nuestras circunstancias resulta de cultivar una relación cercana e íntima con Él, donde su presencia se hace cada vez más evidente en nuestras vidas, fomentando una pureza constante en nuestros corazones.

7. Bendecidos con el título de Hijos de Dios: Los pacificadores (Mateo 5:9)

Los pacificadores buscan activamente la reconciliación y la armonía en las relaciones rotas entre las personas, la humanidad y Dios. Jesús llama a los pacificadores «hijos de Dios» porque reflejan el carácter de su Padre Celestial, la Fuente suprema de paz. La bendición de ser llamados hijos de Dios significa que quienes buscan la paz son reconocidos como miembros sumisos de la familia de Dios. Al elegir la paz y buscar lo que Dios desea, obtenemos el reconocimiento tanto de las personas como de los ámbitos espirituales. Las fuerzas demoníacas huirán cuando nos resistamos a ellas, y en cambio, elegimos la paz y todo lo que Dios nos manda, como lo promete Santiago 4:7.

8. Bendecidos con el Reino de los Cielos: Los perseguidos por la justicia (Mateo 5:10)

Los perseguidos por causa de la justicia son bendecidos con el Reino de los Cielos (de la congregación de quienes constituyen la *ciudad real de Dios*). Esta bendición muestra que seguir a Cristo y defender la justicia a menudo conlleva oposición y sufrimiento. Sin embargo, Jesús nos asegura que la persecución por su causa significa estar en condiciones de recibir el Reino prometido de Dios. La recompensa por soportar la persecución es la misma que la primera Bienaventuranza: el Reino de los Cielos. Esta bendición nos recuerda que, pase lo que pase en la tierra, somos ciudadanos de un reino superior donde la justicia y la paz de Dios reinan para siempre.

9. Bendecidos con gran recompensa: Aquellos perseguidos y vilipendiados por causa de Cristo (Mateo 5:11-12)
En esta Bienaventuranza final, Jesús amplía el concepto de persecución. Enfatiza que quienes son insultados, acosados y acusados falsamente por su asociación con Él son bienaventurados. Jesús les asegura que su recompensa será grande en el cielo. Esta bendición va más allá del sufrimiento: promete una recompensa eterna. La clave de esta bendición es permanecer fieles a Cristo a pesar de la oposición y la calumnia. Al soportar tales pruebas por amor a Cristo, nos alineamos con los profetas que también fueron perseguidos antes que nosotros, colocándonos en el mismo linaje espiritual de quienes sirvieron fielmente a Dios. La bendición no reside solo en soportar la persecución, sino en la seguridad de una recompensa celestial que supera con creces cualquier sufrimiento terrenal.

Las Bienaventuranzas nos muestran que las bendiciones no son aleatorias, sino que se unen a condiciones y acciones específicas del corazón que reflejan el carácter de Dios. Cada bendición sirve como protección y favor, protegiéndonos de las maldiciones de vivir en contra de los designios de Dios. Al vivir las cualidades que Jesús declaró en las Bienaventuranzas, nos alineamos con el orden divino de Dios, preparándonos para disfrutar de sus bendiciones y protegiendo nuestras vidas de las consecuencias espirituales y naturales de la desobediencia. Seamos estudiosos para descubrir más bendiciones en la Biblia y cumplir con los requisitos para recibir esas bendiciones adicionales que impiden que las maldiciones se infiltren en nuestras vidas.

Las promesas divinas de bendiciones y maldiciones son evidentes en la historia de Balac y Balaam, los relatos de Deuteronomio 28 y las Bienaventuranzas. Estas escrituras reflejan nuestras propias vidas, revelando las consecuencias de nuestras decisiones. Ruego que caminemos con sabiduría y elijamos cumplir con los requisitos necesarios para recibir las bendiciones de Dios, siendo obedientes a todo lo que Él nos manda hacer, especialmente cuando nos enfrentamos a la tentación.

La tentación nos alcanza a todos porque los demonios quieren que nos desviemos por el camino que lleva a la maldición. Su objetivo es hacernos desconfiar de Dios en lugar de alcanzar la bendición de alabarlo y tener fe plena en sus promesas. No dejes que la tentación te robe la oportunidad de ser bendecido. ¿Cómo te sientes tentado hoy? Con frecuencia, cuando la tentación surge repentinamente en un área específica de nuestra vida, es una indicación directa de dónde Dios quiere bendecirnos. Esa tentación se convierte en un arma forjada contra nosotros, diseñada para llevarnos a la desobediencia, lo cual desagrada a Dios. Si cedemos a ella, nos arriesgamos a perder la misma bendición que Él había planeado añadir a nuestras vidas porque no logramos permanecer en el estado de obediencia que la bendición requería.

Recuerda, cada momento de tentación es también una oportunidad para fortalecer nuestra fe y obedecer. Al resistir la tentación, salvaguardamos nuestras bendiciones y nos acercamos a Dios, quien recompensa a quienes eligen su camino. Manténganse fuertes y tengan la seguridad de que Dios será fiel para guiarnos.

Una maldición en el Nuevo Testamento

En el Nuevo Testamento, el concepto de maldición se transmite mediante dos palabras griegas principales, cada una con un significado distinto. Para empezar, la palabra griega «anatema» significaba originalmente algo apartado para Dios. Sin embargo, su significado cambió con el tiempo, llegando a representar algo destinado a la destrucción debido a su conexión con el mal. Este término expresa las graves consecuencias de alejarse del Evangelio, como se ve en Gálatas 1:8-9, donde Pablo declara que cualquiera que predique un Evangelio diferente será «anatema», completamente separado de Cristo.

En Gálatas 3:13, el apóstol Pablo destaca el profundo acto de redención de Cristo.

Cristo nos redimió de la maldición de la ley, hecho por nosotros maldición (porque está escrito: Maldito todo el que es colgado en un madero),

Gálatas 3:13 RVR1960

En este contexto, el término «maldición» se refiere a quien sufre la pena señalada de maldecir, simbolizando la consecuencia final y el destino prescritos por la Ley. Por otro lado, «maldito» significa estar expuesto a la venganza divina y yacer bajo la maldición de Dios, lo que indica el estado de ser maldecido y aborrecible. Jesús asumió la venganza y la condenación divinas destinadas a la humanidad al convertirse en maldición por nosotros, redimiéndonos así de la maldición de la Ley. Lo hizo muriendo en la cruz, a la que el versículo se refiere como «colgado de un madero». Esta frase hace referencia a Deuteronomio 21:23, que afirma que un hombre ahorcado es maldito por Dios.

Al someterse voluntariamente a esta forma de muerte maldita, Jesús absorbió la maldición que nos correspondía, liberándonos así de sus garras. Este acto de sacrificio subraya la profundidad del amor de Dios y el poder transformador del Evangelio, demostrando cómo la muerte sustitutiva de Cristo nos libera de la esclavitud de la Ley y nos abre el camino para vivir en la gracia de Dios.

Comprender estos matices griegos enriquece nuestra comprensión del enfoque del Nuevo Testamento sobre las maldiciones. Revela un equilibrio entre reconocer las maldiciones como una fuerza existente y potente y la narrativa general de redención y gracia que Cristo trae. Desde esta perspectiva, las maldiciones no son meramente punitivas, sino que cumplen un propósito transformador en el plan de Dios para la humanidad.

Un análisis más profundo de Gálatas 3:13 revela un aspecto fundamental de la creencia cristiana respecto a la obra redentora de Jesucristo. Este versículo se basa en la comprensión de que la Ley, tal como se dio en el Antiguo Testamento, incluía bendiciones por la obediencia y maldiciones por la desobediencia. Sin embargo, nadie podía cumplir plenamente la Ley; por lo tanto, todos estaban bajo la maldición del pecado y sus consecuencias.

En una reflexión conversacional y emocional, uno podría preguntarse: «¿He considerado alguna vez el peso de mis palabras y acciones a la luz de la enseñanza de las Escrituras sobre las maldiciones? ¿Cómo cambia la realidad de que Cristo se haya convertido en una maldición por mí la manera en que veo mi redención y mi relación con Dios?»

Comprender la definición bíblica de maldiciones nos invita a reflexionar sobre la gravedad de nuestras palabras y acciones. Nos recuerda que el mundo espiritual influye profundamente en nuestro mundo físico. Al profundizar en los orígenes y significados de estas antiguas palabras, recordamos el poder de la palabra hablada y la importancia de alinear nuestras vidas con la voluntad de Dios para evitar las consecuencias de una maldición.

Siento que el Espíritu Santo me impulsa a preguntarle a nuestro Padre: «Señor, ¿tengo alguna área de mi vida que no esté bendecida y sea vulnerable a las maldiciones? Por favor, revélame cada área y las bendiciones que necesito para librarme de ellas, tanto de mi vida como de la de mis seres queridos. En el nombre de Jesús, te lo pido. Amén».

¿Maldiciones generacionales hoy en día?

Las maldiciones generacionales pueden ser muy confusas, sobre todo porque encontrar evidencia sólida y clara de ellas en el Nuevo Testamento puede ser difícil. Muchas personas consideran que los principios de cómo Dios gobierna las generaciones en el Nuevo Testamento son más aplicables a nuestros tiempos modernos, lo que dificulta la comprensión del concepto de maldiciones generacionales tal como se entendía en el Antiguo Testamento.

Las maldiciones generacionales podrían considerarse hechizos si consideramos que son resultado de historias creídas y puestas en práctica, perpetuando patrones de comportamiento dañinos y recurrentes que plagan a las familias a lo largo de generaciones. Estas aflicciones no son castigos, sino consecuencias de pecados que no se han abordado ni se ha arrepentido. En este contexto, las maldiciones generacionales no son solo juicios externos de Dios, sino también narrativas internalizadas que las familias siguen viviendo. Vamos a explorar este concepto con mayor profundidad con apoyo bíblico.

Un ejemplo de patrones generacionales perpetuados por la creencia y la acción se encuentra en la historia de Abraham, Isaac y Jacob. En Génesis 12:10-20, Abraham miente sobre que Sara era su hermana para protegerse en Egipto. Su hijo Isaac repite el mismo engaño en Génesis 26:7-10 al mentir sobre su esposa, Rebeca. Jacob, el hijo de Isaac, continúa el patrón de engaño, particularmente en su trato con Esaú (Génesis 27). Este patrón recurrente sugiere que el engaño se convirtió en un hechizo transmitido de generación en generación, una historia que cada patriarca creyó y puso en práctica en momentos de temor.

Si bien este pecado generacional podría considerarse una maldición, también se ajusta al concepto de hechizo: una narrativa que cada generación aceptó y promulgó, perpetuando el mismo comportamiento. La historia de engaño se arraigó en la identidad familiar, moldeando sus decisiones e interacciones con los demás. Esto ilustra cómo las maldiciones generacionales pueden manifestarse como historias internalizadas que dictan el comportamiento, en lugar de ser juicios puramente externos de Dios.

En Éxodo 34:7 (RVR1960), Dios habla de «...visitar la iniquidad de los padres sobre los hijos y sobre los hijos de los hijos, hasta la tercera y cuarta generación». Este concepto refuerza la idea de que las personas transmiten patrones pecaminosos a las siguientes generaciones y señala la importancia de los sistemas de creencias dentro de las familias. Si los hijos crecen escuchando y viendo los mismos patrones pecaminosos, pueden interiorizar estas historias y actuar en consecuencia, continuando el ciclo. Estas maldiciones generacionales pueden funcionar como hechizos; historias creídas y puestas en práctica, que perpetúan resultados adversos.

La buena noticia es que podemos romper estos hechizos generacionales. Romanos 12:2 nos insta a transformarnos mediante la renovación de nuestra mente. Cuando renovamos nuestra mente y aceptamos la verdad de Dios, podemos rechazar las historias dañinas transmitidas de generación en generación y comenzar a vivir una nueva narrativa basada en la Palabra de Dios. De esta manera, podemos romper el ciclo de infortunio generacional al reemplazar la vieja historia con la historia de redención de Dios, que genera bendiciones. Al sacar a la luz los patrones pecaminosos y buscar el perdón de

Dios, podemos romper el ciclo y establecer un nuevo rumbo para nosotros y las generaciones futuras.

Maldiciones enviadas y recibidas

Comprender y aferrarse a la creencia de que cuando Dios nos bendice, nadie puede maldecirnos es crucial. Esta verdad debe ser un pilar fundamental de nuestra fe, brindándonos una confianza inquebrantable a lo largo de nuestras vidas. Repasemos la historia de Balaam y Balac en Números 23:8, que ilustra este profundo principio.

Balac, rey de Moab, contrató a Balaam para maldecir a los israelitas, temiendo su poder y número. Sin embargo, bajo inspiración divina, Balaam declaró: «¿Por qué maldeciré yo al que Dios no maldijo? ¿Y por qué he de execrar al que Jehová no ha execrado?» (Números 23:8 RVR1960). Esta poderosa declaración subraya la inutilidad de cualquier maldición contra aquellos a quienes Dios ha elegido bendecir. Esta verdad nos recuerda que las bendiciones de Dios son soberanas e irrevocables.

Sin importar la oposición que enfrentemos ni los malos deseos de los demás, el favor y la protección de Dios prevalecen. Abrazar esta verdad nos fortalece para vivir en fe, sabiendo que sus bendiciones nos protegen de todo intento de socavar sus planes para nuestras vidas. Por lo tanto, vivamos con la seguridad de que sus bendiciones son nuestra firme defensa, y ninguna maldición puede prevalecer contra su divina voluntad y favor.

Aceptar la verdad de que las bendiciones de Dios nos protegen de cualquier maldición nos da la fuerza para vivir con confianza y paz. Esta seguridad transforma nuestra forma de responder a quienes se oponen o nos maltratan.

Bendecid a los que os persiguen; bendecid, y no maldigáis.

Romanos 12:14 RVR1960

En esta escritura, la definición del término bendecir es invocar (invocar *a Dios para que bendiga*), y el término maldecir es «*condenar o invocar el mal sobre alguien*». Bendecir a quienes nos persiguen puede ser contradictorio, especialmente cuando nos enfrentamos a la hostilidad. Sin embargo, esta generosidad se alinea perfectamente con la comprensión de que el favor de Dios es nuestra protección suprema. Dado que las bendiciones de Dios nos protegen, podemos bendecir con libertad y alegría a quienes nos ofenden, sabiendo que no necesitamos responder con venganza, ya que sus acciones no pueden dañarnos.

Este acto de bendición, en lugar de maldición, refleja nuestra confianza en la soberanía y la justicia de Dios. Demuestra que no estamos atados a las acciones de otros, sino anclados en el amor y la protección inquebrantables de Dios.

Al bendecir a nuestros perseguidores, rompemos el ciclo de negatividad y abrimos la puerta para que la gracia de Dios obre en sus vidas y en las nuestras. Esta actitud de gracia y perdón no solo honra a Dios, sino que también nos libera de la carga de la amargura. Nuestra actitud de tranquilidad nos permite vivir en la plenitud de sus bendiciones, confiados en que él se encargará de cualquier injusticia que enfrentemos. De esta manera, Romanos 12:14 nos llama a vivir nuestra fe de forma práctica, encarnando la profunda verdad de que las bendiciones de Dios nos protegen de las maldiciones, liberándonos para extender su amor incluso a quienes se nos oponen.

¿Por qué hacemos la guerra?

Al considerar que alguien puede enviar maldiciones para causar daño, una respuesta común en la cristiandad carismática moderna es participar en lo que se conoce como guerra espiritual. La guerra espiritual es una práctica cristiana centrada en resistir y combatir la influencia de fuerzas sobrenaturales malignas. Este concepto tiene sus raíces en las enseñanzas bíblicas que reconocen la existencia de espíritus malignos o demonios que pueden interferir en la vida humana de diversas maneras. Otra frase que se usa a menudo para describir esta batalla es «luchar en el Espíritu».

Pero ¿por qué nos involucramos en este conflicto sobrenatural? ¿Qué armas espirituales tenemos para mantenernos firmes en nuestra batalla contra satanás y su legión de demonios? ¿Cómo podemos saber con seguridad que hemos triunfado sobre nuestro adversario? ¿Y cuándo es el momento oportuno para contraatacar a nuestro enemigo? Las respuestas a estas preguntas cruciales se encuentran en el siguiente pasaje bíblico.

Ninguno que milita se enreda en los negocios de la vida, a fin de agradar a aquel que lo tomó por soldado.

2 Timoteo 2:4 RVR1960

El propósito de la guerra espiritual no es mostrar la profundidad de nuestra capacidad sobrenatural ni alimentar nuestra pasión por la victoria. Al contrario, el único propósito de la guerra espiritual es agradar a Dios. Por eso luchamos, simple y llanamente: para deleitar el corazón de Dios mediante nuestra fe y devoción inquebrantables en cada batalla. El arsenal divino que se nos ha otorgado depende de nuestra obediencia, un arma poderosa que nos alinea con la voluntad y el propósito de Dios. Mediante nuestra disposición a la sumisión y nuestro afán por obedecer, desbloqueamos las bendiciones de Dios y participamos de la abundancia que Él ha prometido.

Si quisiereis y oyereis, comeréis el bien de la tierra;

Isaías 1:19 RVR1960

La Biblia, la Palabra de Dios, contiene numerosos versículos que sirven como autoridad para aniquilar las maldiciones y hechizos enviados para destruir partes o la totalidad de nuestras vidas.

Lámpara es a mis pies tu palabra,
Y lumbrera a mi camino.

Salmo 119:105 RVR1960

Como pastor, recibí una profunda revelación de Dios sobre el Salmo 119:105. Él me reveló que cada mensaje que presento debe funcionar como una lámpara y una luz. Así como una lámpara junto a mi sillón favorito ilumina el entorno inmediato, mis sermones deben ayudar a las personas a comprender su estado espiritual actual. Del mismo modo, como una linterna o los faros de un vehículo que iluminan el camino, mis sermones deben guiar a las personas hacia su futuro en Dios. Cada sermón debe abarcar nuestra posición actual con Dios y hacia dónde Él desea que vayamos. La luz de la Palabra de Dios, que abarca la Santa Biblia y sus revelaciones habladas, posee inherentemente el poder de romper hechizos. Sus revelaciones específicas pueden desmantelar incluso las maldiciones más intrincadas que se usan contra su pueblo.

Una maldición sin causa

En el año 2000, escribí mi primer libro ¿Qué haces después del baile? Mientras buscaba editorial, una importante casa de ediciones mostró un gran interés. Sin embargo, tras investigar a fondo sus precios, descubrí que la inversión inicial que me exigían era considerable. Mi diligencia, al mismo tiempo, me hizo darme cuenta de que contaba con todos los recursos necesarios para autopublicarme. Seguí adelante de forma independiente, y poco después, aspirantes a autores empezaron a contactarme para que les ayudara a publicar sus libros. Lo que empezó como una iniciativa de auto publicación se convirtió rápidamente en una pequeña editorial.

Fundé Godly Writes Publishing hace más de veinticinco años. Compartí mi pasión con un grupo de conocidos, solicitando y esperando que se unieran a mí en oración por el éxito de mi negocio. Sin embargo, durante una de las reuniones públicas, una persona muy influyente del grupo habló y les dijo a los demás que no oraran por mí. Sus palabras conllevaban una maldición, ya que me impidieron orar por mí, la bendición que anhelaba. Dijo: «Si es de Dios, tendrá éxito. Si no, fracasará». Me sorprendió, me avergonzó y me dolió que ordenara al grupo no orar por mí, especialmente en público, estando yo presente.

¿Por qué me dijo esas palabras tan hirientes? Estaba molesto porque a principios de esa semana le informé que dejaba mis funciones en su empresa para centrarme en mi proyecto editorial. Sus palabras surgieron de un profundo enojo, derivado de cómo me trató después de nuestra conversación inicial sobre mi decisión. Le había ofrecido un preaviso de dos semanas para que encontrara un reemplazo, pero rechazó la posibilidad e insistió en que renunciara de inmediato.

Como el gorrión en su vagar, y como la golondrina en su vuelo,
Así la maldición nunca vendrá sin causa.

Proverbios 26:2 RVR1960

No hice nada para que esta maldición se me pegara, así que no tenía causa ni derecho alguno sobre mi negocio ni sobre mi vida. Dios ya había bendecido mi proyecto con su guía y había prometido resultados a mi obediencia, asegurando que ninguna maldición pudiera obstaculizar las bendiciones que Él había puesto en marcha. Mi empresa ha sido y seguirá siendo bendecida. Personas de más de 120 países han sido impactadas por Godly Writes Publishing, ¡y a Dios sea toda la gloria!

Las maldiciones proferidas sin causa por labios humanos no te encontrarán ni te afectarán como su objetivo, como un gorrión errante o una paloma que huye velozmente no se posarán donde se han alejado abruptamente de su lugar. Por lo tanto, los cristianos que son blanco de estas maldiciones sin sentido están a salvo, en la sangre de Jesús, de los efectos que el autor desea. Ser obedientes a Dios sin concesiones nos protege de caer en la tentación de una maldición que pueda apoderarse de cualquier área de nuestra vida.

Al abrazar este camino de obediencia, evitamos las maldiciones asociadas con la desobediencia y entramos en la vida abundante que Jesús promete: una vida marcada por la paz, el gozo y la plenitud en Dios. Este camino implica reconocer nuestras debilidades, buscar el perdón de Dios cuando flaqueamos y esforzarnos continuamente por vivir de una manera que refleje su amor y santidad. Liberarse de hechizos y maldiciones no es algo que se logra solo una vez.

La liberación de la posesión y la opresión demoníacas exige una vigilancia espiritual constante. Expulsar entidades demoníacas —como el miedo, la confusión o la opresión— no garantiza que las fuerzas del mal se rindan y dejen al individuo libre. La verdadera liberación de hechizos, maldiciones e influencia demoníaca implica un estilo de vida continuo de disciplina espiritual y una vida intencional, que requiere una dependencia constante de la guía, el poder y la protección de Dios. Al recorrer este camino de obediencia, podemos hallar consuelo en la promesa detallada en el siguiente versículo:

No os ha sobrevenido ninguna tentación que no sea humana; pero fiel es Dios, que no os dejará ser tentados más de lo que podéis resistir, sino que dará también juntamente con la tentación la salida, para que podáis soportar.

1 Corintios 10:13 RVR1960

El amor y la atención de Dios se evidencian al no permitir que los demonios nos tienten más allá de nuestra capacidad de resistencia. Él conoce bien la condición humana y, con cada tentación, nos ofrece una vía de escape: una salida que nos asegura la capacidad y la fortaleza necesarias para soportar la prueba y salir victoriosos.

Además, Dios nunca nos deja solos en la batalla contra la tentación. Su fidelidad garantiza que cada prueba, por difícil o agotadora que sea, sea algo que podamos soportar. Él usa la tentación como una oportunidad para bendecirnos, para mostrar su provisión y para demostrar su poder. En esos momentos, debemos recordar su promesa: Él ya nos ha provisto una salida.

Comprender esta verdad cambia nuestra percepción de la tentación. Deja de ser una amenaza y se convierte en una oportunidad para crecer. La fidelidad de Dios nos garantiza que, ante cada tentación, él nos haya capacitado para superarla.

Muchos ven la tentación como una prueba directa diseñada por fuerzas demoníacas para desafiar y perturbar nuestra fortaleza espiritual. Al analizar el razonamiento fundamental de las tentaciones, descubrimos que son acciones que los demonios usan para poner a prueba el contenido real de nuestros corazones y la validez de nuestro compromiso con Dios. La mayoría de las tentaciones implican la percepción demoníaca del anhelo de una persona por una necesidad específica. Los demonios explotan este deseo con la esperanza de inducir a la persona al pecado, anulando posibles bendiciones y creando oportunidades para maldiciones.

Estos momentos de tentación revelan áreas de nuestra vida que podrían anhelar plenitud emocional, física o espiritual. Sin embargo, la tentación no solo resalta nuestras debilidades. Como mencioné antes, también revela la parte de nuestra vida que Dios planea bendecir. Dado que los demonios también conocen nuestras bendiciones futuras, a menudo usan las tentaciones para hacernos errar, buscando nuestro sustento en lugar de esperar las bendiciones que Dios tiene para nosotros. Los demonios saben muy bien que una vez que una bendición llena una parte específica de nuestra vida, toda maldición tiene prohibido afectar esa área.

Si bien este capítulo ha destacado la realidad y el poder tanto de las bendiciones como de las maldiciones, el siguiente capítulo nos llevará a explorar el poder transformador del Evangelio. Si las maldiciones representan esclavitud espiritual y separación de Dios, el Evangelio es la clave que abre la libertad. Jesús, al hacerse maldición por nosotros, anuló el poder de las maldiciones para quienes creen en ellas.

El Evangelio no es solo un mensaje de salvación, sino también una demostración del poder supremo de Dios sobre el pecado, la muerte y toda forma de opresión espiritual. Examinemos ahora con más detalle cómo el Evangelio rompe hechizos y maldiciones, proporcionando protección y restauración divinas a nuestras vidas. Vamos a profundizar en la aplicación práctica del poder del Evangelio, asegurando que su verdad siga siendo el pilar central en toda batalla contra la oscuridad.

CAPÍTULO 3:
EL PODER DEL EVANGELIO

Mi hermana y los tratados ilustrados Chick

Annette, mi hermana mayor, me presentó los Chick Tracts, unos folletos cristianos de bolsillo con dibujos animados que condensan el mensaje del Evangelio en historias cautivadoras, culminando con un llamado a la salvación y una oración para recibir a Jesús como Salvador y Señor. Tenía unos siete años cuando los compartió conmigo por primera vez, me los leía en voz alta y me explicaba los mensajes. La creatividad de Jack T. Chick, el difunto fundador de los tratados ilustrados Chick, me impactó profundamente. Su capacidad para entrelazar el Evangelio de Jesucristo en historias impactantes y cercanas que podían llegar a personas de diversos orígenes, sin importar su religión, educación o profesión, era una genialidad.

Al principio, estos tratados me asustaban, pues temía ir al infierno. Pero una vez que comprendí que Dios, en su gracia, diseñó un plan para que fuéramos al cielo, sentí la urgente necesidad de compartir este camino y los tratados con todos a mi alrededor. Las narrativas ficticias pero poderosas de los tratados Chick, con el mensaje del Evangelio perfectamente integrado, me impulsaron a vivir solo para Jesús y a convertirme en su testigo. Comencé a compartir los tratados desde muy joven, ya que sus historias inculcaron en mí un compromiso de por vida con la evangelización, impactando vidas de todas las edades. Actualmente, debo mi comprensión del poder transformador del Evangelio a las semillas que sembró mi hermana a través de esos impactantes tratados ilustrados Chick.

Incluso hoy, al hojear tratados nuevos y antiguos, recuerdo lo poderosamente convincentes que fueron durante mis años de formación y cómo siguen impactándome. Aunque sé que soy cristiano, la forma tan inspiradora en que el señor Chick presentaba el Evangelio en sus historias a menudo me lleva a reevaluar mi relación con Dios. Nunca quiero caer en la trampa de pensar que ya he llegado (Filipenses 3:13). Al mismo tiempo, me niego a caer en la tentación de dudar de mi salvación. Las Escrituras aclaran que he pecado si sé lo que es correcto y no lo hago (Santiago 4:17). El mensaje del Evangelio de Jesucristo es inequívoco, y mi objetivo es dedicarle cada momento de energía que tenga para que reciba toda la gloria mientras vivo para honrarlo.

Debemos comprender la fuente de nuestro poder para liberarnos de las oscuras nubes de desesperación que se ciernen sobre nuestras vidas. Dios nos ha equipado con las herramientas necesarias para realizar estas extraordinarias proezas de fuerza y valentía, y este poder reside en las palabras que pronunciamos. Hay que tener en cuenta que la capacidad de usar palabras que alteren nuestro destino va más allá de las simples expresiones. En el próximo capítulo, profundizaremos en este concepto y exploraremos cómo el poder de nuestras palabras se basa en una profunda verdad. Por ahora, es imprescindible asimilar la verdad sobre el poder del Evangelio, que se extiende más allá de la salvación. Al creer y saber que lo que decimos se alinea con la verdad, obtenemos la autoridad para romper hechizos y maldiciones con éxito. Esta comprensión servirá de base para el camino transformador que nos espera.

El Evangelio, también llamado el buen hechizo, no es solo la puerta de entrada a la fe cristiana, sino la fuerza perdurable que sostiene y fortalece el camino del creyente. El Evangelio de Jesucristo tiene el poder de romper hechizos y maldiciones, incluso aquellos que parecen profundamente arraigados e inquebrantables en nuestras vidas. No es de extrañar que Pablo expresara su entusiasmo por predicar el Evangelio. Sabía la autoridad que las personas recibirían al escuchar y aceptar la verdad. Pablo declaró lo siguiente:

> 15 *Así que, en cuanto a mí, pronto estoy a anunciaros el evangelio también a vosotros que estáis en Roma.*
> 16 *Porque no me avergüenzo del evangelio, porque es poder de Dios para salvación a todo aquel que cree; al judío primeramente, y también al griego.*

17 Porque en el evangelio la justicia de Dios se revela por fe y para fe, como está escrito: Mas el justo por la fe vivirá.

Romanos 1:15-17 RVR1960

Creciendo en la fe

Desde muy joven, el Evangelio de Jesucristo arraigó profundamente en mi vida. Al crecer en la iglesia, los sermones sobre la salvación y las realidades de la eternidad moldearon mi comprensión temprana. La idea del tormento ineludible del infierno fue una poderosa motivación, impulsándome a abrazar el Evangelio no solo como algo puntual, sino como un compromiso diario.

Esta dedicación se convirtió en algo natural en mi vida, incluso en los pasillos de la Escuela Católica Santísima Trinidad. Con el apoyo de mis padres, quienes generosamente invirtieron en mi educación y crecimiento espiritual, a menudo compartía mi fe. Mis padres se turnaban para llevarme a mí y a mis amigos —aquellos a quienes había convencido con cariño de su necesidad de una vida dedicada a Jesús— a mi iglesia, fomentando así una creciente comunidad unida por la fe.

Mi entusiasmo por compartir el Evangelio era tan evidente que incluso mi maestra de primaria, la Sra. Dorothy Biering, me apodaba cariñosamente «Pequeño Predicador». Recuerdo vívidamente a un compañero que sufría vómitos diarios después de almorzar, una experiencia angustiosa para cualquier niño. Movido por una profunda compasión y a instancias de mi maestra, me encontré a su lado, imponiéndole las manos como había visto hacer a mi pastor, orando por su alivio. Milagrosamente, su enfermedad cesó a partir de ese día, testimonio del poder sanador del Evangelio.

Esta experiencia es solo un hilo en la rica gama de maneras en que el Evangelio se ha manifestado en mi vida. El buen hechizo, el poder transformador e inagotable del mensaje y ministerio de amor de Jesús, toca cada aspecto de nuestra existencia, ofreciendo salvación, sanidad, esperanza y un camino diario para vivir sus enseñanzas. El camino de cada persona con el Evangelio refleja de forma única su impacto transformador, desde sanaciones impresionantes hasta momentos de profunda comprensión, mostrando el alcance vasto y personalizado de la gracia de Dios.

El poder transformador del Evangelio se extiende más allá de nuestra salvación inicial, ya que impregna cada aspecto de la vida del creyente y es la fuente constante del poder de Dios. Descubrimos la verdadera eficacia del Evangelio cuando lo integramos en nuestros pensamientos, palabras y acciones diarias. El Evangelio nos capacita para vencer el pecado, soportar las pruebas y vivir una vida que refleje el carácter y el amor de Cristo. El Evangelio es la fuente de esperanza, la fuente de fortaleza y la guía para una vida con propósito y significado. Basándonos en la revelación del poder continuo del Evangelio en nuestras vidas, podemos leer Juan 1:12 para una mayor comprensión:

> *Mas a todos los que le recibieron, a los que creen en su nombre, les dio potestad de ser hechos hijos de Dios;*
>
> Juan 1:12 RVR1960

Este versículo resalta otra dimensión del poder transformador del Evangelio. El buen hechizo (Evangelio) es un proceso continuo de evolución hacia la persona que Dios desea que seamos en Cristo Jesús. El Evangelio nos otorga la autoridad, el poder y el privilegio de convertirnos en los hijos obedientes, amorosos, perdonadores, leales y empoderados que Dios quiere que seamos. Vivir conforme al Evangelio es un camino dinámico que dura toda la vida y que se desarrolla a medida que creemos, nos adherimos, confiamos y nos apoyamos en Jesús. Por lo tanto, podemos superar cualquier historia que haya traído un hechizo de características o hábitos negativos a nuestras vidas, haciendo nuestra la historia del Evangelio, permitiendo que Jesús sea el Señor de nuestras vidas.

Recuerdo tener unos nueve años cuando le entregué mi corazón al Señor. Crecí asistiendo al menos a tres servicios religiosos semanales, desde la primaria hasta varios años después de la universidad. Mi costumbre era orar, cantar y alabar con frecuencia en la iglesia y en casa. Aunque Dios me usó para compartir mi testimonio de Jesús en la escuela y en mi vecindario, no permitía que los efectos del Evangelio revolucionaran mi vida por completo, y Dios me hizo muy consciente de mis defectos, incluso de niño.

Desde mis primeros recuerdos, mi madre solía contar que nací con ictericia amarilla y asma. Describía, con una mezcla de miedo y ternura, cómo me abrazaba con cariño durante esos terribles ataques de asma infantil, susurrándome palabras de consuelo mientras ansiaba desesperadamente que mi respiración se estabilizara.

El episodio más desgarrador ocurrió cuando tenía once años. Durante un ataque de asma severo, el aire se negaba a pasar por mis pulmones; la lucha era tan intensa que ni siquiera podía estornudar. El miedo en los ojos de mi madre reflejaba mi pánico mientras las lágrimas corrían por su rostro. Mis padres me llevaron rápidamente al hospital, donde la enfermera me colocó inmediatamente dentro de una tienda de oxígeno, un refugio temporal de aire.

A solas en la quietud de la habitación del hospital, tras la salida de médicos y enfermeras y las miradas preocupadas de mis padres, experimenté un momento profundo. En la quietud, una voz rompió el silencio; una voz que instintivamente supe que era la del Espíritu Santo. Me preguntó: «¿Ya estás listo para tomarlo en serio?». Con toda sinceridad, respondí: «Sí». Fue un encuentro crucial, la primera vez que recuerdo conscientemente haber escuchado al Espíritu Santo hablándome directamente, transformando mi batalla asmática en un despertar espiritual.

El poder del Evangelio en nuestras vidas no es estático; es activo y progresivo, nos impulsa a evolucionar desde los primeros pasos de fe hasta una adhesión más profunda. En mi camino, esto significó pasar de simplemente compartir mi fe y llevar a mis compañeros a la iglesia a abrazar con todo mi corazón mi llamado y prepararme para una vida dedicada al ministerio. Al abrazar nuestra identidad como hijos de Dios, accedemos a los recursos divinos que tenemos a nuestra disposición. Nos empoderamos para vivir vidas que reflejen el carácter y los valores de nuestro Padre Celestial. Dios nos capacita para afrontar los desafíos con confianza, sabiendo que Jesucristo, el Rey de reyes, nos ama, nos acepta y nos apoya.

Además, el poder del Evangelio en nuestras vidas se extiende a nuestras relaciones e interacciones. Como hijos de Dios, Él nos llama a ser embajadores de su amor y gracia, compartiendo la buena nueva con quienes nos rodean. El poder del Evangelio no es solo para nuestro beneficio; existe para ser compartido y traer esperanza y transformación a un mundo necesitado.

Permanecer sanado

Una de las revelaciones más influyentes que he recibido del Espíritu Santo es que no podemos limitar el poder del Evangelio únicamente al momento de la salvación; es una fuerza continua que moldea nuestra identidad, fortalece nuestras vidas e impacta al mundo a través de nosotros. Al profundizar en las implicaciones de esta verdad, exploraremos cómo vivir a la luz del Evangelio puede generar una experiencia más profunda e íntima del amor y el propósito de Dios para nuestras vidas.

> *2 Y hay en Jerusalén, cerca de la puerta de las ovejas, un estanque, llamado en hebreo Betesda, el cual tiene cinco pórticos.*
> *3 En estos yacía una multitud de enfermos, ciegos, cojos y paralíticos, que esperaban el movimiento del agua.*
> *4 Porque un ángel descendía de tiempo en tiempo al estanque, y agitaba el agua; y el que primero descendía al estanque después del movimiento del agua, quedaba sano de cualquier enfermedad que tuviese.*
> *5 Y había allí un hombre que hacía treinta y ocho años que estaba enfermo.*
> *6 Cuando Jesús lo vio acostado, y supo que llevaba ya mucho tiempo así, le dijo: ¿Quieres ser sano?*
> *7 Señor, le respondió el enfermo, no tengo quien me meta en el estanque cuando se agita el agua; y entre tanto que yo voy, otro desciende antes que yo.*
> *8 Jesús le dijo: Levántate, toma tu lecho, y anda.*
>
> Juan 5:2-8 RVR1960

> *Después le halló Jesús en el templo, y le dijo: Mira, has sido sanado; no peques más, para que no te venga alguna cosa peor.*
>
> Juan 5:14 RVR1960

Jesús se encontró con el hombre sanado en el templo y lo instó a contemplar lo maravilloso que es ser sanado. También le instruyó que dejara de pecar, o algo peor podría sucederle. Encontramos una profunda lección y un severo recordatorio del impacto perdurable de vivir una vida alineada con el Evangelio, para un cambio constante en nuestras vidas. Este pasaje destaca más que un simple milagro de celebración; subraya la necesidad de una transformación sostenida en el comportamiento y la mentalidad. Por lo tanto, como instruyó Jesús, debemos enfocarnos en el camino a largo plazo de la santificación, el crecimiento y el buen fruto (lo que producimos para Dios), no solo en la alegría inmediata de la sanación o la libertad en otro aspecto de la vida.

Las palabras de Jesús al hombre sanado indican que la sanación y los milagros no son simples eventos festivos, sino puntos de partida para una reforma más profunda y constante en nuestras vidas. El mandato de «dejar de pecar» es una directriz hacia la obediencia continua y consciente a los caminos de Dios. Enfatiza que la verdadera intención del Evangelio no son solo momentos aislados de gracia, sino la determinación constante y diaria de vivir sus enseñanzas.

Mediante la práctica continua de los principios del Evangelio, encontramos alivio al no caer en patrones destructivos que podrían llevarnos a consecuencias aún más graves. Esta transformación continua es un verdadero testimonio del poder transformador del Evangelio.

Un estilo de vida comprometido con el Evangelio demuestra conversión porque implica una decisión activa y diaria de abandonar las viejas costumbres y abrazar un nuevo camino de justicia y santidad. Este estilo de vida es poderoso porque refuerza constantemente el compromiso de los creyentes con Dios y profundiza su crecimiento espiritual. Según el evangelio, esta vida constante construye un testimonio sólido y fiel ante el mundo; no solo un evento aislado, sino toda una vida de eventos que muestran el poder transformador de Dios y le dan gloria constantemente.

El poder de perdonar

21 Entonces se le acercó Pedro y le dijo: Señor, ¿cuántas veces perdonaré a mi hermano que peque contra mí? ¿Hasta siete?

22 Jesús le dijo: No te digo hasta siete, sino aun hasta setenta veces siete.

Mateo 18:21-22 RVR1960

La narrativa del evangelio saca a la luz el poder del perdón, desafiando el hechizo de amargura y resentimiento que puede arraigarse en nuestros corazones. Corrie Ten Boom nació en una familia cristiana devota, y su trayectoria es un testimonio notable del poder del perdón para romper los hechizos y las maldiciones de la amargura y el odio. La vida de Ten Boom dio un giro dramático durante la Segunda Guerra Mundial, cuando ella y su familia ocultaron a judíos para evitar que los nazis los arrestaran y encarcelaran en campos de concentración.

El 28 de febrero de 1944, un informante holandés llamado Jan Vogel alertó a los nazis sobre las actividades de los Ten Boom. Como resultado, alrededor de las 12:30 p. m. de ese día, toda la familia Ten Boom fue arrestada por los nazis. Enviada al campo de concentración de Ravensbrück, Corrie soportó un sufrimiento inimaginable, pero se aferró a su fe, encontrando consuelo y propósito al compartir el amor de Dios con sus compañeros de prisión.

La fe de Corrie Ten Boom enfrentó su prueba definitiva después de la guerra cuando se encontró cara a cara con un antiguo guardia de Ravensbrück que le ofreció la mano, buscando su perdón. En ese momento, se encontró ante un hombre que simbolizaba los horrores que ella y su familia sufrieron, incluyendo la muerte lenta y terrible de su hermana. Este hombre, que desde entonces se había convertido al cristianismo, podría haber atormentado directamente a sus seres queridos en el campo.

Ante una decisión crucial, Corrie se encontró en una encrucijada: sucumbir al hechizo de odio que esos recuerdos tan terribles podían evocar o romperlo mediante el acto de perdonar. Invocando una fuerza superior a la suya, eligió el perdón, extendiendo la mano en un gesto que rompió las ataduras de la amargura, liberando su corazón de una posible vida de odio.

La capacidad de Corrie Ten Boom para perdonar, incluso ante una atrocidad tan personal, ilustra el poder transformador del Evangelio. Su historia es un faro de esperanza, mostrando que el perdón no es una señal de debilidad, sino un poderoso acto de liberación. A través del perdón, podemos romper los hechizos y las maldiciones que buscan mantenernos atados y encerrados tras barreras, para que podamos acceder a la libertad y la paz que Dios promete.

Metafóricamente hablando, podemos referirnos a una maldición como una cadena, que simboliza la naturaleza vinculante y restrictiva de las maldiciones que pueden mantener a individuos o incluso generaciones en un estado de esclavitud y resentimiento, como en el caso de Corrie. Podemos referirnos a un hechizo como un muro, que representa un obstáculo o barrera que puede bloquear el progreso mental y físico o dificultar el camino de alguien hacia la libertad y la plenitud, y en el caso de Corrie, el odio. El martillo del perdón rompe las cadenas de las maldiciones y entramos en una vida de verdadera libertad.

> *Y cuando estéis orando, perdonad, si tenéis algo contra alguno, para que también vuestro Padre que está en los cielos os perdone a vosotros vuestras ofensas.*
>
> Marcos 11:25 RVR1960

Este versículo ilustra la profunda conexión entre nuestra capacidad de perdonar a los demás y nuestra liberación. Guardar rencor y resentimiento es llevar una pesada carga que nos agobia, impidiendo nuestro progreso y nuestra alegría. Pero cuando elegimos perdonar, liberamos a la persona que nos hizo daño y a nosotros mismos. Este acto de perdón es un paso decisivo para romper las maldiciones de amargura, ira y dolor que pueden enredar nuestros corazones.

Si somos honestos, perdonar a los demás nos beneficia a nosotros más que a quienes nos ofenden. Perdonar a los arrepentidos nos libera de la carga de darle vueltas constantemente a cómo procesan nuestros rencores, una constante autocrítica de la que podemos prescindir. Casi siempre, nos molesta más nuestra falta de voluntad para perdonar que a quienes nos ofenden. He descubierto que a quienes nos ofenden no les importan nuestros rencores y es más probable que superen sus faltas sin inmutarse, mientras que nosotros nos agravamos con el estrés de albergar amargura hacia ellos. Perdonen. Suéltenlo todo y libérense de la maldición y el aguijón de la amargura y el resentimiento dejando que Dios juzgue su caso con justicia.

El perdón y el indulto nos invitan a caminar en la luz de la gracia de Dios, experimentando la libertad y la paz que provienen de soltar y permitir que su amor nos sane y nos restaure. Al aceptar el perdón, abrimos la puerta a una vida marcada por la esperanza, la transformación y la libertad ilimitada que se encuentra en Cristo.

La historia de José en Génesis es un poderoso ejemplo de cómo el perdón rompe una maldición. Traicionado por sus hermanos y vendido como esclavo, José enfrentó numerosas injusticias que podrían haberlo llevado a una vida marcada por el resentimiento y las maldiciones. Sin embargo, su decisión de perdonar a sus hermanos y ver la mano soberana de Dios en sus circunstancias condujo a la restauración y la bendición de toda su familia.

En nuestra vida actual, guardar rencor puede actuar como una maldición, atando nuestras heridas del pasado y obstaculizando nuestra relación con Dios. Recuerda siempre que al elegir perdonar a quienes nos han hecho daño, nos liberamos del persistente resentimiento y abrimos la puerta a la sanación y la bendición de Dios. Perdonar no siempre es fácil, pero es un paso decisivo para romper maldiciones y vivir en la libertad que Cristo ofrece. Así que, cuando alguien les pida perdón, perdónenlo. Jesús nos enseñó a orar pidiendo perdón para nosotros mismos y dijo que Dios nos perdonará como nosotros perdonamos a los demás (Mateo 6:12, 14-15).

Desafiar las narrativas sociales

En un mundo donde las narrativas sociales a menudo dictan nuestras creencias y comportamientos, el Evangelio es una fuerza contracultural que nos reta a reevaluar y transformar nuestras perspectivas. Profundamente arraigadas en nuestra cultura, estas narrativas pueden moldear nuestra comprensión del éxito, la identidad y la moralidad. Sin embargo, el Evangelio nos invita a ver la vida de otra manera, priorizando los valores y las verdades de Dios por encima de las tolerancias y las normas sociales.

> *No os conforméis a este siglo, sino transformaos por medio de la renovación de vuestro entendimiento, para que comprobéis cuál sea la buena voluntad de Dios, agradable y perfecta.*
> Romanos 12:2 RVR1960

El poder del Evangelio para desafiar las narrativas de la sociedad es evidente en la comunidad cristiana primitiva. Los creyentes del libro de los Hechos vivían en contraste con la cultura circundante. Su vida, centrada en

Dios, incluía compartir sus posesiones, cuidar a los necesitados y derribar las barreras impuestas por esfuerzos colectivos impíos. Sus acciones eran una respuesta directa a las enseñanzas de Jesús, quien constantemente desafiaba el *statu quo*, ya fuera en sus interacciones con los marginados o en sus enfrentamientos con la élite religiosa. Esta forma radical de vida no se trataba solo de ser diferente por el mero hecho de serlo; se trataba de encarnar el Reino de Dios en la Tierra.

Hoy, el Evangelio nos reta a cuestionar las historias que los grupos presentan como verdaderas. Nos llama a reflexionar sobre cómo definimos el éxito, cómo percibimos a los demás y cómo tomamos decisiones éticas. Al permitir que el Evangelio moldee nuestro pensamiento y nuestras acciones, nos convertimos en agentes de cambio, reflejando el amor y la justicia de Dios en un mundo que necesita desesperadamente una reforma. Cuestionar las normas comúnmente aceptadas es complejo, pero vivir plenamente las implicaciones del Evangelio en nuestras vidas y comunidades es necesario para una verdadera transformación.

Tómense un momento para preguntarse: «¿Vivo cada día con el único propósito de agradar a Dios, como enseñó Jesús? ¿O me he preocupado más por complacer a los demás? ¿Dejo que las opiniones de los demás, que a menudo contradicen el Evangelio de Jesucristo, me alejen de seguirlo plenamente?»

Vivir la narrativa del Evangelio

Cuando nuestras vidas representan con valentía la narrativa del Evangelio, nuestro ejemplo es una invitación a encarnar las enseñanzas y el modelo de Jesús en nuestra vida diaria. Esta llamada consiste en permitir que la verdad del Evangelio moldee nuestras acciones, decisiones e interacciones con los demás. De lo contrario, nos dejaremos influenciar por hechizos impíos que nos llevarán por una dirección que quizás no queramos seguir por no haber tomado decisiones piadosas y seguras. Un compromiso con el amor marca este camino de vivir el Evangelio, servir y buscar la justicia, y reflejar el corazón de Dios en un mundo quebrantado como lo hizo Jesús. Nuestras acciones demuestran nuestra dedicación a amar a Jesús, tal como él nos enseñó sin vergüenza cómo demostrarle nuestro amor.

Si me amáis, guardad mis mandamientos.

Juan 14:15 RVR1960

Un aspecto clave de vivir la narrativa del Evangelio es adoptar un estilo de vida de humildad y servicio que Jesús nos instruyó. Jesús lo ejemplificó maravillosamente al lavar los pies de sus discípulos, demostrando que la verdadera grandeza reside en servir a los demás, tal como los siervos más humildes lavaban los pies polvorientos de los huéspedes de una casa. Al seguir el ejemplo de Jesús, él nos llama a ayudar a quienes nos rodean con compasión y humildad, ya sea mediante actos de bondad, ofreciendo nuestro tiempo como voluntarios o defendiendo a los marginados.

Otro aspecto esencial para seguir al Rey de reyes es la búsqueda de la justicia y la rectitud. El relato evangélico ofrece varios ejemplos de Jesús defendiendo a los oprimidos y desafiando los sistemas de injusticia. Como sus seguidores, nos llama a hacer lo mismo: a ser la voz de los que no la tienen y a trabajar por la creación de una sociedad más justa y equitativa.

Aprended a hacer el bien; buscad el juicio, restituid al agraviado, haced justicia al huérfano, amparad a la viuda.

Isaías 1:17 RVR1960

Cultivar una relación profunda y personal con Dios es el resultado de vivir conforme al mensaje del Evangelio. Este desarrollo puede manifestarse de diversas maneras, como dedicar tiempo diariamente a la oración y la meditación, estudiar la Biblia para obtener sabiduría y comprensión, y buscar la guía del Espíritu Santo. Por ejemplo, orar y pedir la dirección de Dios puede ayudarnos a alinear nuestras acciones con su voluntad al enfrentar una decisión difícil. Al priorizar nuestra relación con Dios, nos volvemos más sensibles a su voz y estamos mejor preparados para expresar una vida transformada por el poder del Evangelio a diario.

Además, vivir la guía del Evangelio significa compartir intencionalmente la buena nueva con los demás, lo que no requiere necesariamente grandes gestos ni presentaciones elaboradas. A menudo, las pequeñas interacciones cotidianas son las que tienen mayor impacto, como cuando compartía el mensaje del Evangelio con mis compañeros de primaria. Esta transmisión del Evangelio puede ser tan sencilla como animar a un compañero de trabajo con dificultades, invitar a un vecino a comer y conversar con sinceridad, o ser voluntario en una organización benéfica local para demostrar el amor de Cristo en acción. Al permitir que el Evangelio impregne cada aspecto de nuestra vida, nos convertimos en testigos poderosos de su poder transformador, animándonos a nosotros mismos y a los demás a experimentar la esperanza y la libertad que ofrece.

Vivir la narrativa del Eevangelio nos protege contra la influencia de hechizos y maldiciones. Nos fortificamos con la armadura divina al profundizar nuestra relación con Dios y comunicar activamente la buena nueva. Esta fortaleza espiritual nos empodera para vivir nuestro llamado y nos protege de las fuerzas destructivas que, de otro modo, podrían descarrilarnos. Al sumergirnos en las verdades del Evangelio, recibimos el discernimiento para reconocer y resistir las sutiles trampas de la oscuridad. Esta firme promesa a la narrativa del Evangelio garantiza que ningún hechizo ni maldición pueda desviarnos del camino divinamente ordenado, permitiéndonos permanecer firmes ante la adversidad y permanecer inquebrantables en nuestra búsqueda del Reino de Dios.

Quizás aún se pregunten si podemos vivir prácticamente según el Evangelio, y cómo. Consideren esto: Jesús vivió el Evangelio como un ejemplo para nosotros. Fue obediente hasta la muerte, bondadoso, paciente, dispuesto a ayudar, deseoso de enseñar la verdad, defender a los débiles y mucho más. Como nuestro ejemplo perfecto, los actos de amor y honor de Jesús hacia su Padre, Dios, son fáciles de observar. Ahora, debemos mostrarles a todos que el Evangelio de Jesucristo sigue vivo, permitiendo que la esencia viva de su enseñanza fluya a través de nuestros pensamientos, palabras y acciones.

Algunos días, no me siento un cristiano fuerte. Quizás mi tiempo de oración fue corto, estuve aturdido por la falta de sueño o esperaba con impaciencia una respuesta de Dios. Sin embargo, el Evangelio de Jesucristo habla de todos estos momentos, y más. Mi creencia en el buen hechizo, la historia del Evangelio de Jesucristo, me ancla en la verdad de que el poder de Dios está disponible para mí, sin importar lo que sienta. El Evangelio no es algo que experimentemos confiando en nuestras emociones; es algo que elegimos creer y vivir fielmente. No importa lo que enfrente —y he enfrentado mucho durante casi seis décadas— encuentro una firme seguridad en mi salvación porque creo que el Evangelio de Jesucristo es de confianza, inquebrantable y eternamente verdadero.

En definitiva, vivir la narrativa del Evangelio es un camino que dura toda la vida y que requiere intencionalidad, sacrificio y una profunda confianza en Dios. Es un llamado a vivir una vida radicalmente diferente a la de seguir los estándares del mundo, una vida que ilumina la oscuridad con la luz de Cristo. Al comprometernos a vivir según la narrativa del Evangelio, nos convertimos en parte de la obra redentora de Dios en el mundo, brindando esperanza, sanación y transformación a quienes nos rodean.

Contrarrestar las narrativas negativas con las verdades del Evangelio

En un mundo donde la negatividad a menudo nubla nuestra perspectiva y erosiona nuestra esperanza, el Evangelio ofrece un poderoso antídoto. Ya sea que estas afirmaciones pesimistas provengan de presiones comunitarias, inseguridades personales o experiencias pasadas, pueden atraparnos en un ciclo de negatividad y desesperación. Por ejemplo, una estudiante con dificultades en la escuela puede interiorizar la idea de que no es lo suficientemente inteligente para tener éxito. Al mismo tiempo, otra persona podría sentir la presión de quienes la rodean para encontrar una pareja y sentirse completa. Sin embargo, las verdades del Evangelio pueden contrarrestar estas afirmaciones, recordándonos nuestra identidad, propósito y valor en Cristo, como Jesús mismo declaró:

Así que, si el Hijo os libertare, seréis verdaderamente libres.

Juan 8:36 RVR1960

(Recuerden que una narrativa negativa solo puede transformarse en un hechizo si se cree en ella). Una manera fundamental en que el Evangelio contrarresta el pesimismo generalizado es afirmando nuestra identidad como hijos amados de Dios. En un mundo que a menudo nos define por nuestros fracasos o defectos, el Evangelio declara que fuimos creados de manera admirable y maravillosa, a imagen de Dios y redimidos por la sangre de Cristo. Esto significa que una persona que lucha contra una adicción, por ejemplo, no se define por su lucha, sino por su identidad como hijo de Dios, digno de amor y redención. Esta verdad nos empodera para vernos a través de los ojos de Dios, aceptar nuestro valor y rechazar las mentiras que buscan disminuirnos. El apóstol Pedro capta hermosamente esta identidad transformada en 1 Pedro 2:9, donde escribe:

> *Mas vosotros sois linaje escogido, real sacerdocio, nación santa, pueblo adquirido por Dios, para que anunciéis las virtudes de aquel que os llamó de las tinieblas a su luz admirable;*
>
> 1 Pedro 2:9 RVR1960

Durante muchos años, luché bajo la influencia de la visión, una tendencia que se manifestaba de dos maneras distintas. Primero, solía magnificar los problemas en mis conversaciones, lo que reflejaba un corazón que ya veía los desafíos como algo más importante que la disposición de Dios a liberarme de ellos. Esta mentalidad provenía de la naturaleza incierta de las pruebas de la vida: no podemos predecir qué dificultades Dios eliminará rápidamente ni cuáles permitirá que persistan como parte de nuestro crecimiento.

En segundo lugar, el momento de estas pruebas puso a prueba aún más mi fe. La incertidumbre sobre cuándo, terminarían mis dificultades me llevó a cuestionar las promesas específicas de Dios, sobre todo cuando los buenos resultados no se materializaron tan rápidamente como esperaba.

Tal impaciencia reveló un problema más profundo: mi reticencia a confiar en Dios durante largos períodos de mis luchas. En mi deseo de alivio inmediato, pasé por alto el crecimiento espiritual que podía obtenerse de una fe perversamente. Al ver mi corazón lleno de impaciencia, miedo y frustración, Dios usó estos desafíos para refinarme. El Espíritu Santo me instó a fortalecer mi fe y a ser inquebrantablemente paciente, enseñándome a confiar en el tiempo de

Dios en lugar de inquietarme por la persistencia de mis problemas. El siguiente versículo nos ofrece una valiosa guía para afrontar las pruebas con eficacia:

Gozosos en la esperanza; sufridos en la tribulación; constantes en la oración;

Romanos 12:12 RVR1960

Mi gran avance llegó cuando, con paciencia y oración, aprendí a confiar en la fidelidad de Dios, en lugar de en la fiabilidad de mis adversidades. Esta fue una profunda lección de madurez espiritual, pues comprendí que si Dios resolvía el problema mientras yo albergaba dudas, mi victoria sería vacía. Sucumbí a la desconfianza en lugar de confiar, alabar y adorar firmemente a Dios en medio de las dificultades. Este camino me enseñó la importancia de mantener la fe y la paciencia, independientemente de mis circunstancias.

Muchas son las aflicciones del justo,
Pero de todas ellas le librará Jehová.

Salmo 34:19 RVR1960

Conocer a Dios como amoroso y bondadoso nos asegura que su naturaleza protectora nos defenderá de los ataques malignos. Además, el Evangelio nos brinda un propósito que trasciende nuestras circunstancias indeseables, recordándonos que Dios nos llama a ser luz en la oscuridad, a amar a los demás como Cristo nos ama y a marcar la diferencia en el mundo. Alguien que trabaja en un empleo rutinario puede encontrar propósito al tratar a sus compañeros de trabajo y clientes con amabilidad y respeto, sabiendo que, en última instancia, sirve a Dios en cada interacción diaria. El propósito de Dios (la intención original para nuestras vidas) nos da un sentido de dirección y significado, contrarrestando la mentira de que nuestras vidas son insignificantes o sin impacto.

El Evangelio también nos ofrece una esperanza inquebrantable. Ante dificultades como una crisis de salud, dificultades económicas o la pérdida de un ser querido, el Evangelio nos asegura la constancia de Dios y sus promesas para nuestro futuro. Cuando nos sentimos influenciados por el buen hechizo, sabemos que, pase lo que pase, podemos confiar en que la soberanía de Dios y sus planes siempre son para nuestro bien. Esta esperanza nos permite superar las narrativas depresivas y vivir con resiliencia y paz, sabiendo que el amor y la gracia de Dios definen nuestra historia.

Abrazar las bendiciones del Evangelio

El objetivo final de romper hechizos y maldiciones es liberarnos de las influencias oscuras y acceder a la plenitud de las bendiciones de Dios. Solo podemos experimentar el poder del Evangelio mediante una relación comprometida con Jesucristo, que promete salvación y vida abundante (Juan 10:10), paz que sobrepasa todo entendimiento (Filipenses 4:7) y el fruto del Espíritu (Gálatas 5:22-23).

Para acoger estas bendiciones, debemos obedecer la Palabra de Dios, cultivar una relación con Él mediante la oración y la adoración, y permitir que el Espíritu Santo transforme nuestros corazones y mentes. Este es un camino de entrega diaria, donde elegimos vivir bajo la influencia del Evangelio, experimentando el gozo y la libertad que provienen de ser hijos de Dios.

Bendito sea el Dios y Padre de nuestro Señor Jesucristo, que nos bendijo con toda bendición espiritual en los lugares celestiales en Cristo,

Efesios 1:3 RVR1960

Abrazar las bendiciones del Evangelio significa descubrir la profundidad y la amplitud del favor inmerecido de Dios en nuestras vidas. El progreso implica reconocer que el Evangelio nos da acceso a una riqueza de bendiciones espirituales que pueden transformar nuestras vidas por completo.

Descubrí una nueva manera en que Dios había bendecido mi vida espiritualmente tras llegar a San José (California) para un campamento de entrenamiento sobrenatural que dirigía. El pastor anfitrión me recogió y, a pesar de haber empezado el día muy temprano y el consiguiente agotamiento, una conversación me reanimó. El pastor me preguntó si podía hablar con su hija, Yvonne, quien luchaba considerablemente contra el miedo, hasta el punto de que apenas salía de su habitación y nunca de casa. Una profunda compasión reemplazó rápidamente mi cansancio. Accedí a hablar con ella. Mientras hablaba, cada palabra surgía entre lágrimas, agobiadas por la depresión, que creí provenían directamente de su corazón.

Movido por el Espíritu Santo, le pregunté: «¿Vendrás al servicio esta noche?». Su respuesta fue un sollozo desgarrador. Me explicó que me había visto en el programa de televisión cristiano *Sid Roth's It's Supernatural* hablando de mis libros (*Understanding: All Success is Attained by It* y *The Supernatural Guide to Understanding Angels*). Verme en televisión ya había establecido en ella una conexión piadosa y de confianza.

Agradecido por la exposición que me había ganado, la animé diciéndole: «Me honra que mi ministerio te haya conmovido. ¿Por qué no vienes esta noche? Siéntate en la primera fila, concéntrate en mí, y si en algún momento te sientes abrumada, puedes irte». Mis instrucciones parecieron resonar en ella, sobre todo dado su miedo a los espacios públicos, y accedió, pidiéndole a su padre que la acompañara.

Yvonne describió más tarde este período como uno de los más oscuros de su vida, confesando que había inventado innumerables excusas para su aislamiento. «Me sentía prisionera en mi propia casa por mi propia comprensión», admitió, explicando su reticencia inicial a salir de su habitación y su necesidad de que le aseguraran por teléfono que salir era seguro.

Ella vino esa noche, participó activamente en el servicio y continuó asistiendo a las sesiones durante el resto del fin de semana. Cuando más tarde hablé con su padre, me contó con alegría que ella ayudaba en la oficina de la iglesia a diario y asistía a los servicios con regularidad. Claramente, se había producido un cambio significativo, rompiendo el muro y las cadenas de cualquier hechizo o maldición que la tenía atada.

La historia de Yvonne subraya un punto vital: el deseo de libertad suele ser el primer paso para alcanzarla. Muchas personas, incluyendo amigos, familiares y compañeros de fe, pueden ni siquiera reconocer los hechizos o maldiciones que las influyen, quedando atrapadas en sus ataduras invisibles. Reconocer el deseo de liberarse de estas ataduras es crucial para la liberación y la transformación.

Una de las bendiciones más profundas del Evangelio es el don de la salvación, que nos asegura que Jesús nos salvó del pecado y de la separación eterna de Dios, y nos condujo a una relación con él. Esta bendición es el fundamento de nuestra fe y nos da una inquebrantable sensación de seguridad y esperanza.

La oración de salvación se encuentra al final de este libro, pero también siento una fuerte guía del Espíritu Santo para colocarla aquí. Si no conocen a Jesucristo, el Mesías, como Salvador y Señor, o necesitan renovar su relación con él, usen las siguientes palabras para hablar con Dios ahora, aunque sea en un susurro. Él les espera:

Padre Dios, vengo ante Ti ahora en el nombre de Jesucristo. Confieso que soy pecador. Por favor, perdóname y sálvame de todos mis pecados pasados. Sé que Jesucristo es Tu Hijo, quien murió por mis pecados y que Tú lo resucitaste de entre los muertos. Jesús, te invito a mi corazón ahora mismo. Entra y vive Tu vida a través de mí para que pueda agradar a nuestro Padre, así como Tú agradas a nuestro Padre. Ahora creo que has entrado en mi corazón y en mi vida. Padre, he pedido y orado por todas estas cosas en el nombre de Jesucristo. Gracias por salvarme y liberarme del poder de todo demonio. Padre, te di mi vida. Ya no la tengo. ¡Viviré para Ti y solo para Ti! En el nombre de Jesucristo, oro, ¡Amén! ¡ESTOY SALVADO!

Al recibir a Jesús en sus vidas por primera vez o renovar su relación con Él mediante la oración, han dado un paso valiente hacia la libertad de cualquier hechizo o maldición que les haya mantenido cautivo. Sin embargo, el camino hacia una libertad duradera requiere una vigilancia espiritual continua y un compromiso con la verdad de Dios. A medida que avancen en este libro, descubrirán perspectivas más profundas para mantener su libertad y vivir en la plenitud de las bendiciones de Dios. Recuerden: la decisión de seguir a Cristo inicia un proceso transformador que se desarrolla a lo largo de su vida.

Ya sea que hayan recibido a Jesús en su corazón recientemente o lo hayan hecho antes, tomaron la decisión más crucial de su vida: entregarse por completo a Jesucristo. Esa decisión marcó el comienzo de su libertad, y el camino de la fe continúa, paso a paso, día a día.

Para fortalecer vuestro camino, he creado la app Shane Wall que está disponible en las principales plataformas y próximamente también será accesible en español. Es un espacio tranquilo diseñado para ofrecerles apoyo, ánimo y herramientas espirituales con fundamento bíblico mientras crecen en Cristo. En ella, encontrarán enseñanzas exclusivas, oraciones guiadas y perspectivas prácticas para ayudarles a mantenerse libre y a vivir en la verdad que les ha liberado.

Dondequiera que te encuentres en tu camino de fe, mi pasión es ayudarte a seguir creciendo y dando fruto mediante el poder de Dios en tu vida, para ti y para los demás. Te invito a explorar la aplicación a tu propio ritmo para que experimentes el apoyo continuo que Dios quiere que tengas más allá de estas páginas.

y os daré pastores según mi corazón, que os apacienten con ciencia y con inteligencia.

Jeremías 3:15 RVR1960

Como pastor con más de 20 años de experiencia, Dios me ha ungido con el Espíritu Santo y su poder, y me ha dado una gran pasión por ver a las personas descubrir y amar su propósito. Me anima ayudar porque sé cómo Dios me ha bendecido para descubrir quién soy en Él, y me encantaría compartir más con ustedes en la aplicación Shane Wall para que podamos seguir explorando juntos todo lo que el Espíritu Santo nos revelará.

22 Mas el fruto del Espíritu es amor, gozo, paz, paciencia, benignidad, bondad, fe,
23 mansedumbre, templanza; contra tales cosas no hay ley.

Gálatas 5:22-23 RVR1960

Otra bendición significativa que acompaña su decisión es la presencia del Espíritu Santo en ustedes. El Espíritu Santo es nuestro Consolador, Guía y Abogado, y nos capacita para vivir vidas que agradan y honran a Dios. Nos otorga dones espirituales, profundiza nuestra comprensión de las Escrituras y nos permite dar fruto que refleja el carácter de Cristo. Esta asistencia divina es crucial para que ustedes continúen aprendiendo y superando los desafíos espirituales que antes los limitaban.

Además, las bendiciones del Evangelio incluyen la promesa de la provisión y el cuidado de Dios. Podemos confiar en que Dios suplirá nuestras necesidades diarias, incluso cuando no estemos seguros de los recursos específicos que usará para satisfacerlas. Según Filipenses 4:19, sabemos que Dios suplirá abundantemente (llenará por completo) todas nuestras necesidades conforme a sus riquezas en gloria en Cristo Jesús. También confiamos en que, sin importar la conspiración contra nosotros, Dios nunca nos dejará ni nos abandonará (Hebreos 13:5). Esta seguridad nos permite vivir en paz y satisfacción ante los desafíos de la vida.

El Evangelio también nos bendice con el privilegio de ser parte del cuerpo de Cristo, la iglesia, lo que nos conecta con una comunidad de creyentes que se apoyan, animan y edifican mutuamente. Este sentido de pertenencia y unidad es un hermoso reflejo del amor y la gracia activos de Dios. Durante décadas, «Juntos somos más fuertes» ha sido una afirmación recurrente de consuelo y alegría.

El cristianismo está en constante evolución y necesita descubrir formas innovadoras de conectar con sus comunidades y difundir mensajes transformadores. Una de las tendencias más fascinantes es transformar los puntos, títulos o fragmentos de sermones en ropa, ropa y artículos de moda urbana cristianos que conecten con los feligreses y amplíen el círculo de creyentes.

Hace unos años, personalicé una gorra con las palabras *Pregúntale a Jesús, Él te responderá*. Ya sea caminando por el aeropuerto o en mi día a día, esta gorra siempre llamaba la atención. Personas de diversos orígenes se acercaban a mí con elogios, testimonios o confirmaciones. Incluso John C. Maxwell, el experto número uno en liderazgo y gestión de la revista Inc., no pudo evitar comentar «¡Me gusta tu gorra!». Las respuestas que recibí, desde «Sí, lo hace...» hasta «Amén», siempre iban acompañadas de cálidas sonrisas y una chispa en la mirada, lo que indicaba un reconocimiento compartido de fe y un mensaje que resonaba profundamente.

El interés generalizado en la gorra me inspiró a lanzar una línea de ropa, a la que llamé Godly Writes. Esta línea presenta una variedad de frases con temática cristiana, ofreciendo una forma sutil pero poderosa de compartir la fe. Este tipo de ropa cristiana es una forma no invasiva de dar testimonio de Jesucristo, animar a los creyentes y despertar la curiosidad en quienes aún no conocen el Evangelio. Demuestra que compartir las propias creencias puede ser una experiencia amable y conmovedora, llegando a otros a través de las interacciones cotidianas.

Abrazar las bendiciones del Evangelio se trata de vivir en la plenitud de lo que Dios nos ha provisto en Cristo, lo cual incluye emplear estrategias sabias para compartir las bendiciones del Evangelio (buen hechizo) con los demás. Esta forma de vida se trata de experimentar el gozo, la paz y la abundancia que provienen de un caminar diario arraigado en el Evangelio. Al continuar abrazando estas bendiciones, crecemos en nuestra relación con Dios y compartimos su amor con mayor eficacia con el mundo que nos rodea. Si bien la vida como cristianos no está exenta de estrés, podemos acceder a respuestas que protegen nuestros corazones de sucumbir a crónicas de fatalidad. Estas narrativas deprimentes pueden arrastrarnos a sufrir episodios de frustración indebida. Al cimentarnos en las verdades del Evangelio, podemos afrontar los desafíos diarios sin caer en estas influencias disruptivas.

El Evangelio de Jesucristo es una fuerza poderosa capaz de romper los muros y las cadenas de hechizos y maldiciones que nos retienen. La buena nueva proclama libertad a los cautivos y libera a los oprimidos. El Evangelio nos ofrece una nueva identidad, un nuevo destino y el poder para superar los sentimientos opresivos que persisten y nos frenan.

Cristo nos redimió de la maldición de la ley, hecho por nosotros maldición (porque está escrito: Maldito todo el que es colgado en un madero),

Gálatas 3:13 RVR1960

El poder del Evangelio para romper maldiciones se basa en el sacrificio de Jesús en la cruz. Él cargó con la maldición del pecado y la muerte, ofreciéndonos redención y una salida de las garras de la maldición. Su resurrección significa la victoria definitiva sobre toda maldición, dándonos esperanza y la seguridad de que podemos superar cualquier adversidad que surja.

Mas gracias sean dadas a Dios, que nos da la victoria por medio de nuestro Señor Jesucristo.

1 Corintios 15:57 RVR1960

A la luz de esta verdad, podemos abordar el tema de los hechizos y las maldiciones con esperanza y seguridad. Cuando nos enfrentamos a desafíos o patrones negativos en nuestras vidas, en lugar de centrarnos en las dificultades, podemos dirigir nuestra atención a Dios en oración, buscando su guía y liberación. Al alinearnos con su palabra y voluntad, podemos liberarnos de cualquier hechizo o maldición y vivir en las bendiciones de su pacto.

Además del testimonio que compartí antes sobre guiarme por la vista, también había desarrollado el hábito perjudicial de imaginar constantemente el peor escenario posible ante cualquier desafío. Este enfoque comenzó como una estrategia mental para prepararme para posibles dificultades. Ensayaba mentalmente las respuestas, elaborando planes detallados para manejar las situaciones de la manera más eficaz posible. Sin embargo, este método pronto resultó contraproducente, desembocando en un ciclo de ansiedad.

Cada vez que imaginaba un escenario, me preparaba para él y me convencía de su inevitabilidad, lo que aumentaba mis niveles de estrés. Desarrollé esta práctica conscientemente, no bajo la influencia de un demonio ni de ninguna fuerza externa, sino a través de mis propias percepciones, creyendo firmemente que los escenarios que imaginaba se harían realidad. A pesar de ello, reconozco que los demonios a menudo ejercen su poder de sugestión, obligándonos a aceptar cualquier imaginación como realidad más que cualquier otro conducto que hechice nuestras vidas.

Para resolver mis ataques de ansiedad autoinfligidos, adapté mi enfoque a las mismas enseñanzas que comparto en este libro: centrarme en el mensaje del Evangelio de esperanza y confianza en Dios. En lugar de prepararme para lo peor, cambié mi mentalidad para esperar la intervención y la guía de Dios. Ahora confío en que su intervención será lo mejor para mí. Este cambio de mentalidad implica reemplazar conscientemente las predicciones pesimistas con la oración y las afirmaciones de fe a través de las Escrituras, mientras busco la sabiduría, el entendimiento y la paz de Dios, que sobrepasan todo entendimiento, para que guarden mi corazón y mi mente. (Filipenses 4:7)

Cuando me enfrento a un posible problema, ahora hago una pausa y oro, pidiéndole a Dios sabiduría y fuerza, en lugar de caer de inmediato en la tentación de crear y creer en resultados catastróficos. Reaccionar de inmediato ante cada circunstancia que enfrentamos es opcional. Por nuestro bienestar, sería prudente seguir la guía que ofrece la siguiente escritura:

Por esto, mis amados hermanos, todo hombre sea pronto para oír, tardo para hablar, tardo para airarse;

Santiago 1:19 RVR1960

Este versículo amplió mi comprensión y me hizo entender que las reacciones inmediatas ante amenazas percibidas son innecesarias, contrariamente al impulso vengativo de responder con furia, propio de nuestra naturaleza humana. En cambio, el versículo nos anima a retrasar intencionalmente nuestra respuesta, incluso cuando otros podrían criticarnos por nuestra lentitud para reaccionar. Esta guía ayuda a frenar las respuestas impulsivas, a menudo impulsadas por nuestras emociones, precisamente el tipo de reacciones que los hechizos y las maldiciones manipulan para cumplir sus propósitos destructivos.

El gozo de tener versículos instructivos de la Biblia como referencias es inmensurable, conocer la Palabra de Dios nos asegura que podemos confiar en la autoridad y eficacia de Dios en todo momento.

Al sumergirme en las Escrituras y rodearme de mensajes positivos que afirman mi fe, gradualmente desaprendí el hábito de la autoprotección falsa y negativa. Independientemente de las circunstancias presentes, cultivé una mentalidad que espera lo mejor de los planes de Dios. Este cambio alivió la ansiedad innecesaria y fortaleció mi fe en Dios, ya que me volví aún más dependiente de su camino y su tiempo. Esta nueva forma de afrontar la aparición de los problemas me mantiene arraigada en la verdad de que Dios tiene el control y que sus resultados siempre son para mi bien. Aunque todavía me enfrento a la tentación de imaginar conclusiones sombrías, ahora cuento con el conocimiento y las estrategias para superar las tentaciones en cada ocasión, lo que me permite disfrutar y apreciar mi libertad de los insistentes impulsos de ceder a los ataques de ansiedad.

Abrazar el Evangelio significa aceptar la realidad de que, una vez libres, los hechizos y las maldiciones de nuestro pasado ya no nos definen ni pueden limitar nuestro presente. El amor, la gracia y el poder de Dios nos definen. Esta verdad nos permite superar las circunstancias que una vez nos mantuvieron cautivos y vivir con una valentía y una confianza inquebrantables.

El Evangelio también nos capacita para romper el ciclo de maleficios y maldiciones en nuestras familias y comunidades. Nos da las herramientas para abordar patrones generacionales de pecado y disfunción, brindando sanidad y restauración a las áreas de fragilidad, como examiné y mencioné en el capítulo anterior. El Evangelio rompe maleficios y maldiciones en nuestras familias y produce acciones positivas que repercuten en la línea familiar.

Cuando la buena influencia del Evangelio influye en nuestras familias, la positividad puede infiltrarse a través de generaciones. Mi padre, nacido en 1932 como uno de 14 hijos, atesoraba un vívido recuerdo de su padre. Todos los domingos por la mañana, sin falta, se levantaba temprano para orar y cantar a viva voz, un evento que su familia esperaba y atesoraba. Aunque mi padre solía ser un hombre tranquilo, de vez en cuando se ponía a cantar, aplaudiendo con alegría. Siempre comenzaba el día arrodillándose junto a su cama para orar, generalmente en voz baja. Si bien no era tan expresivo como su padre en sus oraciones y cánticos, el legado de oración y alabanza, profundamente influenciado por el Evangelio, nunca desapareció en su vida.

De alguna manera, la exuberancia pasó por alto a mi padre y se contagió directamente a mí, influyendo en mi hijo, Joshua. Él y yo somos conocidos por nuestros estallidos espontáneos de oración, alabanza e incluso predicaciones improvisadas en casa. Al encarnar las verdades del Evangelio a diario, actuamos como agentes de transformación, interrumpiendo la influencia de hechizos y maldiciones, a la vez que somos catalizadores del flujo de las bendiciones de Dios a través de las generaciones.

Además, el Evangelio nos da una nueva perspectiva sobre nuestras luchas y desafíos. Nos enseña que nuestro propósito y significado nunca se detiene, ni siquiera durante las pruebas. Nuestras experiencias al superar hechizos y maldiciones pueden dar testimonio del poder del Evangelio, animando e inspirando a otros que enfrentan batallas similares. ¿Se les ocurre algún testimonio que puedan compartir con un familiar o amigo sobre cómo el Evangelio les ha librado de un hechizo o maldición en su vida? Si es así, les animo a compartir su testimonio para difundir el poder del Evangelio y transformar vidas más allá de las suyas.

Vivir en la libertad del Evangelio infunde definición y destino en nuestras vidas. Nos ancla en una gran crónica de esperanza, liberación y triunfo. Esta dinámica continua y llena de acontecimientos nos llama a vivir con valentía, a mantener nuestra fe en Dios y a experimentar la plenitud de su vida en nosotros. En esta serie de sucesos milagrosos, el poder del Evangelio para romper hechizos y maldiciones es central, lo que resalta un principio vital de la fe cristiana. La esencia de este mensaje nos habla sobre nuestras habilidades sobrenaturales y resuena con el anhelo humano innato de ser fortalecidos solo por Dios. Al abrazar plenamente esta verdad y permitir que moldee nuestra existencia, nos encontramos capacitados para superar cualquier circunstancia y conquistar el mundo, libres del miedo y la duda.

Antes, en todas estas cosas somos más que vencedores por medio de aquel que nos amó.

Romanos 8:37 RVR1960

Comunidad: Rompiendo maldiciones para fomentar bendiciones

44 Todos los que habían creído estaban juntos, y tenían en común todas las cosas;

45 y vendían sus propiedades y sus bienes, y lo repartían a todos según la necesidad de cada uno.

46 Y perseverando unánimes cada día en el templo, y partiendo el pan en las casas, comían juntos con alegría y sencillez de corazón,

47 alabando a Dios, y teniendo favor con todo el pueblo. Y el Señor añadía cada día a la iglesia los que habían de ser salvos.

Hechos 2:44-47 RVR1960

El modelo de vida comunitaria de la iglesia primitiva subraya el papel crucial de la hermandad en nuestro camino espiritual. El liderazgo de Dietrich Bonhoeffer durante el régimen nazi en Alemania ejemplifica la fortaleza de la congregación para superar profundos desafíos sociales. Como devoto pastor y teólogo cristiano, Bonhoeffer impulsó la Iglesia Confesante, un movimiento que resistía el control del estado nazi sobre las iglesias. Su enfoque de la justicia social, basado en la fe y arraigado en la ética cristiana y el poder colectivo de un pueblo espiritual unificado, impulsó a los creyentes a oponerse a la tiranía, demostrando la relevancia del Evangelio para abordar y resistir las injusticias terrenales.

La comunión cristiana desempeña un papel crucial para romper hechizos y maldiciones y fomentar bendiciones para que todos las experimenten. Al unirnos en unidad y oración, creamos un ambiente donde el poder de Dios es inquebrantable y opera con fuerza. En el siguiente versículo, Jesús dijo:

Otra vez os digo, que si dos de vosotros se pusieren de acuerdo en la tierra acerca de cualquiera cosa que pidieren, les será hecho por mi Padre que está en los cielos.

Mateo 18:19 RVR1960

Este versículo enfatiza el poder del acuerdo en la oración, un componente crucial para romper hechizos y maldiciones. Durante la oración, Dios nos informa qué quiere que hagamos y quiénes quiere que seamos. Nuestros momentos íntimos con el Creador del universo son fundamentales para comprender nuestra situación actual y las expectativas futuras de Dios para nuestras vidas. La oración no es un discurso. La oración es una conversación. Cuando Dios nos habla, lo hace a través de su Espíritu Santo y nunca desea ser el único que hable durante la oración. Anhela conversar con nosotros para revelarnos secretos poderosos que frustren el plan del enemigo de lanzar hechizos y maldiciones potentes y duraderas sobre nuestras vidas.

La historia de Acán en Josué 7 es un ejemplo bíblico del papel de la comunidad en la ruptura de maldiciones. El pecado de Acán de tomar el botín prohibido de la batalla de Jericó trajo una maldición sobre todo el campamento israelita.

Esta maldición se manifestó en una sorprendente derrota en la ciudad de Hai, mucho más pequeña, lo que causó consternación y temor entre los israelitas.

Israel ha pecado, y aun han quebrantado mi pacto que yo les mandé; y también han tomado del anatema, y hasta han hurtado, han mentido, y aun lo han guardado entre sus enseres.

Josué 7:11 RVR1960

Josué, el líder de los israelitas, respondió a esta derrota buscando la guía de Dios. El Señor le reveló que la derrota se debía al pecado dentro del campamento. Josué abordó el pecado mediante la acción colectiva de la comunidad. Pidió una investigación exhaustiva, y finalmente identificó a Acán como el culpable.

Y le dijo Josué: ¿Por qué nos has turbado? Túrbete Jehová en este día. Y todos los israelitas los apedrearon, y los quemaron después de apedrearlos.

Josué 7:25 RVR1960

La resolución de la situación requirió la cooperación y la obediencia de toda la comunidad. Siguieron las instrucciones de Dios para eliminar el pecado de entre ellos, lo cual implicó lidiar con Acán, destruir los bienes robados y purificar el campamento. Este acto colectivo de obediencia y justicia fue crucial para levantar la maldición y restaurar el favor de Dios sobre los israelitas.

Después de que Josué abordó el pecado y Dios levantó la maldición, los israelitas pudieron avanzar y alcanzar la victoria en su siguiente batalla contra Hai. Esta vez, siguieron fielmente los mandatos de Dios, y su obediencia los condujo al éxito. La historia de Acán sirve como un poderoso recordatorio del impacto de las acciones individuales en la comunidad y de la importancia de la responsabilidad comunitaria para abordar y romper las maldiciones.

El rol de todos, en consonancia con romper maldiciones, es evidente en la historia de Acán. Resalta la necesidad de acción colectiva, responsabilidad y obediencia a los mandatos de Dios para superar los desafíos y restaurar las bendiciones. El relato sirve de ejemplo para las facciones (e incluso las naciones) actuales y enfatiza la importancia de la unidad y la cooperación para abordar los problemas que afectan el bienestar de un grupo. No puedo hacer suficiente hincapié en cómo ser parte de un cuerpo de creyentes llenos de fe brinda apoyo, responsabilidad y el poder de la oración colectiva para romper hechizos y maldiciones, de modo que todos podamos vivir en las bendiciones de Dios. En esta compañía, podemos encontrar aliento, crecer en nuestra fe y experimentar el poder transformador del favor, la autoridad y el éxito de Dios en la vida.

Las iglesias son sectores importantes en todo el mundo. Sin embargo, me sorprende que a muchas personas les resulte cómodo separar las creencias cristianas de la participación comunitaria fuera de las funciones eclesiásticas. El error de excluir la participación cristiana incluso de eventos no gubernamentales es aceptado en muchos sectores de la sociedad. Nunca dejemos a Dios al margen de nuestras reuniones, ya sean eventos de orientación cristiana o no.

Y les dijo: Id por todo el mundo y predicad el evangelio a toda criatura.
Marcos 16:15 RVR1960

Vosotros sois la luz del mundo; una ciudad asentada sobre un monte no se puede esconder.
Mateo 5:14 RVR1960

Jesús nos mandó a ir por todo el mundo (Marcos 16:15), convirtiendo nuestras esferas sociales en espacios privilegiados para difundir el Evangelio con palabras y acciones. No podemos dar la espalda a la profunda oscuridad que envuelve a muchos en nuestros vecindarios. Recuerdo a un predicador que, con humor, pero con influencia, amonestó a la iglesia global diciendo: «Jesús nos llamó la luz del mundo, pero parece que solo andamos cegándonos unos a otros». Su mensaje subraya una observación crucial: muchos cristianos prefieren permanecer en sus círculos de comodidad, proyectando su luz exclusivamente a los ojos de otros creyentes en lugar de iluminar los rincones oscuros del mundo.

Como luz designada del mundo, debemos proyectar nuestra luz con valentía en las sombras que invaden las zonas excluidas y a menudo evitadas de nuestras ciudades y barrios. Una vez que el Evangelio de Jesucristo ha impactado a una comunidad, puede unir a los creyentes con el propósito común de liberarse de hechizos y maldiciones, como en el relato de Acán.

De hecho, partiendo de la lección de la historia de Acán, podemos ver cómo el Evangelio de Jesucristo ofrece una gloriosa promesa de libertad y protección contra hechizos y maldiciones. Así como la sociedad israelita se unió para afrontar el pecado que los maldijo, el Evangelio nos llama a una plenitud espiritual, unidos por el amor y el sacrificio de Cristo. Mediante su muerte y resurrección, Jesús rompió la maldición suprema del pecado y la muerte, ofreciéndonos un nuevo pacto de gracia y redención. En este pacto, somos liberados de la esclavitud de las maldiciones y fortalecidos para vivir una vida de victoria y bendición.

Al abrazar el Evangelio y vivir como un solo cuerpo con nuestros hermanos creyentes, nos fortalecemos contra la influencia de narrativas desfavorables y ataques espirituales. Somos guardianes de nuestros hermanos y hermanas. Nos necesitamos mutuamente para recibir fortaleza, ánimo y, a veces, incluso amor firme. En Cristo, encontramos la fuente suprema de emancipación y protección, asegurando que ningún hechizo ni maldición pueda prevalecer contra el poder de su amor redentor que nos muestra, a través de nosotros, hacia los demás.

Desarrollar la mente de Cristo

> *4 no mirando cada uno por lo suyo propio, sino cada cual también por lo de los otros.*
> *5 Haya, pues, en vosotros este sentir que hubo también en Cristo Jesús,*
> *6 el cual, siendo en forma de Dios, no estimó el ser igual a Dios como cosa a que aferrarse,*
> *7 sino que se despojó a sí mismo, tomando forma de siervo, hecho semejante a los hombres;*
> *8 y estando en la condición de hombre, se humilló a sí mismo, haciéndose obediente hasta la muerte, y muerte de cruz.*
>
> Filipenses 2:4-8 RVR1960

Dado que el evangelio que rompe hechizos y maldiciones se centra en Jesucristo, al permitir que su mentalidad se convierta en la nuestra, nos protegemos de las trampas de los hechizos y las maldiciones, asegurando nuestra libertad y protección. Inspirados en Filipenses 2:4-8 nos llaman a emular la perspectiva integral de Jesucristo, donde encontramos un modelo profundo para la libertad y la protección espiritual. El ejemplo de Cristo, caracterizado por la humildad, la abnegación y la obediencia, no solo allana el camino para la conversión personal, sino que también nos protege de los efectos seductores de los hechizos y las maldiciones. Al adoptar la perspectiva profundamente centrada de Cristo en nuestra relación con Dios y con el prójimo, nos involucramos en un proceso de renovación interior que alinea nuestro espíritu con lo divino, fortificándonos contra las fuerzas de la oscuridad.

El primer paso para desarrollar la mente de Cristo es abrazar la humildad. Jesús, a pesar de su divinidad, eligió asumir la naturaleza de un siervo, anteponiendo las necesidades de la humanidad a las suyas. Esta humildad trastocó las estructuras de poder del reino espiritual, rompiendo la maldición del pecado y la muerte. Cuando nos humillamos, reconociendo nuestra dependencia de Dios y priorizando el bienestar de los demás sobre nuestros deseos, reflejamos la humildad de Cristo. Esta postura de humildad nos protege del orgullo y el egocentrismo que a menudo nos hacen susceptibles a ataques espirituales, incluyendo hechizos y maldiciones.

El altruismo, otro pilar de la mentalidad de Cristo, nos llama a mirar más allá de nuestros intereses y a las necesidades de los demás. En Filipenses 2:4-8, la disposición de Cristo a despojarse de sí mismo por nosotros revela el poder del amor sacrificial. Al encarnar este altruismo, participamos en una entrega que contrarresta el avance de hechizos y maldiciones, a menudo arraigados en deseos egoístas y daño. Priorizar a los demás es un testimonio de la verdad liberadora del Evangelio, que refuerza nuestra resiliencia colectiva contra la esclavitud espiritual y fomenta un ambiente de apoyo mutuo y libertad.

La obediencia de Cristo hasta la muerte, incluso muerte de cruz, ejemplifica la sumisión definitiva a la voluntad de Dios. Esta obediencia fue la clave para vencer la maldición, ofreciéndonos redención y libertad. Al cultivar un espíritu obediente, dispuesto a seguir los mandamientos de Dios y abrazar sus planes para nuestras vidas, nos alineamos con el poder del Evangelio. Esta alineación asegura que nuestras vidas estén cimentadas en la verdad y protegidas de las mentiras y los engaños que representan los hechizos y las maldiciones. Al permitir que la mente de Cristo habite en nosotros, no solo nos transformados, sino también nos preparamos para vivir en victoria, liberados de las cadenas de las maldiciones y de los muros de los hechizos, para ser fortalecidos y vivir en la plenitud de las bendiciones de Dios.

El proceso de desarrollar la mente de Cristo —abrazando la humildad, el altruismo y la obediencia— nos dota de la fuerza espiritual para superar los engaños que pueden desviarnos. Al alinear nuestros pensamientos y acciones con el ejemplo de Jesús, nos protegemos de las trampas de hechizos y maldiciones, que a menudo se arraigan en áreas de nuestra vida donde nos sentimos insatisfechos o desconectados de Dios. Un poderoso testimonio de esta transformación proviene de un miembro de la iglesia que pastoreo, Jordan, quien se encontraba bajo un hechizo arraigado en una comprensión errónea de lo que significa el verdadero deleite en Dios. Su historia es un profundo recordatorio de cómo renovar nuestra mente en Cristo puede romper las cadenas que nos atan y llevarnos a una relación más profunda con Dios. Permitan que el testimonio de Jordan les inspire a abrazar el verdadero significado de encontrar deleite en Dios.

Tengo 21 años y un hechizo me atrapó que surgió de mi creencia de que Dios no podía complacerme. Me encontré en un lugar peligroso porque pensé que, como no había experimentado el placer físico de Dios, Él no tenía nada que ofrecerme. Cuando digo «placer físico», entiendo que antes de entregar mi vida a Cristo, mi percepción del placer era profundamente perversa. Entonces, cuando comencé a negar mi carne, comencé a creer que Dios no podía satisfacerme porque no me complacería de las maneras a las que estaba acostumbrado. Este engaño me llevó a alejarme aún más de Dios. Casi cada vez que enfrentaba la tentación, cedía porque pensaba que, si no obtenía placer de Dios, tenía que encontrarlo en otra parte, especialmente en las formas en que sabía cómo complacerme a mí mismo.

Bajo este hechizo, escuchar a Dios, entrar en su presencia, adorarlo y reconocer su bondad en mi vida se volvió difícil. Esta mentira corrompió por completo mi forma de pensar. Una noche, mientras oraba, clamé a Dios, admitiendo que no sabía cómo recibir placer de Él ni si el placer que buscaba era algo que Él ofrecía.

Le supliqué que enviara a alguien que me ayudara a entender, ya que no podía oír su voz con claridad.

Una media hora más tarde, recibí un mensaje de texto del pastor Shane Wall, mi pastor, que decía: «¿Qué pasa, hijo?». El miedo me invadió porque me di cuenta de que esta era la respuesta por la que acababa de orar, pero no estaba listo para que llegara tan rápido. Al principio desvié la conversación, pero pronto me di cuenta de que no podía desaprovechar esta oportunidad. Me abrí al pastor Shane, y en ese momento recibí la clave para romper el hechizo.

El pastor Wall explicó que, sinceramente, encuentro placer en Dios, pero no del tipo al que estaba acostumbrado. Me mostró que el placer en Dios no se trata de sensaciones físicas, sino de plenitud espiritual. Ahora me doy cuenta de que encuentro placer en su perfecta Paternidad, en lo que me dice, en cómo me protege y en su fiel amor. No veo a Dios como un padre irresponsable en absoluto. Él me cuida y es misericordioso, bondadoso y paciente conmigo. También disfruto de su presencia, consuelo y paz. Ahora que me he liberado de este hechizo, he experimentado el verdadero gozo de encontrar placer en Dios.

El testimonio de Jordan ilustra hermosamente el poder de desarrollar la mente de Cristo, como comentamos en Filipenses 2:4-8. Como para muchos de nosotros, la trampa de Jordan fue la falsa creencia de que el placer físico era la única forma obvia de satisfacción, lo que lo llevó a un lugar espiritual peligroso.

Atrapado en este engaño, Jordan se vio bajo un hechizo que lo distanció de Dios, dificultando escuchar su voz, adorarle y sentir su presencia. Sin embargo, así como la humildad, la abnegación y la obediencia de Jesús lo liberaron del pecado y la muerte, la liberación de Jordan de esta esclavitud espiritual comenzó cuando abrazó un aspecto fundamental de la verdad del Evangelio: Dios es nuestro Padre amoroso.

A través de una simple conversación por mensaje de texto, le recordé a Jordan que encontramos verdadero placer en la presencia espiritual de Dios —su paz, gozo y amor—, no en las gratificaciones físicas del pasado. Esta comprensión rompió el hechizo que nublaba su mente y le devolvió una profunda conexión con Dios. Al adoptar la mente de Cristo, también nos capacitamos para liberarnos de cualquier hechizo o maldición, lo que nos permite vivir en la plenitud de las bendiciones de Dios y la libertad que solo el Evangelio de Jesucristo nos brinda.

Dios quiere usarte para romper hechizos mediante el Evangelio. En el siguiente capítulo, exploraremos métodos reveladores que he usado con éxito para que la gente crea en el Evangelio de Jesucristo. Recibirás el poder y la motivación para aplicar el buen hechizo (Evangelio) con éxito en la vida de otros y verlos vivir libres de la opresión demoníaca que los tenía cautivos. Es tan fácil creer como dudar.

CAPÍTULO 4:
CÓMO CREER

El poder de la creencia

En septiembre de 2008, mi madre falleció. Su alegría al dar me marcó profundamente y despertó en mí el deseo de sorprender a los demás con regalos inesperados. Alabo a Dios por mi madre y honro su legado de amor. Recuerdo el momento especial en que me compró una Biblia. Escribió mi nombre, el suyo y el propósito del regalo en el espacio provisto en la primera página. Cada vez que reviso esa primera página, recuerdo su amor maternal por mí, y al sumergirme en cada página de esa Biblia, recuerdo el intenso amor de Dios por mí.

Creo que la Biblia es la Palabra innegable y expresada de Dios. Contiene revelaciones intensas que resuenan profundamente en mí. Las palabras grabadas en ella trascienden el simple texto porque las recibo como mensajes personales de Dios para mí y para todos: la herramienta suprema en la tierra en la que confío, la que construye y moldea todo mi sistema de creencias sobre la vida. Creer en el Evangelio activa el hechizo que influye en nuestras vidas con todas las bendiciones, milagros, valentía y transformación que provienen de conocer y seguir a Cristo.

Cuando creemos en el Evangelio, solo eso liberará el poder de Dios en nosotros y a través de nosotros, rompiendo todo hechizo y maldición. Este progreso fortalece nuestra fe, renueva nuestra mente y nos capacita para vivir en la plenitud de las promesas de Dios. Cuando creemos plenamente en el Evangelio y vivimos conforme a él, experimentamos libertad, sanidad y vida abundante, resultado de un apego vital a la verdad de la Palabra de Dios. El buen hechizo no es solo un mensaje; es el fundamento excepcional sobre el que construimos nuestras vidas, transformando nuestro corazón, nuestras acciones y nuestro futuro.

Ya sean verbales, internalizados o vividos, estos son generalmente los pensamientos cotidianos de miles de millones de personas: «Creería la verdad si pudiera convencerme de que es inequívocamente la verdad. Sin embargo, el desafío radica en que mis creencias actuales a menudo crean una barrera, dificultando mi aceptación de lo que podría ser la verdad». Nos aferramos a ideas específicas porque nos brindan una sensación de familiaridad y seguridad, incluso cuando pueden ser erróneas. Solo cuando nos liberamos de las creencias que nos frenan, podemos aceptar lo que resultará ser la verdad.

¿Qué es la creencia y cómo podemos dejar de aferrarnos a las historias familiares que dan forma a nuestra vida diaria mientras socavan silenciosamente nuestra autoestima y nuestro futuro?

Dado que la creencia es fundamental para lanzar hechizos con éxito en nuestras vidas y puede hacer que vivamos bajo maldiciones sin darnos cuenta, es de vital importancia que entendamos cómo la creencia cobra poder en nuestras vidas. Nuestras creencias dirigen el curso de nuestras experiencias hacia resultados beneficiosos o perjudiciales. Por lo tanto, es crucial que comprendamos cómo aprovechar nuestras creencias para lograr los mejores resultados posibles: alinearnos con la voluntad de Dios para nuestras vidas y, por lo tanto, obtener los asombrosos beneficios que se derivan de su amor y cuidado.

Cómo creer

En el contexto de usar la fe para fortalecer nuestras vidas mediante el Evangelio (buen hechizo) de Jesucristo, definimos la fe como tener una confianza firme e inquebrantable en un concepto o persona. ¿Cómo podemos iniciar, nosotros mismos y a los demás, un camino que nos ayude a desarrollar esa confianza?

Se necesitan dos pasos cruciales para ayudarnos a nosotros mismos y a los demás a creer. Primero, debemos pedirle a Dios que nos guíe de una manera que nos llegue a nosotros y a los demás, transmitiendo por qué la creencia espiritual enriquece la vida. Segundo, fundamentamos nuestra postura con lo que nosotros y los demás ya creemos.

En Juan 4:3-29, Jesús se encuentra con una mujer samaritana junto a un pozo e inicia una conversación pidiéndole agua para beber. Esta petición, aparentemente sencilla, se convierte en la base de una profunda revelación espiritual. Jesús parte de lo que ella ya entiende y cree: el agua calma la sed. Usa esta creencia compartida para abrir su corazón a una verdad más profunda, ofreciéndole agua viva que calma una sed diferente, una sed espiritual y eterna. Al conectar su mensaje con su experiencia cotidiana, Jesús hace que la lección sea accesible, cercana y eficaz para que ella la crea.

La mujer, intrigada por esta agua viva, profundiza en la conversación, lo que la lleva a reconocer a Jesús como el Mesías. Este enfoque magistral capta su atención y transforma su comprensión, elevando su creencia en la necesidad del agua física a la realidad eterna de la satisfacción espiritual que se encuentra en Cristo.

Esta conexión sencilla y cercana sienta las bases para una de las conversiones más significativas registradas en la Biblia, cuando la mujer continúa difundiendo la noticia de Jesús en su comunidad, convirtiéndose en una testigo valiente de Él. La genialidad de Jesús en esta interacción demuestra el poder de conectar con las personas en su situación actual y construir sobre sus creencias para revelar verdades espirituales más profundas.

En mi curso en línea de Formación Ministerial de Jesús (disponible en inglés), enseño este método para usar un objeto común, como Jesús usó el agua, para fortalecer la fe en Dios y su propósito. De esta manera, la enseñanza transfiere una habilidad de una persona a otra. Esta afirmación impulsa mi pasión por enseñar y capacitar a otros. Cuando lo que enseñamos a las personas les lleva a creer en la información compartida, sus vidas mejoran. Los testimonios que recibo sobre su renovación alimentan mi pasión por seguir compartiendo y enseñando a otros.

Cómo se procesa la creencia

¿Cómo llega la gente a creer en algo? En otras palabras, ¿cuál es el proceso mediante el cual alguien alcanza la posición de creer? Una respuesta simple y precisa es que alcanzamos la condición de creer en algo al ejercer nuestro poder de elección. ¿Cómo, entonces, descubrimos, recibimos, organizamos y procesamos toda la información que nos lleva a tomar nuestras decisiones?

En mi primer libro, ¿Qué haces después del baile?, presenté un proceso simplificado de cómo cada uno de nosotros toma decisiones, usando el acrónimo TIDAR:

- El Tiempo, a medida que transcurren los acontecimientos, irá generando…
- Influencia que nos hará tomar una…
- Decisión que nos impulsará a hacer una…
- Acción que siempre producirá un…
- Resultado que nos afectará a nosotros y a los demás.

Orgánicamente, el proceso de creer se basa en nuestra capacidad de elegir. Esta capacidad de elegir no es aleatoria; una secuencia de eventos e interacciones que moldean nuestras percepciones y convicciones influyen en nuestras decisiones. El acrónimo TIDAR ilustra cómo el tiempo, la influencia, la decisión, la acción y el resultado se combinan para guiar nuestras creencias y acciones.

En primer lugar, con el tiempo, las experiencias que vivimos y la información que absorbemos se convierten en las referencias que usamos para tomar decisiones futuras. Proverbios 4:23 afirma: *«Cuida tu corazón con toda vigilancia y, sobre todo, cuida de todo lo que guardas, porque de él brotan los manantiales de la vida»*. Esta escritura subraya la importancia de monitorear las influencias que permitimos entrar en nuestro corazón, ya que moldean nuestras creencias. Al exponernos constantemente a ideas o enseñanzas específicas, estas influencias se arraigan en nuestro corazón (mente), formando la base del sistema de creencias que usaremos en cada área de nuestra vida.

En segundo lugar, nuestras decisiones son resultado directo de las influencias que hemos aceptado. Romanos 12:2 RVR1960 exhorta: «No os conforméis a este siglo, sino transformaos por medio de la renovación de vuestro entendimiento, para que comprobéis cuál sea la buena voluntad de Dios, agradable y perfecta». Esta conversión es una decisión de renovar nuestra mente según la Palabra de Dios en lugar de las influencias del mundo. Al sumergirnos en la verdad de las Escrituras, alineamos nuestras decisiones con la voluntad de Dios, lo que nos lleva a actuar de acuerdo con sus principios.

Finalmente, nuestras acciones, motivadas por estas decisiones, producen resultados tangibles en nuestras vidas y en las de quienes nos rodean. Santiago

1:22 RVR1960 instruye: «Pero sed hacedores de la palabra, y no tan solamente oidores, engañándoos a vosotros mismos». Este versículo destaca la importancia de actuar conforme a nuestras creencias. Cuando tomamos decisiones basadas en la Palabra de Dios, nuestras acciones manifiestan su voluntad, produciendo resultados que dan testimonio de su fidelidad y poder.

Comprender el proceso TIDAR demuestra que nuestras creencias son espontáneas y se moldean con el tiempo a través de nuestras decisiones. Al elegir conscientemente sumergirnos en la Palabra de Dios y permitir que influya en nuestras decisiones, alineamos nuestras acciones con su voluntad, lo que nos lleva a resultados que afirman nuestra fe y glorifican a Dios. Este proceso intencional nos permite creer por elección, fundamentados en el poder transformador de las Escrituras.

Podemos ver el proceso TIDAR en nuestra historia bíblica anterior sobre cómo la mujer samaritana junto al pozo llegó a creer que Jesús podía proveer agua viva y que Él era el Mesías. A lo largo de su conversación, el tiempo permitió que las palabras de Jesús influyeran en el pensamiento de la mujer, cambiando su perspectiva del agua física a la plenitud espiritual. Esta influencia la llevó a tomar la decisión crucial de conectar más con Jesús y pedirle que le explicara más sobre el agua viva.

Su decisión la motivó a actuar: dejó su cántaro para difundir la noticia en su pueblo. El resultado fue profundo: su perspectiva experimentó una reforma y muchos otros llegaron a creer en Jesús gracias a su testimonio. Este proceso demuestra cómo TIDAR puede guiar a alguien desde la incredulidad inicial hasta un encuentro transformador con Cristo.

Creer en Dios

Creer en lo que vemos es instintivo, ya que requiere un mínimo esfuerzo cognitivo para confirmar lo que nuestros sentidos naturales perciben como realidad. Sin embargo, cuando nos encontramos con un evento o una condición indeseable (que Dios no desea para nosotros), nuestro cerebro está programado para aceptarlo como la única realidad, lo que nos lleva a pensar que debemos soportar esta situación negativa indefinidamente. Esta percepción debe cambiar.

Debemos comprender que, si Dios no quiere que un suceso en particular persista en nuestras vidas, nuestra creencia debe cambiar inmediatamente al escuchar su voluntad para nuestras circunstancias. Esta nueva creencia nos alinea con las promesas de Dios y su verdad superior, permitiéndonos liberarnos de las ataduras de las circunstancias indeseables.

Romanos 10:17 RVR1960 afirma: «Así que la fe es por el oír, y el oír, por la palabra de Dios». Este pasaje bíblico destaca la importancia de escuchar e interiorizar la Palabra de Dios para fortalecer la fe. Nuestra fe crece cuando escuchamos las promesas de Dios y comprendemos su voluntad, lo que nos capacita para creer en resultados que van más allá de nuestra percepción o expectativa habitual.

Hebreos 11:1 RVR1960 refuerza esto al decir: «Es, pues, la fe la certeza de lo que se espera, la convicción de lo que no se ve». Este pasaje subraya que la fe nos permite comprender la verdad de Dios como la realidad última, incluso cuando contradice nuestras experiencias físicas.

Para ilustrarlo, consideren el testimonio de una creyente que enfrentó un diagnóstico desesperado de cáncer de hígado metastásico terminal en 1981, Dolores «Dodie» Osteen, madre de Joel Osteen, pastor de la Iglesia Lakewood en Houston, Texas. Con tan solo 46 años, sus médicos le pronosticaron solo unas semanas más de vida. Había perdido una cantidad considerable de peso, pesaba solo 40 kilos, y sus médicos dijeron que no podían hacer nada más por ella. La milagrosa curación de Dodie del cáncer es una historia conmovedora de fe y perseverancia. Negándose a aceptar este diagnóstico, recurrió a su fe en Dios y a las promesas de sanación que se encuentran en la Biblia.

Dodie comenzó a sumergirse en las Escrituras, leyendo y creyendo versículos de sanación a diario y orando con fervor. Escribía cartas a cualquiera que hubiera ofendido, buscando perdón, pues creía que la falta de perdón podía obstaculizar su sanación. A pesar de la gravedad de su condición, continuó viviendo como si ya hubiera recibido la sanación, realizando las tareas del hogar y manteniendo una actitud positiva.

Uno de los aspectos cruciales de su testimonio fue su inquebrantable creencia en el poder de la Palabra de Dios. Constantemente declaraba sobre sí misma pasajes sanadores, como 1 Pedro 2:24 RVR1960, que dice: «y por cuya herida fuisteis sanados». Dodie veía la Palabra de Dios como su medicina, absorbiéndola a diario y permitiendo que fortaleciera su fe y confianza en el poder sanador de Dios.

Su fe y perseverancia dieron frutos. Con el tiempo, comenzó a recuperar su fuerza y salud. Hoy, décadas después, Dodie Osteen está libre de cáncer y comparte su testimonio para animar a otros que enfrentan luchas similares. Su historia es un testimonio del poder de la fe en Dios, de la importancia de creer y proclamar la Palabra de Dios en la vida, y de mantenerse firme en los milagros que pueden ocurrir cuando uno confía en las promesas de Dios. Ella vio su situación a través de la fe, esperando un cambio milagroso en Dios. Con el tiempo, su condición mejoró significativamente, demostrando el poder de alinear la propia creencia con las verdaderas intenciones de Dios, como se ve en su declaración en las Escrituras.

Al alinear conscientemente nuestras creencias con las promesas de Dios, nos abrimos a sus intervenciones milagrosas y al cumplimiento de su perfecta voluntad en nuestras vidas. Este cambio de creencias no es solo un ejercicio mental, sino una profunda práctica espiritual que trae las realidades del Reino de Dios a nuestra vida diaria.

Fe o vista

(porque por fe andamos, no por vista);

2 Corintios 5:7 RVR1960

La decisión fundamental de todo cristiano es caminar por fe o por vista. El camino que tomamos depende de en quién confiamos. Como creyentes, construimos nuestro camino sobre la confianza inquebrantable de que Aquel que nos promete todo también posee el poder de cumplir sus promesas. Creer en cosas que nuestros sentidos y mentes perciben como irreales o imposibles es un desafío, pero nuestras acciones reflejan nuestra fe en Dios. Nuestras creencias más profundas impulsan esas acciones. Entonces, ¿cómo fortalecemos nuestra fe para confiar instintivamente en cada palabra de Dios?

Sabemos que aumentar y fortalecer nuestra fe en Dios es indispensable para nuestra relación con Él y para comprender sus caminos. Este mensaje de fe se repite en sermones, devocionales y testimonios. Sin embargo, creer en algo que no podemos ver sigue siendo contrario a nuestra costumbre, especialmente cuando nuestra inclinación natural es confiar solo en lo que percibimos con nuestros sentidos. Esta conexión entre creencia y acción es la razón por la que la fe es tan crucial. Muchos se desaniman tras múltiples intentos fallidos de creer lo que Él dice, incluso mientras buscan a Dios. Quizás nunca aceptemos plenamente la palabra de Dios hasta que primero construyamos y mantengamos una fe inquebrantable en Él.

Todos estamos muy familiarizados con la fatiga y el cansancio que pueden agotarnos mental y espiritualmente, haciéndonos anhelar un atajo o una solución rápida para aumentar nuestra fe y superar nuestras debilidades.

Tengo buenas noticias y aún más buenas noticias. Primero, no necesitas hacer nada extenuante ahora; puedes tomarte un tiempo para descansar y recuperarte. De verdad, puedes. La creencia de que debemos actuar con rapidez ante los problemas a menudo proviene de la presión persistente del diablo. Los demonios son insistentes y mandones, instándonos a reaccionar según nuestras emociones en lugar de esperar la sabiduría de Dios. Sin embargo, el Espíritu Santo es manso y Jesús es paciente. No nos mandó trabajar a pesar de nuestro agotamiento. En cambio, Jesús invita a quienes estamos cansados y agobiados a acudir a Él en busca de descanso, a confiarle nuestros problemas y a confiar en que Él se encargará de ellos. Entregarle nuestros problemas a Jesús significa que ya no llevamos esas cargas sobre nuestros hombros.

Esta invitación divina a descansar en Jesús nos brinda una profunda seguridad. Cuando depositamos nuestras ansiedades y cargas en Él, nos libera de la constante presión de resolver los problemas por nuestra cuenta. Jesús conoce nuestras limitaciones y nos invita a confiar en su fuerza y sabiduría. Este enfoque nos brinda alivio y fortalece nuestra fe al aprender a confiar en su tiempo y sus métodos. Al abrazar esta confianza, podemos avanzar con renovada fuerza, listos para seguir su guía y presenciar el cumplimiento de sus promesas en nuestras vidas.

> 28 Venid a mí todos los que estáis trabajados y cargados, y yo os haré descansar.
> 29 Llevad mi yugo sobre vosotros, y aprended de mí, que soy manso y humilde de corazón; y hallaréis descanso para vuestras almas;
> 30 porque mi yugo es fácil, y ligera mi carga.
>
> Mateo 11:28-30 RVR1960

La otra buena noticia es que cuando le entregamos nuestra vida a Jesús, Él acepta voluntariamente también todos nuestros problemas futuros, y lo sabe desde el comienzo de nuestra relación con Él. Nosotros vemos los problemas como interrupciones en nuestra vida tranquila y pacífica. Jesús los ve como oportunidades para glorificar las vidas que le hemos entregado, siendo el único que puede producirnos victorias sorprendentemente inesperadas. Ahora que podemos relajarnos cuando llegue el momento de actuar, exploraremos otras maneras de fortalecer nuestra fe en Dios.

Creer en algo que no vemos es un desafío, casi imposible. Por eso necesitamos fe. Creer en algo sin tener primero fe en Aquel cuyas palabras queremos creer es imposible. Podemos fortalecer nuestra fe en Dios al salir del mar mental de palabras que nos dio la creencia de que lo peor es inevitable, sumergiendo nuestra mente en versículos de la Biblia que se refieren directamente a nuestras situaciones. Con el poder de la tecnología moderna, podemos buscar en internet referencias bíblicas específicas para cada circunstancia. (Me encanta la versión AMPC de la Biblia porque aclara muchas palabras vagas o confusas, incluyendo su significado original en muchos versículos).

Por ejemplo, una búsqueda en Google o en una versión gratuita de ChatGPT o Gemini podría ser: «¿Qué versículos de la versión AMPC de la Biblia me ayudarían a aliviar o eliminar mi depresión?» (Pueden reemplazar *«depresión»* por lo que estén experimentando. Incluso si no conocen una palabra que describa su experiencia, pueden describir la situación a la plataforma de IA que prefieran para obtener resultados muy adecuados).

Después de recibir la lista generada, leía los resultados de los versículos bíblicos y luego los copiaba y pegaba en mi calendario para leerlos y orar según los versículos diariamente, pidiéndole a Dios que cumpliera Su promesa para mi situación.

Porque valen el esfuerzo, cuando hacen lo que acabo de describir, pueden leer y orar las Escrituras cada vez que pensamientos de sus circunstancias vengan a su mente, hasta que crean plenamente que las promesas de Dios se relacionan directamente con su situación específica y son su nueva realidad.

Además, compartan uno de los versículos más impactantes que hayan encontrado con un hermano o hermana que comprenda su dolor y pídanle que comprenda cómo se relaciona con su situación. Seré honesto y les explicaré cuál es su realidad y cuál es la realidad que quieren creer que Dios tiene de su supuesto problema.

Al recordarnos continuamente la fidelidad imparcial de Dios a lo largo de la historia y repasar los versículos bíblicos relevantes para nuestras situaciones, permitimos que sus promesas se arraiguen en nuestro corazón. Esta práctica fortalece nuestra confianza en la naturaleza de nuestro Señor como el Padre amoroso que siempre demuestra ser.

¿Quién puede usar la Palabra de Dios?

Tras profundizar en la esencia de la creencia, pasamos a explorar nuestro rol al usar la Palabra de Dios, las Escrituras. Entonces, ¿cuál es exactamente nuestra postura relacional con Dios al usar su Palabra? Comprender nuestra relación posicional con Dios es crucial, ya que acceder a las promesas de la Biblia no se trata solo de reclamarlas a voluntad; depende de nuestra relación con Dios.

Como hijos de Dios, abrazamos nuestra identidad primordial como sus amados hijos e hijas, y nuestra postura fundamental es la de confianza y dependencia en nuestro Padre Celestial. Como hijos seguros de las promesas de sus amorosos padres, nos acercamos a la Biblia con la firme certeza de que cada palabra de Dios es válida y que él siempre es fiel en el cumplimiento de sus declaraciones.

En este rol, como hijos Suyos, atesoramos las Escrituras como testimonios de amor que nos impulsan a adorar el corazón de nuestro Padre. Sus promesas nos inundan con los detalles minuciosos e intrincados de su cuidado planeado para nuestras vidas. Con una crianza intencionalmente diseñada, revelada en las promesas de su corazón para nosotros, confiar en que Él cumplirá esas garantías según su tiempo perfecto y su amorosa sabiduría paternal nos brinda el consuelo y el alivio que buscamos y esperamos en toda circunstancia. El apóstol Pablo subraya esta dinámica relacional en su carta a los Filipenses:

Mi Dios, pues, suplirá todo lo que os falta conforme a sus riquezas en gloria en Cristo Jesús.

Filipenses 4:19 RVR1960

Este versículo captura nuestra seguridad como hijos de Dios de que Él proveerá abundantemente para todas nuestras necesidades, conforme a las riquezas de Su gloria que Él tiene para nuestro cumplimiento futuro.

Además, no somos solo receptores pasivos, sino agentes activos en el Reino de Dios, como lo que podríamos llamar abogados sobrenaturales. Como creyentes, aplicamos la Palabra de Dios (su Ley) en nuestras vidas y en las de los demás. Así como un abogado experto aplica la ley para obtener resultados favorables para sus clientes, nosotros aplicamos las promesas y los principios de Dios para afrontar los desafíos y alcanzar la victoria.

Consideren el testimonio de Sarah, una conversa reciente que experimentó una transformación que le cambió la vida gracias al poder de las Escrituras. A pesar de sus dificultades económicas, Sarah se mantuvo firme en la promesa de Malaquías 3:10 RVR1960: «Traed todos los diezmos al alfolí y haya alimento en mi casa; y probadme ahora en esto, dice Jehová de los ejércitos, si no os abriré las ventanas de los cielos, y derramaré sobre vosotros bendición hasta que sobreabunde». A pesar de las dudas y las presiones, Sarah diezmó fielmente y fue testigo de provisiones sobrenaturales que superaron sus expectativas, confirmando la fiabilidad de la Palabra de Dios.

En nuestro viaje de fe, abracemos los roles duales de la confianza infantil y la defensa espiritual, confiados en que la Palabra de Dios está viva y activa (Hebreos 4:12), capacitándonos para caminar en Sus garantías e impactar nuestro mundo para Su gloria.

Entender la fe y la creencia

La *Ley de la Primera Mención* es un principio empleado en la hermenéutica bíblica (el estudio de los principios de interpretación bíblica). Sugiere que la primera mención de un concepto o término en la Biblia establece un patrón o fundamento importante para comprender su uso posterior a lo largo de la Escritura. Este método resalta temas significativos y puntos teológicos que se mantienen consistentes dentro de la narrativa bíblica.

El término *creer* y sus derivados aparecen por primera vez en la Biblia durante una de las conversaciones de Dios con Abram, cuyo nombre Dios luego cambió a Abraham.

> *1 Después de estas cosas vino la palabra de Jehová a Abram en visión, diciendo: No temas, Abram; yo soy tu escudo, y tu galardón será sobremanera grande.*
> *2 Y respondió Abram: Señor Jehová, ¿qué me darás, siendo así que ando sin hijo, y el mayordomo de mi casa es ese damasceno Eliezer?*
> *3 Dijo también Abram: Mira que no me has dado prole, y he aquí que será mi heredero un esclavo nacido en mi casa.*
> *4 Luego vino a él palabra de Jehová, diciendo: No te heredará este, sino un hijo tuyo será el que te heredará.*
> *5 Y lo llevó fuera, y le dijo: Mira ahora los cielos, y cuenta las estrellas, si las puedes contar. Y le dijo: Así será tu descendencia.*
> *6 Y creyó a Jehová, y le fue contado por justicia.*
>
> Génesis 15:1-6 RVR1960

En el sexto versículo, el término *creer* se refiere a la fe o confianza de Abram en la promesa de Dios de que tendría una multitud de descendientes a pesar de su avanzada edad y la esterilidad de su esposa Sarai en aquel entonces. Este momento fundamental en la historia bíblica resalta la importancia de la fe y la creencia en Dios, y sienta el precedente de que la justicia ante Dios se obtiene por medio de la fe. Este tema se desarrolla con mayor profundidad y encuentra eco en las Escrituras, especialmente en las enseñanzas de Pablo en el Nuevo Testamento sobre la justificación por la fe.

Este concepto de creencia, introducido con Abraham, sirve como piedra angular para comprender la dinámica de la fe y la rectitud en la relación entre Dios y los seres humanos a lo largo de la Biblia. La creencia subraya la idea de que no es solo el esfuerzo humano ni la adhesión a la ley lo que establece la rectitud, sino más bien una confianza sincera en el carácter de Dios.

Es esencial entender que no debemos usar creencia y fe indistintamente; cada una tiene un propósito distinto que debemos practicar por separado. Por ejemplo, podemos decir que tenemos fe en la Biblia, la Santa Palabra de Dios. Sin embargo, Jesús nos animó a depositar nuestra fe en Dios (Marcos 11:22). La Biblia, de hecho, pone énfasis en tener fe en Dios o en Jesucristo, en lugar de tener fe en sus palabras como una entidad separada. Cuando depositamos nuestra fe plenamente en Dios, creeremos todo lo que Él diga.

Recuerdo cuando un conocido me contó algo que dijo un miembro de la comunidad local. Miré al informante con sarcasmo y le dije: «Por razones comprobadas, no confío en ese individuo, así que de ninguna manera voy a creer lo que dijo». Como habrán adivinado, lo que dijo la persona confirmaba su historial de compartir información falsa.

Cuando no tenemos fe en alguien, no creemos lo que dice. Al contrario, en quien tengamos fe, creeremos lo que diga. También es importante comprender que podemos creer en alguien en quien también tenemos fe. (Juan 14:1, Gálatas 2:16, Juan 6:29)

La fe en Dios se trata de una profunda confianza relacional. Esa confianza no se limita a creer en la existencia de Dios o reconocer su soberanía; se trata de confiar en su naturaleza relacional y su carácter como Padre perfecto. La fe es una entrega incondicional a Dios, confiando siempre en su bondad, poder y sabiduría. Tener fe en Dios es un compromiso con una relación con él que moldea nuestra forma de vivir, nuestra reacción ante los desafíos y la aceptación de sus planes para nosotros.

La creencia en la palabra de Dios proviene de esta fe fundamental. Creer en la palabra de Dios es aceptarla como exacta y como una promesa de la realidad venidera, porque confiamos en Aquel que la promete. Creer, entonces, es el resultado natural de la fe: es fe en acción. Cuando Dios habla a través de las Escrituras o por la inspiración del Espíritu Santo, nuestra fe en Dios nos impulsa a tomar en serio sus palabras e intenciones e integrarlas en nuestra vida.

La autoridad espiritual de Ntando

La seriedad con la que aceptamos la palabra de Dios determina la confianza con la que incorporaremos fielmente sus planes en el resto de nuestras vidas. Comprender y ejercer nuestra autoridad espiritual es imprescindible para romper hechizos y maldiciones eficazmente. Dios nos llama, como creyentes, a reconocer que Cristo mismo nos ha dotado de autoridad, habiendo vencido el pecado y la muerte, y nos ha dado el poder para vencer las obras de nuestros enemigos (todos los demonios).

> *He aquí os doy potestad de hollar serpientes y escorpiones, y sobre toda fuerza del enemigo, y nada os dañará.*
>
> Lucas 10:19 RVR1960

Esta escritura promete protección y nos empodera para combatir las fuerzas espirituales que buscan atarnos. Al creer que Jesús nos ha otorgado su autoridad, podemos enfrentar y desmantelar con confianza los hechizos y maldiciones que amenazan nuestro bienestar espiritual.

Consideremos la historia de Ntando, un joven de Zimbabue, cuya trayectoria ilustra la transformación que se produce al asumir la propia autoridad espiritual. Ntando creció cohibido y aislado debido a una ligera asimetría física en sus orejas, que percibía como un defecto importante debido a las burlas que sufría de niño. Esta inseguridad lo llevó a usar constantemente sombreros para ocultar su aparente defecto, sobre todo al ingresar a una escuela secundaria más grande, donde temía ser juzgado con mayor intensidad.

Sin embargo, la vida de Ntando dio un giro significativo cuando abrazó su fe con mayor profundidad. Comprendió y creyó de todo corazón que su valor e identidad no residían en su apariencia física, sino en su herencia espiritual como hijo de Dios. A pesar de sus miedos, esta revelación se forjó al unirse al coro de la iglesia, donde encontró su voz, tanto literal como figurativamente. La comunidad y el acto de adoración ayudaron a Ntando a verse como Dios lo veía: perfectamente imperfecto y completamente amado.

Su participación en el coro no solo mejoró su autoestima, sino que también lo puso en posición de confrontar y rechazar los hechizos dañinos

—palabras y creencias— que lo habían mantenido cautivo. Con el tiempo, Ntando aprendió a apreciar sus características únicas y, sorprendentemente, descubrió que sus miedos previos habían magnificado lo que para otros era un problema menor.

Al aplicar la verdad de la Palabra de Dios a su vida y asumir roles que afirmaron su valor, Ntando se liberó de la inseguridad y las dudas. Su historia es un testimonio del poder de la autoridad espiritual que surge de la fe cuando se alinea con la verdad del Evangelio y el apoyo de una comunidad religiosa.

Sin embargo, lo contrario también es cierto: cuando las creencias y las palabras se basan en la negatividad o la hostilidad, pueden conducir a la destrucción. La historia de los edomitas muestra cómo sus acciones y palabras en oposición a Israel llegaron a oídos de Dios. Sus creencias y las decisiones que tomaron finalmente llevaron al juicio de Dios, revelando las consecuencias de creer, hablar y actuar en contra de su pueblo.

Cuida tu boca

Porque con el corazón se cree para justicia, pero con la boca se confiesa para salvación.

Romanos 10:10 RVR1960

¡Generación de víboras! ¿Cómo podéis hablar lo bueno, siendo malos? Porque de la abundancia del corazón habla la boca.

34 ¡Generación de víboras! ¿Cómo podéis hablar lo bueno, siendo malos? Porque de la abundancia del corazón habla la boca.
35 El hombre bueno, del buen tesoro del corazón saca buenas cosas; y el hombre malo, del mal tesoro saca malas cosas.

Mateo 12:34-35 RVR1960

Pero lo que sale de la boca, del corazón sale; y esto contamina al hombre.

Mateo 15:18 RVR1960

Al explorar el poder de la fe, reconocemos que lo que albergamos en nuestro corazón moldea nuestros pensamientos, acciones y palabras. Romanos 10:10 nos recuerda que la fe nace en el corazón y la expresamos mediante nuestras confesiones. Pero lo que albergamos en nuestro corazón —ya sea fe o duda, verdad o engaño— inevitablemente fluirá de nuestra boca, como enseña Jesús en Mateo 12:34. En Mateo 15:18, Jesús enfatiza además que lo que sale de la boca se origina en el corazón, revelando nuestra verdadera condición espiritual. Las palabras que decimos con verdad indican la evidencia innegable de lo que creemos.

Nuestras palabras reflejan el estado espiritual de nuestro corazón, y esta conexión entre el corazón y la boca es vital para comprender cómo se forma y se expresa la creencia. La transformación de nuestro corazón es clave, ya que la boca habla de la abundancia del corazón. Lo que confesamos con la boca nos empodera para influir en nuestras vidas y en las de quienes se ven afectados por nuestras palabras. De esta forma, al aprender a creer, también debemos cuidar nuestro corazón, porque al hacerlo, vigilaremos nuestra boca y veremos que lo bueno o lo malo que hemos dicho se haga realidad. Debemos aferrarnos y atesorar la impactante Palabra de Dios (las Sagradas Escrituras) en nuestro corazón, atesorando su verdad para que las palabras de nuestro corazón se alineen únicamente con lo que Dios ha dicho.

Los edomitas

En Ezequiel 35, el profeta Ezequiel entrega un mensaje de Dios al monte Seir, representando al pueblo de Edom, descendiente de Esaú y antiguo enemigo de Israel. El pasaje, en particular a partir del versículo 10, revela una poderosa historia sobre cómo las creencias y las palabras del pueblo de Edom finalmente conducirían a su caída. Dios les advierte que sus declaraciones jactanciosas e intenciones hostiles hacia Israel se volverán contra ellos, convirtiendo sus palabras en una maldición que sella su propio destino.

La tierra de Edom había albergado durante mucho tiempo resentimiento contra Israel. A pesar de ser parientes —descendientes de los hermanos gemelos Jacob y Esaú—, la animosidad entre ellos se había arraigado durante generaciones. Los edomitas observaban desde su fortaleza montañosa del monte Seir cómo Israel se enfrentaba a la devastación, y en su corazón, se regocijaban. Creían que la caída de Israel les brindaría la tan ansiada oportunidad de apoderarse de las tierras que siempre habían codiciado. Con valentía, declararon: «Estas dos naciones y estos dos países serán míos, y los poseeremos».

Pero las palabras de los edomitas llegaron a oídos de Dios. No sabían que sus creencias, jactancias y planes de conquista los llevarían a la destrucción. Mientras conspiraban, sus palabras comenzaron a volverse en su contra. El mismo Dios que había prometido bendecir a quienes bendijeran a Israel y maldecir a quienes los maldijeran (Génesis 12:3) ahora se preparaba para convertir las intenciones de Edom en una maldición sobre ellos.

La respuesta de Dios a sus palabras fue rápida y severa. Declaró mediante Ezequiel que, como Edom había dicho «Estas naciones serán nuestras», los juzgaría en consecuencia. Dios convertiría el monte Seir en un desierto desolado, y los edomitas, que una vez conspiraron para ocupar la tierra de Israel, serían invadidos por la calamidad y la destrucción. Sus palabras jactanciosas no les traerían la victoria que buscaban, sino desolación y terror.

Así como Edom se había alegrado por la desgracia de Israel, Dios ahora los convertiría en una advertencia para las demás naciones. Las palabras específicas que Edom había pronunciado, con la intención de maldecir y conquistar a Israel, se convirtieron en las cadenas que los ataron a su perdición. Experimentarían el mismo miedo y la misma devastación que esperaban infligir a Israel, y su orgullo sería su perdición. El juicio de Dios no solo fue consecuencia de sus acciones, sino también de sus palabras. En su arrogancia, habían subestimado el poder de la palabra hablada y la justicia del Dios de Israel.

Hablar de bendiciones y maldiciones

La historia de Edom en Ezequiel 35 sirve como un claro recordatorio de que nuestras palabras tienen peso y poder. Así como las palabras de los edomitas los llevaron a su maldición, también nuestras palabras pueden moldear la realidad que experimentamos. Ya sea para bendecir o maldecir, nuestras palabras son importantes para Dios, ya que pueden determinar nuestro futuro. Al comenzar este capítulo explorando el poder del lenguaje, las Escrituras nos recuerdan que lo que decimos puede alinearnos a nosotros y a otros con las bendiciones de Dios o llevarnos por el camino de la destrucción. Santiago, el hermano de Jesús, capta esta verdad con una observación conmovedora:

> De una misma boca proceden bendición y maldición. Hermanos míos, esto no debe ser así.
>
> Santiago 3:10 RVR1960

Santiago enfatiza la contradicción que existe cuando las bendiciones y las maldiciones provienen de la misma fuente: nuestra boca. Destaca la inconsistencia de alabar a Dios mientras se usa la misma lengua para hablar mal de los demás (Santiago 3:9), lo que en última instancia perjudica al mundo. Esta dualidad revela la tensión entre nuestras aspiraciones espirituales y nuestras debilidades humanas. La misma lengua que declara la bondad de Dios nunca debe denigrar, menospreciar ni maldecir. Ya sea que pronuncie bendiciones o maldiciones, la lengua refleja la condición del corazón y responde según lo que creemos acerca de quienes nos dirigimos.

En Santiago 3:5, el apóstol compara la lengua con un pequeño fuego que puede incendiar un bosque entero. Aunque pequeña, la lengua ejerce una inmensa influencia en nuestras vidas y en las de los demás, a menudo moldeando creencias mediante palabras que las personas aceptan sin cuestionarlas ni verificarlas. Este versículo nos lleva a reconocer nuestra responsabilidad con respecto a las palabras que elegimos pronunciar. Así como las arrogantes proclamaciones de Edom llevaron a su caída, también nuestras palabras —pronunciadas en momentos de ira, frustración o descuido— pueden crear una realidad que nunca quisimos. Santiago nos reta a ver la desconexión cuando nuestras palabras no se alinean con nuestra fe, recordándonos que debemos ser coherentes al hablar, usando nuestras palabras para edificar en lugar de destruir.

Este versículo también señala una verdad espiritual más profunda: nuestras palabras reflejan nuestro corazón. Jesús nos enseñó que de la abundancia de nuestro corazón habla nuestra boca (Mateo 12:34). Lo que decimos revela las creencias que albergamos: amor, paz, gracia, amargura, ira o resentimiento. El Salmo 119:11 nos anima a guardar, atesorar y valorar la Palabra de Dios en nuestro corazón para que nuestros pensamientos, palabras y acciones permanezcan libres de pecado. Por lo tanto, el reto de Santiago 3:10 no es únicamente controlar nuestra lengua, sino de permitir que Dios transforme nuestro corazón para que lo que fluya de nuestra boca sea siempre una bendición, nunca una maldición.

Santiago 3:10 nos recuerda la inconsistencia de permitir que bendiciones y maldiciones salgan de la misma boca, lo que nos desafía a alinear nuestras palabras con la voluntad de Dios. Pero este problema va más allá de nuestras palabras. En Lucas 6:45, Jesús revela que nuestras palabras reflejan directamente lo que guardamos en nuestro corazón:

> *El hombre bueno, del buen tesoro de su corazón saca lo bueno; y el hombre malo, del mal tesoro de su corazón saca lo malo; porque de la abundancia del corazón habla la boca.*
>
> Lucas 6:45 RVR1960

Este versículo ilumina la poderosa conexión entre nuestro corazón y nuestras palabras. Quien maldice tiene un corazón dispuesto a maldecir a otros. Quien bendice tiene un corazón dispuesto a bendecir a otros. La cuestión es controlar nuestra lengua y abordar la fuente: nuestro corazón. Quien maldice alberga amargura, ira o envidia, mientras que quien bendice tiene un corazón lleno de amor, paz y gracia. Las creencias que dejamos que se arraiguen en nuestro corazón inevitablemente se reflejarán en nuestras palabras y acciones.

Comprender esta conexión nos ayuda a ver que la batalla para controlar nuestras palabras comienza en el corazón. Para hablar vida, bendiciones y verdad, primero debemos cultivar un corazón alineado con la bondad de Dios, que nos de vida, bendiciones y verdad. En este sentido, al explorar la importancia de cuidar nuestra boca, también debemos examinar lo que permitimos que crezca en nuestro interior. ¿Estamos llenando nuestros corazones con la Palabra de Dios para creer, o estamos alimentando nuestros corazones con creencias que conducen a la maldición y la negatividad? La respuesta a esta pregunta determinará la naturaleza continua de nuestro hablar y, en última instancia, el camino de las bendiciones o las maldiciones en nuestra vida y en la de los demás.

Jeremy Camp, reconocido músico y cantautor cristiano, tiene un poderoso testimonio que se alinea con la idea de permitir que Dios moldee nuestros corazones, lo cual, a su vez, influye en nuestras palabras y vidas. Jeremy enfrentó una prueba de fe cuando su primera esposa, Melissa, falleció de cáncer poco tiempo después de casarse. Ha compartido abiertamente cómo luchó con el dolor, la ira y las dudas sobre el plan de Dios. En sus momentos de profundo dolor, sintió la tentación de expresar desesperación y duda. Sin embargo, Jeremy permitió que Dios sanara su corazón roto mediante la oración y apoyándose en sus promesas. Al entregar su dolor a Dios, su corazón comenzó a llenarse de esperanza y fe de nuevo.

Este resurgimiento del corazón moldeó la música y el testimonio de Jeremy Camp. En lugar de permitir que la amargura y el dolor dictaran sus palabras, habló con vida, compartiendo la bondad de Dios a través de su música y testimonio. Canciones como *I Still Believe*, inspiradas en su camino, reflejan cómo Dios puede transformar incluso las experiencias más dolorosas en oportunidades para bendecir a otros.

La historia de Jeremy ilustra a la perfección el principio de Lucas 6:45: de que de la abundancia del corazón habla la boca. Su experiencia nos recuerda que cuando dejamos que Dios sane y renueve nuestro corazón, nos capacita para hablar palabras de supervivencia y bendición, incluso ante los desafíos más grandes de la vida.

Palabras profanas, maldiciones y groserías

Ninguna palabra corrompida salga de vuestra boca, sino la que sea buena para la necesaria edificación, a fin de dar gracia a los oyentes.

Efesios 4:29 RVR1960

Las palabras tienen más poder del que podemos imaginar. Desde nuestras conversaciones cotidianas hasta las verdades sagradas reflejadas en las Escrituras, lo que decimos puede impactar profundamente nuestras vidas y las de nuestros seres queridos. La Biblia nos recuerda repetidamente la importancia de cuidar nuestras palabras, advirtiéndonos que «La muerte y la vida están en poder de la lengua; y el que la ama comerá de su fruto»

(Proverbios 18:21). Lo sepamos o no, nuestras palabras pueden tener consecuencias duraderas, atrayendo bendiciones o maldiciones. Al profundizar en los orígenes de las groserías y el uso de *malas* palabras, descubriremos cómo las antiguas creencias sobre el poder del lenguaje aún resuenan en nosotros hoy. Nuestras palabras tienen el potencial de moldear la realidad, lo que hace vital el desarrollo de creencias sanas y piadosas al cuidar nuestras palabras y seleccionarlas sabiamente.

Las groserías suelen denominarse *palabrotas* o *insultos* debido a sus raíces históricas y lingüísticas, que las vinculan con maldiciones y juramentos. A continuación, se detallan sus orígenes:

1. **Insultos:**

El término «insulto» en este contexto proviene de la invocación de un poder sobrenatural para causar daño o desgracia a alguien. Históricamente, insultar a alguien significaba lanzar un hechizo maligno o desearle un mal. Con el tiempo, las palabras asociadas con estas maldiciones se conocieron como insultos. Estas palabras se usaban a menudo en señal de ira o frustración, expresando el deseo del orador de causar daño o mala suerte, similar a la práctica de maldecir a alguien en la antigüedad.

2. **Palabrotas:**

El término *jurar* proviene del acto de prestar juramento. En contextos medievales y religiosos, jurar implicaba invocar el nombre de Dios o cosas sagradas en una promesa o declaración. Cuando las personas usaban términos sagrados con frivolidad o con ira, se consideraba blasfemo, de ahí el término «palabrotas». Estas palabras se consideraban profanas porque violaban la santidad de los juramentos religiosos.

3. **Blasfemias:**

La palabra «blasfemia» proviene del latín *profanus*, que significa «fuera del templo o no sagrado». Originalmente, el lenguaje profano se refería a cualquier falta de respeto hacia las cosas sagradas o hacia Dios. Con el tiempo, el término evolucionó para describir el lenguaje ofensivo en general.

El origen de las palabrotas y los insultos se remonta a prácticas religiosas y ocultistas, donde las palabras tenían poder, ya sea para invocar daño (maldecir) o para hacer promesas sagradas (jurar). Con el tiempo, estas palabras perdieron su connotación mágica, pero conservaron su carácter ofensivo, razón por la cual todavía hoy las llamamos como lo hacemos.

El poder de las palabras, ya sea para hacer daño o para dar una promesa sagrada, es innegable. Así como las palabras negativas pueden dejar un impacto duradero, también las palabras que se alinean con la voluntad de Dios pueden traer vida, esperanza y renovación. Esta comprensión nos lleva a la increíble influencia de pronunciar las palabras que Dios revela: palabras que desatan el poder de transformar nuestra fe y valentía de manera tangible.

Las palabras cambian las creencias

Hemos aprendido que los hechizos y las maldiciones están profundamente arraigados en las creencias. Por lo tanto, romper la creencia de una persona puede romper el hechizo o la maldición que la afecta. Uno de mis grupos favoritos para ayudar a romper hechizos y maldiciones es el de quienes trabajan en la industria alimentaria: camareras, camareros, cocineros, anfitriones, gerentes y otros. No estoy completamente seguro de por qué Dios me ha dado un corazón para quienes trabajan en este campo, pero puedo especular que puede ser porque la familia de mi padre era conocida por sus habilidades culinarias. He trabajado estrechamente con ellos y he visto cómo el público los maltrata repetidamente.

Mi tío, Fred Wall, fue chef privado del presidente Franklin Roosevelt durante su mandato. Mi padre fue cocinero y chef en diversas instituciones, como el Ejército de los Estados Unidos, varios hospitales, la Universidad de Princeton y la Universidad de Claflin en mi ciudad natal, Orangeburg, (Carolina del Sur) donde sirvió durante más de 50 años. Escuchar sus historias, que abarcan décadas anteriores a mi nacimiento, me inspiró un profundo aprecio por quienes disfrutan de ver a la gente bien atendida y satisfecha con sus pedidos de comida y bebida. Quizás mi estrecha conexión con la experiencia de mi familia en el sector gastronómico sea la razón por la que Dios me ha usado para romper los hechizos y las maldiciones de innumerables personas en esta industria en varios países. Incluso hoy, siento una compasión genuina por quienes sirven en este campo, dando lo mejor de sí cada día.

En Filipenses 2:15, 1 Timoteo 4:12 y 2 Corintios 3:2-3, Pablo enfatiza que Dios nos llamó a ser ejemplos piadosos para los demás en todo lo que hacemos. Me llena de humildad ver que quienes cenan conmigo se sienten capacitados para romper hechizos y maldiciones de otros después de observar cómo Dios me usa para ministrar a los camareros.

Nuestra iglesia recibió a uno de mis cantantes de gospel favoritos, Keith Staten, ex miembro del grupo *Commissioned*, para almorzar en un restaurante después del servicio dominical. Estábamos sentados unos diez, y después de que la camarera se presentara y tomara nota de nuestras bebidas, le pregunté si podía compartir algo con ella. Pareció un poco sorprendida por mi pregunta, pero me prestó toda su atención. Simplemente le dije: «Dios me dijo que te dijera que dejaras de llorar por eso». Se quedó boquiabierta y, con voz temblorosa, exclamó: «¡Dios mío! ¡Dios mío! ¡Dios mío!». Empezó a llorar y se sintió tan abrumada que tuvo que irse de la mesa inmediatamente.

Keith dijo «¡Genial!» porque apreció ese momento de sanación y se sintió inspirado a ministrar a la gente de esa manera, de ahora en adelante. Después de unos minutos, otra camarera se presentó y tomó nuestra orden. La primera camarera finalmente regresó y dio un breve testimonio. A veces, solo se necesita una frase de aliento, instrucción o profecía para romper un hechizo en la vida de alguien.

Como dice el refrán: «¿Cómo sabes si alguien necesita ánimo? Está respirando».

Todos necesitamos ánimo. La referencia de Pablo en 2 Corintios 5:20 relata que Jesús ya no está en la Tierra, así que somos sus representantes. Ofrezcámonos y estemos dispuestos a compartir palabras que transformen la creencia de alguien, de las mentiras de un hechizo maligno a la verdad del Evangelio. El Espíritu Santo nos usará para brindar inspiración y soluciones a quienes sufren. El gozo que experimentan como resultado es recompensa suficiente cuando le dan a Dios toda la gloria por los hechizos rotos y las maldiciones en sus vidas.

Después de asistir al servicio religioso de un pastor cerca de Columbia, Carolina del Sur, salí a comer con miembros de la congregación. Esta vez, la persona a la que atendí no era una trabajadora de la industria alimentaria, sino una atleta olímpica estadounidense que había estado de visita en la iglesia esa mañana. Dios me dio una Palabra de Conocimiento para ella, un don espiritual que a menudo recibo del Espíritu Santo y que me permite hablar con conocimiento sobre la vida de otra persona, a menudo sin conocer su situación.

Como de costumbre, le pregunté al pastor si podía compartir lo que Dios me había revelado. Él dijo: «¡Claro!». Me volví hacia ella y le dije: «Dios solo me pidió que te dijera que no es tu culpa». Inmediatamente rompió a llorar, exclamando: «¡No lo sabes! ¡Simplemente no lo sabes! ¡Acabas de responder a una oración que le hice a Dios anoche!». Me sentí sinceramente honrado de que Dios me usara; la mujer incluso me llamó su ángel por transmitirle ese mensaje. Aunque sabía que en realidad no era un ángel, me sentí honrado de servir como mensajero del amor de Dios, que transforma nuestra creencia de la confusión a la verdad que trae claridad.

También recuerdo a dos jóvenes que se enfrentaban a exámenes de certificación muy importantes que determinarían su ascenso profesional. El miedo y la ansiedad abrumadores casi las aplastaron. Sentían que estas pruebas las vencerían. Ambas estaban sumidas en un profundo estado de duda, convencidas de que podrían reprobar. Parecía como si el peso de estos exámenes las hubiera paralizado, despojándolas de su confianza. Su miedo era evidente, y la idea de no aprobar casi les rompía el corazón.

En ambos casos, el Espíritu Santo me dio palabras para romper el hechizo de derrota que las había dominado. Les dije: «No se dejen intimidar por la prueba. La prueba solo intenta ver qué saben». Esta simple verdad comenzó a cambiar su perspectiva, aliviando el peso opresivo que habían estado cargado.

Años después, el Espíritu Santo añadió más detalles a la revelación anterior cuando la segunda joven acudió a mí, atrapada en la misma espiral de miedo por su examen. Le dije lo mismo que le dije a la primera, y luego añadí: «Dios quiere que apruebes el examen, no que solo logres la mínima puntuación. Así como un vehículo pasa por una tienda en su camino, tú debes aprobar este examen y continuar hacia el futuro que Dios tiene para ti». Las pruebas son solo momentos en nuestro camino, no el final del mismo.

Les animo hoy a que dejen de simplemente aceptar la prueba de la vida que enfrentan y, en cambio, la superen, porque su vida no termina con esta prueba. Superen esta prueba y avancen para obtener la certificación, la licencia y la aprobación para lo que Dios ya tiene preparado para que logren. La duda puede atormentarles, haciéndoles pensar: «No creo estar listo para pasar esta prueba». Pero permítanme recordarles: Dios les equipa para cada desafío que les presenta. Están más que listos, y al pasar esta prueba, entran en el propósito mayor que Dios tiene para ustedes. La prueba no es el final; es una puerta al siguiente nivel de lo que Él les ha llamado a hacer.

Una vez me encontré con un joven que conocí mientras trabajaba en Walmart. Lo conocí por su padre, un pastor muy respetado en nuestra ciudad. Le dije que sería predicador y su reacción fue inmediata: su rostro se contrajo de asco. No sé qué historia o conjuro se creyó sobre su vida que lo hizo sentirse tan molesto por mis palabras. Después de que respondió con un improperio lleno de groserías y se marchó, me quedé atónito por lo que acababa de ocurrir. Hoy, tiene una hermosa familia y ha sido el pastor principal de una iglesia durante varios años. Desde entonces, nos hemos reído muchas veces de ese momento en Walmart.

Creo que tienen este libro entre sus manos porque Dios quiere usarles para romper los hechizos y las maldiciones que atormentan a otra persona. ¿Ven lo sencillo que fue para mí pronunciar unas pocas palabras que ayudaron a romper los hechizos de esas jóvenes y ese joven? Ustedes pueden hacer lo mismo. El buen hechizo, la poderosa historia del Evangelio de Jesucristo, sigue activo y obrando a través de hombres, mujeres, niños y niñas de todo el mundo. Al permitir que el Espíritu Santo inspire nuestras palabras, podemos pronunciar palabras vivas para transformar creencias condenatorias en verdades verificadas, ordenadas por Dios, que traen libertad, sanación y una renovada confianza en el plan de Dios para las vidas que encontramos a diario.

CAPÍTULO 5:

PASOS PRÁCTICOS PARA SUPERAR LA ESCLAVITUD

La batalla de Lisa contra el miedo

El corazón de Lisa latía con fuerza mientras revisaba los titulares de las noticias en su teléfono. Cada noticia anunciaba un desastre inminente: colapso económico, inestabilidad política, desastres naturales y pandemias globales. Una oleada de náuseas la invadió al sentir una opresión familiar en el pecho.

Miró a su esposo, David, sentado al otro lado de la habitación leyendo tranquilamente un libro. ¿Cómo podía mantener la calma? ¿Acaso no veía lo que pasaba en el mundo? ¿No sentía el mismo temor inminente que amenazaba con consumirla?

—¡David!—gritó con voz temblorosa.—¿Viste el artículo sobre el nuevo virus? ¡Se supone que es incluso peor que el anterior!

David levantó la vista del libro; una mezcla de preocupación y diversión se reflejaba en su rostro.

—Lisa, cariño, tienes que dejar de escuchar las noticias. Estás dejando que estas historias te afecten otra vez.

—¡Pero es real! ¡Esto está pasando!—protestó, con creciente ansiedad.

David suspiró, dejando el libro a un lado.

—Lo sé, pero no podemos vivir con miedo, Lisa. Tenemos que confiar en Dios.

Aunque Lisa sabía que tenía razón, su mente seguía dándole vueltas a los peores escenarios, cada uno más aterrador que el anterior. Sentía como si una nube oscura se hubiera posado sobre ella, amenazando con robarle la alegría y la paz.

Debemos permanecer vigilantes, ya que los medios de comunicación, las redes sociales y otros medios a menudo nos engañan sin nuestro consentimiento ni consciencia. En lugar de temer resultados imaginarios o proyectados, debemos confiar en la Palabra de Dios y orar por los acontecimientos actuales que se desarrollan en nuestro mundo.

La lucha de Jenna con la comparación

A kilómetros de distancia, Jenna revisaba su Instagram, luchando contra su sensación de incompetencia. Cada imagen presentaba una instantánea cuidadosamente seleccionada de la perfección: rostros sonrientes, vacaciones exóticas, ropa de diseñador y casas impecablemente decoradas. Una punzada de envidia, ya familiar, le oprimía el pecho.

¿Por qué su vida no era así? Su trabajo parecía monótono, su apartamento, pequeño, y su vida social, prácticamente inexistente. Todos los demás parecían vivir su sueño, mientras que ella se sentía estancada.

Se vio reflejada en la pantalla del teléfono; su rostro de repente parecía poco glamuroso. Una oleada de dudas la invadió.

«No soy lo suficientemente buena», pensó, con la mentira familiar resonando en su mente. «Nunca seré tan exitosa, hermosa ni feliz como ellos».

El teléfono se le resbaló de la mano y cayó boca abajo en el sofá. Jenna hundió la cabeza entre las manos, abrumada por la desesperación.

Mientras estaba sentada allí, el Espíritu Santo le recordó el Salmo 139:14 (RVR1960): «Te alabaré; porque formidables, maravillosas son tus obras; Estoy maravillado, Y mi alma lo sabe muy bien». Poco a poco, Jenna comenzó a comprender que su valor no dependía de cómo se comparaba con los demás, sino de la verdad de que Dios la creó de manera única. Con cada recordatorio de este versículo, la comparación se aflojaba, y Jenna sentía una nueva paz en su camino.

La batalla de Mark con los errores del pasado

Al otro lado de la ciudad, Mark lidiaba con la pesada carga de sus errores del pasado. Años atrás, había tomado decisiones que dañaron profundamente a su familia, afectaron negativamente a su reputación y lo hicieron sentir destrozado e indigno.

Aunque Mark le había pedido perdón a Dios y sabía en su interior que Dios había perdonado sus errores, los recuerdos de su pasado aún lo atormentaban. Le susurraban acusaciones, robándole la alegría y la paz.

«Eres un fracaso» —susurró la voz interior—. «No mereces una segunda oportunidad. Nunca escaparás de lo que has hecho».

Mark cerró los ojos, intentando desesperadamente acallar el mensaje, pero la acusación persistió, tejiendo una red de culpa y vergüenza que amenazaba con sofocarlo.

En ese momento, el Espíritu Santo le recordó 2 Corintios 5:17 RVR196): «De modo que si alguno está en Cristo, nueva criatura es; las cosas viejas pasaron; he aquí todas son hechas nuevas». Al meditar en esta verdad, Mark comprendió que su identidad no estaba ligada a su pasado, sino anclada en la redención de Cristo. El muro de vergüenza, levantado por el hechizo, comenzó a debilitarse a medida que él lograba abrirse paso, y una profunda sensación de libertad brotó en él, recordándole que Dios ya le había dado un nuevo comienzo.

Reconocer la batalla

Estas historias, aunque ficticias, revelan las verdaderas batallas espirituales que se libran en el corazón de los creyentes, ya sea en su propia experiencia o en la vida de quienes los rodean. Si bien cada uno puede enfrentar desafíos únicos, todas las dificultades comparten un hilo conductor: la influencia generalizada de pensamientos negativos y creencias profundamente arraigadas que pueden mantenernos cautivos. El enemigo implacable busca explotar nuestras vulnerabilidades, utilizando el engaño y las mentiras para tejer narrativas de miedo, incompetencia y condenación.

Las Escrituras nos recuerdan: «Porque no tenemos lucha contra sangre y carne, sino contra principados, contra potestades, contra los gobernadores de las tinieblas de este siglo, contra huestes espirituales de maldad en las regiones celestes» (Efesios 6:12). No debemos limitar la guerra espiritual a los tiempos bíblicos; es una realidad constante para todo creyente.

Sed sobrios, y velad; porque vuestro adversario el diablo, como león rugiente, anda alrededor buscando a quien devorar;

1 Pedro 5:8 RVR1960

El campo de batalla de nuestros pensamientos

Las batallas espirituales más feroces a menudo ocurren en la mente, que las Escrituras frecuentemente equiparan con el corazón. A diferencia del cerebro físico, la mente opera en el ámbito espiritual. A menudo se la considera la sede de nuestros pensamientos, emociones y creencias. El enemigo, astuto y engañoso, comprende el poder de nuestra mente para influirnos con pensamientos que moldean nuestra realidad. Proverbios 23:7 relata que nuestras vidas son la suma de los pensamientos de nuestro corazón. Si satanás puede controlar nuestros pensamientos, puede influir en nuestras acciones, relaciones y, en última instancia, en nuestro destino.

Recuerdo trabajar en un concesionario Toyota/Mazda, vendiendo vehículos nuevos y usados. Me fue tan bien que incluso superé en ventas al gerente de ventas de autos usados. Un día aparentemente normal, uno de mis supervisores se me acercó y me informó que tenían que despedirme por falta de clientes. «No tenemos suficientes ventas para todos», se disculpó. Era la clásica situación de «el último en ser contratado es el primero en ser despedido».

Que me despidieran me sorprendió y me desanimé. Pensamientos negativos me inundaron la mente sobre encontrar un empleo adecuado. ¿Y si no encontraba otro trabajo? ¿Cómo me mantendría? ¿Volvería a tener éxito? Estos pensamientos de ansiedad amenazaban con abrumarme mientras el enemigo susurraba mentiras para ahogar la verdad de Dios.

Maynard, un amable caballero que trabajaba en el departamento de carrocería, me animó un día fuera de la sala de exposición. Me dijo: «No perteneces a este lugar. Dios tiene más para ti porque tienes más que hacer por Él. Solo observa lo que sucede cuando dejes este empleo; ya verás». Sus palabras me inspiraron y, en pocos momentos, empezaron a disipar el miedo que me dominaba. Tenía razón. Después de dejar ese trabajo, el poder de Dios rompió por completo el hechizo porque creí en las palabras que le dio a Maynard para mí. Dios me bendijo y me colocó en puestos de supervisión y otros donde gané más dinero que nunca.

Cómo liberarse de la falta de perdón

El corazón humano, frágil y susceptible al dolor, puede caer fácilmente en las trampas del enemigo cuando es herido por la traición, la injusticia o las expectativas incumplidas. Como una semilla sembrada en tierra fértil, una ofensa puede arraigarse rápidamente, convirtiéndose en amargura y resentimiento. Podemos encontrarnos aferrándonos a heridas del pasado, repitiendo ofensas y alimentando heridas que se niegan a sanar. Estas reacciones, aunque comprensibles, pueden tener consecuencias devastadoras para nuestro bienestar espiritual al transformarnos en huéspedes susceptibles a un mal momento. Las Escrituras nos advierten sobre el peligro de permitir que la amargura se encone:

> *Mirad bien, no sea que alguno deje de alcanzar la gracia de Dios, que brotando alguna raíz de amargura, os estorbe, y por ella muchos sean contaminados;*
>
> Hebreos 12:15 RVR1960

El enemigo a menudo disfraza sus mentiras de agravios legítimos susurrando justificaciones para nuestro dolor. Incluso podríamos creer que Dios mismo condona nuestra amargura, confundiendo la voz de la ofensa con la voz del Espíritu Santo. Sin embargo, la Palabra de Dios nos enseña que la ira humana no produce la justicia de Dios (Santiago 1:20). Cuando permitimos que una ofensa domine nuestros pensamientos y emociones, elevamos esa herida a una posición de autoridad en nuestras vidas, convirtiéndola, en última instancia, en un ídolo.

Así como una planta venenosa puede contaminar un jardín, esparciendo toxinas y ahogando la vida, la falta de perdón envenena nuestras almas, impide nuestro crecimiento espiritual y corroe nuestras relaciones. Cuando albergamos la falta de perdón, ese rencor se arraiga en nuestros corazones, convirtiéndose en amarga irritación y animosidad. Este rencor implacable nos impide experimentar la paz y el gozo de Dios y crea barreras entre nosotros y los demás, dificultando la formación de vínculos genuinos o el mantenimiento de relaciones sanas.

Con el tiempo, la falta de perdón nos aísla, dejándonos atrapados en una prisión que nosotros mismos hemos creado, incapaces de avanzar y vivir verdaderamente la vida abundante que Dios ha planeado para nosotros. El Evangelio de Jesucristo nos ha sido puesto a disposición por la gracia amorosa de Dios. Podemos seguir los siguientes pasos para liberarnos de la falta de perdón para quienes se han disculpado por sus ofensas contra nosotros.

1. **Reconocer el dolor**: Comiencen por reconocer honestamente el dolor que han experimentado. Negar o ignorar el dolor solo permite que la falta de perdón se arraigue más profundamente. En cambio, lleva su dolor ante Dios, quien comprende su sufrimiento y les ofrece sanación (Salmo 34:18).
2. **Orar por la ayuda de Dios**: El perdón verdadero a menudo supera nuestra capacidad humana, pero con la ayuda de Dios, es posible perdonar genuinamente a los demás. Pidan al Espíritu Santo que les ayude a liberarse de la ofensa y a sanar su corazón hacia la persona que les hizo daño (Mateo 5:44). Oren por la fuerza para dejar atrás la animosidad y ver al ofensor con los ojos de Dios.
3. **Elegir perdonar**: Perdonar es una decisión, no un sentimiento. Puede que no tengamos ganas de perdonar. Incluso después de perdonar a quienes nos ofendieron, no hay garantía de que nos sintamos mejor. Sin embargo, cuando elegimos obedecer el mandato de Jesús de perdonar a los arrepentidos (Lucas 17:3-4), invitamos a su poder a obrar en lo más profundo de nosotros (corazones, almas y espíritus). Recuerden que perdonar no significa excusar ni justificar la ofensa, sino liberar al ofensor de cualquier deuda que tenga con ustedes. Además, reflexionen sobre un punto que mencioné antes: el perdón nos libera de preguntarnos cómo nuestros rencores afectan a quienes nos negamos a perdonar, una carga innecesaria y molesta que nos imponemos.
4. **Reemplazar la amargura con la Palabra de Dios**: Contrarresten los pensamientos y emociones negativos asociados con la falta de perdón sumergiéndose en la Palabra de Dios. Mediten con las escrituras que hablan del perdón, el amor y la gracia de Dios, permitiendo que su verdad reemplace las mentiras que les dice la falta de perdón (Efesios 4:31-32).
5. **Dejar al ofensor en manos de Dios**: Encomienden a la persona que les lastimó a la justicia y misericordia de Dios. Romanos 12:19 nos recuerda que la venganza le pertenece a Dios, no a nosotros. Al dejar al ofensor en manos de Dios, se liberan de la carga de la ofensa y permiten que Dios maneje la situación según su perfecta sabiduría.

6. **Buscar la reconciliación (si es posible):** Aunque la reconciliación no siempre sea factible ni segura, estén receptivos a ella si surge la oportunidad. La reconciliación no significa que tengan que restaurar la relación a su estado anterior; significa permitir que la gracia de Dios restaure cualquier ruptura para que podamos seguir adelante en paz (Romanos 12:18).
7. **Recordar el perdón de Cristo:** Recuerden siempre que Jesús nos perdonó cuando no lo merecíamos. Su disposición a perdonar nuestros pecados debería inspirarnos a extender esa misma gracia a los demás (Efesios 4:32). Cuando comprenden la profundidad del amor y el perdón de Cristo, les resultará más fácil liberar a otros de sus ofensas. Y quizás no tengamos razón en enojarnos. Quizás la ofensa sea trivial y solo estemos siendo quisquillosos. Cuando decimos: «No importa. Me niego a que esta situación consuma más mi paz...», a veces el enojo se disipa.

Siguiendo estos pasos, podemos liberarnos de la falta de perdón y abrirnos a la sanación, la paz y las bendiciones de Dios. Comencemos a experimentar la libertad de soltar y permitir que el amor de Dios fluya a través de nosotros y transforme nuestros corazones.

Desaprender patrones negativos

Los patrones de pensamiento negativos pueden ser como arenas movedizas: cuanto más luchamos, más nos hundimos. Revivir heridas del pasado u obsesionarnos con los peores escenarios puede llevarnos al miedo, la ansiedad y la desesperación. Compartí que muchas veces me obsesionaba constantemente con pensamientos negativos, atrapado en un ciclo de estrés y preocupación. Sentía como si un hechizo me hubiera dominado la mente, manteniéndome atrapado.

El enemigo busca establecer fortalezas en nuestra mente mediante pensamientos negativos y repetitivos. Si no los controlamos, estos patrones de pensamiento se arraigan profundamente, moldeando nuestras percepciones e influyendo en nuestras emociones y respuestas a los desafíos de la vida.

El apóstol Santiago ofrece una poderosa estrategia para combatir los patrones negativos: «Por esto, mis amados hermanos, todo hombre sea pronto para oír, tardo para hablar, tardo para airarse» (Santiago 1:19 RVR1960). Al hacer una pausa intencional, creamos espacio para interrumpir el ciclo de pensamientos negativos e invitamos al Espíritu Santo a guiar nuestras acciones. Este versículo es un modelo práctico para romper el ciclo de pensamientos y comportamientos destructivos que los hechizos suelen usar para atraparnos. Escuchar con rapidez y atención lo que se dice y luego esperar hasta que la inspiración del Espíritu Santo abra nuestro corazón para comprender a los demás y las situaciones que nos rodean es mejor que reaccionar impulsivamente. Este enfoque nos permite escuchar la voz de Dios con mayor claridad, incluso en circunstancias difíciles.

Recordando que al hacer una pausa antes de hablar, podemos filtrar nuestras palabras a través de la sabiduría y la gracia, podemos evitar respuestas precipitadas que podrían intensificar el conflicto o reforzar creencias negativas. Esta pausa al hablar nos ayuda a proteger nuestra lengua de maldiciones, dudas o negatividad sobre nosotros mismos y los demás.

Ser lentos para ofendernos y enojarnos nos permite evaluar las situaciones con mayor objetividad, liberándonos de las trampas emocionales que el enemigo suele tender. Cuando surgen problemas, tomar un respiro al principio nos permitirá invitar al Espíritu Santo a intervenir, guiando nuestros pensamientos y acciones con su paz, paciencia y comprensión. Esta pausa intencional se convierte en un momento de intervención divina, en el que la verdad de Dios puede reemplazar las mentiras, y su amor puede disipar la ira, la malicia o el miedo. Si bien practicar fielmente esta disciplina no es fácil en todas las circunstancias, al ejecutarla, creamos un entorno donde el Espíritu Santo puede moldear activamente nuestras respuestas y transformar nuestra mente para alinearla con la voluntad de Dios.

Declarar la guerra a las mentiras del enemigo

La vida cristiana exige una participación activa en la guerra espiritual. El enemigo se vale del engaño, la mentira, la tentación y la acusación para debilitar nuestra determinación. Pero, como nos recuerda Pablo, aunque vivimos en la carne, no guerreamos según la carne (2 Corintios 10:3). Peleamos nuestras batallas espirituales con el poder divino que Dios nos da, no con nuestra mera fuerza física.

Dios nos equipa con una armadura espiritual para resistir los ataques del enemigo (Efesios 6:11). Esta armadura incluye el cinturón de la verdad para combatir el engaño, la coraza de justicia para proteger nuestro corazón y el escudo de la fe para extinguir los dardos de fuego de la duda. El yelmo de la salvación protege nuestra mente, mientras que la espada del Espíritu —la Palabra de Dios— es nuestra arma ofensiva contra las mentiras y otras palabras impías que nos lanzan, incluyendo hechizos y maldiciones. Al usar conscientemente esta armadura y blandir estas armas, nos mantenemos firmes contra el enemigo, fortalecidos para liberarnos de sus ataques y caminar en victoria.

Ninguna de las respuestas a nuestra disposición es más poderosa que la espada del Espíritu: la Palabra de Dios (Efesios 6:17). El salmista declaró: «En mi corazón he guardado tus dichos, para no pecar contra ti» (Salmo 119:11 RVR1960). Interiorizar las Escrituras nos permite contrarrestar las mentiras del enemigo, derribar fortalezas y mantenernos firmes en la fe.

Nuestra nueva realidad

Ponernos completamente a disposición de Dios comienza al aplicar estas disciplinas espirituales: renovar nuestra mente, rechazar las mentiras, aceptar el perdón y participar en la guerra espiritual. Las fortalezas que una vez nos mantuvieron cautivos se derrumban y las cadenas de la esclavitud se rompen. Al obedecer el plan de Dios para nuestra vida, los intentos del enemigo de infundir miedo y duda pierden su poder, y el perdón se convierte en una característica definitoria de nuestros corazones ablandados.

Este viaje de reinvención personal es una búsqueda que durará toda la vida, resultado de un proceso continuo de entrega a la obra del Espíritu Santo. Al fijar nuestra mirada en Cristo, sumergirnos en su Palabra y buscar su guía, experimentamos la vida abundante que Él nos ofrece, libres de las trampas del enemigo.

La historia de Johnathan

Este tipo de transformación no es teórica; es real, tangible y está ocurriendo en la vida de personas como ustedes. En nuestra iglesia, he presenciado de primera mano cómo el poder de Dios puede transformar por completo la vida de una persona cuando está lista para rendirse, obedecer y vivir en la verdad. Un testimonio de ello es el de Jonathan, conocido cariñosamente como Chop. Lleva un año asistiendo a la iglesia que pastoreo. Su vida estuvo atada a la adicción durante décadas, hasta que el Espíritu Santo irrumpió y lo trajo a una nueva realidad. Su siguiente testimonio glorifica a Dios de una manera única.

Ante todo, agradezco a Dios por su extraordinaria paciencia y misericordia, por salvarme la vida repetidamente a pesar de innumerables pruebas. Hoy comparto mi historia solo porque Dios, en su gracia, me concedió múltiples segundas oportunidades, salvándome una y otra vez del borde de la destrucción causada por adicciones que me consumían la vida.

Mi batalla más devastadora fue contra los opioides. Cuando el fentanilo apareció por primera vez en mi ciudad, la droga se disfrazaba de un analgésico farmacéutico común. Lo que esperaba que fuera un día de trabajo normal y ajetreado casi se convirtió en el último cuando, sin darme cuenta, sufrí una sobredosis de lo que creía que era Percocet, solo para descubrir más tarde que las pastillas contenían una dosis peligrosamente alta de fentanilo. Lo que fácilmente podría haberme convertido en otra estadística trágica se convirtió en un momento de intervención divina; Dios eligió otra cosa. Su mano, misericordiosa, me salvó.

Mi supervivencia también se debe a las constantes oraciones de mi abuela, una cristiana devota cuya fidelidad sigue resonando en mi vida. Tras sobrevivir a esa terrible experiencia, recuerdo haber agradecido sinceramente a Dios por su misericordia. En ese momento sagrado, Él me habló con claridad, recordándome que mi vida seguía teniendo un propósito. Me aseguró que nunca me exigió perfección para recibir su amorosa paciencia. Al contrario, quería que creciera y viviera una vida de obediencia, animándome a compartir con valentía lo que Él había hecho en mi vida.

Milagrosamente, salí completamente ileso y volví al trabajo al día siguiente, testimonio del cuidado sobrenatural de Dios. Tras unos meses asistiendo a la iglesia de Shane Wall y escuchando los poderosos mensajes y enseñanzas inspirados por el Espíritu Santo, mi corazón experimentó un profundo despertar. Me di cuenta de que, si bien había asistido a la iglesia durante décadas y sabía mucho de Jesús, no lo conocía realmente a fondo. Como el experto en la ley de Lucas capítulo 10, mi corazón le preguntó sinceramente al Espíritu Santo: «¿Qué debo hacer para heredar la vida eterna?».

Al reflexionar sobre mi trayectoria, me he dado cuenta de que muchas personas que he conocido no tuvieron una segunda oportunidad como la mía. Esta humilde verdad resuena en las palabras de un antiguo himno bautista del sur que mi abuela cantaba con frecuencia:

«Confía y obedece, porque no hay otra manera de ser feliz en Jesús, sino confiar y obedecer».

Estoy aprendiendo que cumplir el propósito de Dios requiere confiar en Él de todo corazón y obedecer sin dudar. A medida que profundizo en las Escrituras y en la comunión diaria con Dios, Él continúa desafiándome a ser un mejor hombre: un esposo devoto, un padre cariñoso, un amigo leal, un jefe compasivo y un compañero de trabajo comprensivo.

Uno de los sermones de Shane Wall me impactó profundamente, al hablar sobre el tipo de fruto que producimos en nuestras vidas, ya sea carnalmente o por el Espíritu Santo. Al examinarme, me di cuenta de que los pecados cotidianos me habían aprisionado, en particular una adicción paralizante a la marihuana de la que dependí durante 30 largos años. Dudaba que liberarme de esta esclavitud fuera ni siquiera posible, pero cuando verdaderamente puse a Dios en primer lugar, Él rompió esas cadenas que me ataban.

Dios me reveló gradualmente mi verdadero propósito al leer su Palabra, orar con fervor e interceder por los demás. Me mostró la innegable verdad de que mi salvación se basa enteramente en su infinita misericordia; jamás podría ganarme el Cielo por mis propios méritos. Sin embargo, esto es posible mediante la obediencia fiel y esencial a su Palabra. Jesús, con su gracia, espera y exige con amor mi sumisión, guiándome diariamente hacia una vida que le agrada. Esta vida disciplinada en Cristo es la razón por la que mi libertad de la marihuana es evidencia del poder de Dios para liberarnos de los hechizos que controlan secretamente nuestras decisiones de afrontamiento. Los siguientes versículos se convirtieron en un poderoso faro para mí:

6 Nadie os engañe con palabras vanas, porque por estas cosas viene la ira de Dios sobre los hijos de desobediencia.
7 No seáis, pues, partícipes con ellos.
8 Porque en otro tiempo erais tinieblas, mas ahora sois luz en el Señor; andad como hijos de luz
9 (porque el fruto del Espíritu es en toda bondad, justicia y verdad),

Efesios 5:6-9 RVR1960

Con cada hora que pasa, comprendo más profundamente que mi tiempo en la tierra se acorta, lo que me obliga a aprender y aceptar cada día lo que agrada a Dios. Gracias, Dios, por tu inagotable misericordia y el don de la redención. En verdad, por medio de Cristo, soy libre.

El testimonio de Juan me recuerda las palabras de Jesús en Mateo:

Sed, pues, vosotros perfectos, como vuestro Padre que está en los cielos es perfecto.

Mateo 5:48 RVR1960

La historia de Jonathan ilustra lo que Jesús quiso decir al llamarnos a la perfección: a crecer continuamente en madurez espiritual, carácter y virtud, reflejando a nuestro Padre Celestial. El mandato de ser perfectos no es una exigencia severa, sino una invitación que nos empodera. Es el llamado amoroso de Dios para que maduremos cada día, despojándonos progresivamente de viejos hábitos y maldades que una vez nos atraparon. La vida de Jonathan demuestra que el camino hacia la verdadera libertad reside en la completa dependencia de Dios, abrazando su gracia misericordiosa y siguiendo fielmente su guía. Al igual que Jonathan, podemos caminar con confianza hacia la perfección, sabiendo que, al confiar y obedecer, nuestras vidas se convierten en testimonios vibrantes del poder transformador de Dios.

CAPÍTULO 6:
CAMINANDO EN LIBERTAD

Entender la libertad

En la Biblia, el apóstol Pablo nos advirtió que en los últimos días vendrían tiempos opresivos y problemáticos, marcados por un colapso de los valores morales y la devoción a Dios. Las Escrituras revelan que las personas se volverán egocéntricas, amantes del dinero y arrogantes, y priorizarán el placer personal sobre el amor a Dios:

> *1 También debes saber esto: que en los postreros días vendrán tiempos peligrosos.*
> *2 Porque habrá hombres amadores de sí mismos, avaros, vanagloriosos, soberbios, blasfemos, desobedientes a los padres, ingratos, impíos,*
> *3 sin afecto natural, implacables, calumniadores, intemperantes, crueles, aborrecedores de lo bueno,*
> *4 traidores, impetuosos, infatuados, amadores de los deleites más que de Dios,*
>
> 2 Timoteo 3:1-4 RVR1960

Con demasiada frecuencia, muchos de nosotros no tenemos interés en servir fielmente a Dios. Servirle no parece ser un deseo genuino, sino más bien una obligación que dificulta cómo preferiríamos vivir. Nuestra mente se desvía del propósito que Dios nos ha dado y permanece fija en afanes mundanos que nos distraen de su propósito expreso para nuestras vidas. A menudo experimentamos cansancio y culpamos a la expectativa de una devoción fiel al Señor. Al intentar manejar circunstancias difíciles, un enfoque sereno en Dios suele llevarnos al aburrimiento o al desinterés, sobre todo cuando anhelamos y buscamos consuelo inmediato, apresurándonos a buscar placer para nosotros mismos fuera de la voluntad y provisión de Dios.

El enemigo astutamente ofrece sustitutos de Dios: placeres y distracciones que prometen falsamente libertad. Estas alternativas engañan a la gente haciéndoles creer que pueden encontrar más libertades fuera de Dios. Muchos no quieren vivir así, pero la tentación y la adicción a los placeres mundanos dificultan la separación.

Conocemos la sensación de relajación en casa durante el servicio dominical, el estudio bíblico, un grupo pequeño o un servicio de oración. Por eso, para muchos, elegir hacer lo que quieren parece la verdadera libertad. Pero Dios quiere liberarnos de todo aquello que nos haga sentir más libres que estar con Él. Liberarnos comienza en nuestra mente, y comprender eso puede romper las cadenas que nos atan a falsas creencias sobre la independencia.

Jesús dijo: «Si permanecéis en mi palabra, seréis verdaderamente mis discípulos; y conoceréis la verdad, y la verdad os hará libres» (Juan 8:31-32).

La confusión y los esfuerzos desacertados resultan cuando actuamos según lo que no entendemos del todo. Además, si actuamos en contra de la voluntad de Dios, nuestras acciones se convierten en prácticas pecaminosas. Conocer la verdad, pero negarse a vivir conforme a ella, conduce a la esclavitud espiritual. Las Escrituras nos advierten:

y al que sabe hacer lo bueno, y no lo hace, le es pecado.

Santiago 4:17 RVR1960

Cuando Jesús se dirigió a los judíos que afirmaban no haber sido nunca esclavizados, dejó claro que el pecado en sí mismo es una forma de esclavitud:

Jesús les respondió: De cierto, de cierto os digo, que todo aquel que hace pecado, esclavo es del pecado.

Juan 8:34 RVR1960

En la antigua cultura israelita, los esclavos estaban atados a sus esclavizadores y no podían asegurar su propia emancipación. Solo mediante la decisión del amo o la autoridad de su hijo podían ser liberados. Jesús usó esta comprensión cultural para explicar una profunda verdad espiritual. Así como quienes estaban en esclavitud física en Israel dependían del amo o de su hijo para liberarse, nosotros, espiritualmente esclavizados por el pecado, dependemos completamente de Jesús, el Hijo de Dios, para nuestra liberación. Él tiene la autoridad para declarar la libertad innegable para todos los que le entregan su vida:

Así que, si el Hijo os libertare, seréis verdaderamente libres.

Juan 8:36 RVR1960

La verdadera libertad solo llega a través de Cristo, quien rompe las cadenas del pecado que nos esclavizan y nos libera de los hechizos y maldiciones que controlan nuestras vidas. Cuando Jesús declara que quienes Él libera son «verdaderamente libres», señala una liberación más intensa: la libertad espiritual del poder y las consecuencias del pecado. La libertad de sentirnos y creernos impotentes solo se puede experimentar cuando vivimos según el Evangelio de Cristo, el poder de Dios que perdurará hasta el regreso de Jesús.

El apóstol Pablo enfatiza además que nuestra obediencia determina nuestra lealtad espiritual y si somos libres por medio de Cristo o estamos atados por los demonios. Si elegimos el pecado, que lleva a la muerte, o la obediencia a Dios, que lleva a la justicia, la decisión refleja quién realmente nos gobierna:

¿No sabéis que si os sometéis a alguien como esclavos para obedecerle, sois esclavos de aquel a quien obedecéis, sea del pecado para muerte, o sea de la obediencia para justicia?

Romanos 6:16 RVR1960

Pero gracias a Dios, hemos sido liberados del pecado y ahora somos llamados siervos de la justicia. Existe una profunda diferencia entre estar obligados a servir y ser libres para servir. Como siervos de la justicia, no estamos obligados a la sumisión; servimos voluntariamente porque somos libres en Cristo.

El pecado sigue siendo el único acto que permite que el enemigo nos ate. El pecado proviene del diablo, y «el que practica el pecado es del diablo» (1 Juan 3:8). Pero gracias a Cristo, vino al mundo precisamente para destruir las obras del diablo y liberarnos del yugo del pecado.

Para permanecer en la libertad que Cristo nos ha dado, debemos permanecer firmes:

> *Estad, pues, firmes en la libertad con que Cristo nos hizo libres, y no estéis otra vez sujetos al yugo de esclavitud.*
>
> Gálatas 5:1 RVR1960

Mantenerse libre requiere diligencia y la constante decisión de vivir en obediencia, rechazando la tentación que nos arrastra de nuevo a la esclavitud. La libertad absoluta se descubre en una vida alineada con la verdad de Dios, al caminar fielmente con Él a diario.

Las circunstancias de la vida real brindan ejemplos tangibles de lo que significa comprender y alcanzar la libertad con todo el corazón.

Tratar de ser libre

La jeringa brillaba bajo la tenue luz de la farola, atrayendo a Marvin con su engañosa promesa de una salida temporal. Sabía que no debía ceder, pero el ansia lo carcomía y le exigía satisfacción.

Al quitarse la mochila y dejarla en el viejo banco de madera del callejón, sus ojos se posaron en la desgastada Biblia guardada en un rincón de su mochila: un regalo de su madre, un recuerdo desvanecido de la fe que había abandonado años atrás. La culpa le revolvió las entrañas, dejándole un sabor amargo en la boca.

—Lo sé, Dios, pero solo una vez más para sentirme bien… —murmuró Marvin con la voz ronca y la mano temblorosa al alcanzar la jeringa—. …y luego me desintoxicaré. Lo prometo.

La adicción, un hechizo perverso, se había arraigado en Marvin, susurrando seductoras promesas de alivio mientras se aferraba a su alma. Pero esta vez, algo cambió. La mentira repetida —que la estimulante sensación de la droga lo saciaría— de repente le supo a rancio, como morder una fruta que parecía madura, pero estaba podrida hasta la médula.

La ira se apoderó de él al mirar la jeringa, dándose cuenta por primera vez de que la heroína perdía fuerza. Aunque era su última inyección, su última oportunidad para un subidón rápido, se sorprendió arrojándola al pavimento, pisándola y rompiéndola en pedazos. La mezcla de heroína se derramó lentamente por el desagüe.

—No es la última vez que uso este desastre...—murmuró Marvin con un suave sollozo, mientras veía desaparecer la droga—. ¡La última vez que me inyecté heroína, hace tres días, fue la última vez!

La historia de Marvin, reflejo de muchas otras, revela la naturaleza insidiosa de los hechizos, a menudo disfrazados de soluciones, pero que solo conducen a una esclavitud más profunda. El peso del pecado, ya sea manifestado en hábitos dañinos, patrones tóxicos o las consecuencias de errores pasados, puede sentirse como una carga ineludible, como grilletes que nos atan. El miedo, la vergüenza o el resentimiento nos aprietan el corazón, susurrando mentiras que nos convencen de que la libertad está fuera de nuestro alcance. Pero la verdad es que la libertad es el resultado de las decisiones que damos vida.

La experiencia humana, marcada por nuestra naturaleza caída, a menudo nos atrapa en la esclavitud de los deseos destructivos, los engaños del enemigo y las consecuencias de nuestras acciones. Sin embargo, en medio de la incertidumbre de nuestras vidas, el Evangelio de Jesucristo brilla como un faro de verdad, ofreciendo un camino hacia la verdadera libertad. La realidad del Evangelio es una fuerza poderosa, lista y capaz de romper las cadenas del pecado, silenciar las mentiras del enemigo y guiarnos a la gloriosa libertad de una vida transformada por la gracia de Dios.

Un grito desesperado por la libertad

Exploremos qué significa vivir en la libertad que Cristo nos ha dado mediante su sacrificio. Examinaremos el papel crucial de la obediencia y reconoceremos los efectos que marcan una vida resucitada de fortaleza y aliento en nuestro camino hacia la liberación.

Antes de continuar, recordemos esto: el Evangelio no es simplemente una transacción para la salvación eterna; es una fuerza continua de mejora en nuestras vidas. Es una fuerza vivificante que nos transforma por dentro y por fuera, derribando fortalezas, renovando nuestra mente y capacitándonos para vivir en la plenitud de la libertad de Cristo. La auténtica libertad no es pasiva, sino una búsqueda activa: una entrega diaria a la verdad de la Palabra de Dios y un compromiso de vivir en obediencia al camino, la verdad y la vida reveladas por Jesucristo.

Jesús le dijo: Yo soy el camino, y la verdad, y la vida; nadie viene al Padre, sino por mí.

Juan 14:6 RVR1960

Recuerden el testimonio de mi ataque de asma infantil y la pregunta del Espíritu Santo: «¿Ya estás listo para tomarlo en serio?». Este encuentro, profundo en su sencillez, reveló una verdad eterna: obedecer a Cristo no es solo cuestión de preferencia o conveniencia; es el único camino hacia la libertad auténtica y duradera que anhelan nuestros corazones, almas y espíritus.

Jesucristo no es solo un camino entre muchos; Él es el único y exclusivo camino hacia la salvación y una relación de Padre a Hijo con Dios. Él no es simplemente una representación de la verdad; Él es la encarnación de la Verdad misma. La vida que Él ofrece no es una imitación de la abundancia; es la esencia de la vida abundante, caracterizada por el propósito, la alegría y un vínculo íntimo con nuestro Creador. Alejarse de Cristo es rechazar el Camino, abandonar la Verdad y renunciar a la Vida misma para la que fuimos creados.

De adolescente, desarrollé un hábito de egoísmo que despreciaba y al mismo tiempo disfrutaba. Mi deseo de satisfacerme a costa de los demás se volvió abrumador, sobre todo al observar el impacto negativo de mis acciones en quienes me rodeaban. Incluso algo tan simple como terminarme una bolsa entera de mis patatas fritas favoritas antes de que alguien más me pidiera compartirlas se convirtió en una obsesión malsana. Aunque me arrepentía cada vez, volvía a caer en el mismo comportamiento, sintiéndome atrapado en un ciclo de culpa e indulgencia.

La convicción de mi mal comportamiento se volvió insoportable a medida que mis tendencias egoístas se infiltraban en otras áreas de mi vida, como reducir el tiempo de oración y lectura de la Biblia para dedicarme más al entretenimiento. Además, dejaba de hacer las tareas y los quehaceres escolares para tener tiempo libre para hacer lo que quisiera.

Una noche, desesperado, le supliqué a Dios que me quitara la vida mientras dormía. Me aseguré de arrepentirme de nuevo antes de orar, pues quería la seguridad de ir al cielo. El egoísmo me dominaba con tanta fuerza que creí sinceramente que jamás podría liberarme en vida. Al despertar al día siguiente, estaba enfadado con Dios por no haberme concedido la muerte.

Al comprender que Dios quería que viviera y confrontara mis pecados ocultos, decidí tener una conversación honesta con Él para comprender por qué no podía librarme de este egoísmo. Durante esa conversación, Dios me reveló que mi egoísmo provenía de una falta de confianza en su capacidad para satisfacer todas mis necesidades y deseos. Con amor, me guio durante ese momento, mostrándome que mucho de lo que buscaba estaba fuera de su voluntad y que él proveería todo lo necesario y saludable para mi vida.

Esta revelación divina que compartió iluminó mi corazón. Me sentí impulsado a escribir una canción basada en esa conversación; que grabé en 2008, pocos meses antes del fallecimiento inesperado de mi madre. El CD se tituló *Conversaciones con Dios*, y la canción, inspirada por mi compromiso con Él, se tituló acertadamente *Not in This Place Again*. Algunas de las letras que expresé son:

Fue incómodo dar mis primeros pasos.
Ya puedo correr, pero aún quedan cosas por perfeccionar.
Lo siento. Por favor, perdóname, Señor.
Lo sabía mejor y debería haber avanzado mucho más en el camino.
Por eso digo

No en este lugar otra vez me encontrarás

No en este lugar; si no fuera por tu gracia
Estaría extraviado y sin dejar rastro.
No en este lugar (SEÑOR); si no fuera por tu gracia
Sería borrado y desaparecido sin dejar rastro.

No en este lugar otra vez me encontrarás

Le pedí sinceramente a Dios que me perdonara, aunque ya se lo había pedido. Solo quería liberarme de ese egoísmo y de la miseria que me causaba. Dios me liberó al reemplazar el egoísmo por la generosidad. Jesús dijo que hay más dicha en dar que en recibir (Hechos 20:35). Estoy bendecido porque Dios me da más que suficiente para mí, de modo que puedo compartir libremente con los demás; una lección que aprendí hace décadas. Otra valiosa lección que aprendí es que, si Dios no me lo da, es porque no lo necesito. Confío en que Dios me proveerá todo lo que necesito, y debo disciplinarme para estar satisfecho con los dones que Dios me da. Como dijo Pablo:

Sé vivir humildemente, y sé tener abundancia; en todo y por todo estoy enseñado, así para estar saciado como para tener hambre, así para tener abundancia como para padecer necesidad.
Filipenses 4:12 RVR1960

El atractivo de la transigencia, la tentación de mezclar las costumbres del mundo con los principios del Reino, es una trampa sutil que puede enredar fácilmente a los creyentes. Podemos encontrarnos intentando mantenernos a caballo entre dos reinos opuestos, aferrándonos a las promesas de Dios mientras nos entregamos a patrones de pensamiento y comportamiento que contradicen su Palabra. Dicha transigencia, aunque a menudo se justifica como una búsqueda inofensiva de una vida equilibrada o un deseo de evitar los extremos, inevitablemente conduce a la inarmonía espiritual y a una creciente vulnerabilidad a los engaños del enemigo.

Creer en doctrinas falsas que satisfacen nuestra carne en lugar de la verdad de Dios:

Amelia encontró consuelo en el cálido abrazo del estudio de yoga, atraída por sus mensajes de atención plena, amor propio y paz interior. Los suaves estiramientos y las meditaciones relajantes le brindaron una sensación de tranquilidad que nunca antes había experimentado. Pero mientras la instructora hablaba de conectar con su «divinidad interior» y la «energía universal» que conecta todas las cosas, una sensación inquietante comenzó a agitarse en su corazón. Estas enseñanzas chocaban con sus profundas creencias cristianas, pero la seducción de paz y aceptación era fuerte.

A medida que las semanas se convertían en meses, Amelia se vio cuestionando las estrictas doctrinas de su fe; ya que, para ella, las palabras de la Biblia eran duras y prejuiciosas en comparación con la espiritualidad inclusiva del estudio de yoga. Anhelaba la libertad de explorar un camino más personalizado y menos restrictivo hacia Dios.

Pero este nuevo camino, cimentado en buenas intenciones y un anhelo de tranquilidad interior, comenzó a alejarla del sólido fundamento de la verdad que una vez conoció. La oración parecía ineficaz, el miedo volvía a apoderarse de su vida, y el Dios que una vez amó se sentía distante e impersonal.

Una noche, mientras Amelia estaba sentada sola, sintió un vacío abrumador a pesar de los momentos de paz que experimentaba en el estudio. De repente, se dio cuenta de que toda la «divinidad interior» que había estado buscando no había logrado satisfacer su alma. Desesperada, tomó su Biblia, olvidada hacía tiempo en la estantería, y comenzó a leer. Las palabras de Jesús en Juan 14:6 (RVR1960) resonaron en su corazón: «...Yo soy el camino, la verdad y la vida; nadie viene al Padre, sino por mí».

Las lágrimas corrían por su rostro al darse cuenta de lo mucho que se había alejado de la Verdad. Cayó de rodillas, mientras se arrepentía y clamaba a Dios por Su guía. Mientras oraba, una profunda sensación de descanso y claridad la invadió, mucho mayor que cualquier otra que hubiera experimentado en el estudio de yoga.

Amelia volvió a dedicar su vida a Cristo en ese momento, abandonando las falsas doctrinas que había abrazado. Regresó a su iglesia, se rodeó de mentores piadosos y comenzó a reconstruir su relación con Dios sobre el sólido fundamento de su Palabra. Al dejar de buscar una «divinidad interior», Amelia encontró su verdadera identidad y propósito solo en Cristo. La paz que ahora sentía no era pasajera; era la paz eterna que sobrepasa todo entendimiento, arraigada en la presencia del Espíritu Santo.

El viaje de Amelia nos recuerda que la seducción de las falsas enseñanzas puede ser fuerte, pero la verdad de la Palabra de Dios es aún más poderosa. La Palabra de Dios siempre está esperando para guiarnos de nuevo a su abrazo amoroso.

¿Perseguir sueños o el propósito de Dios?

Las luces del escenario iluminaban un micrófono vacío, y el silencio en el auditorio se reflejaba en la expectación. Entre bastidores, Ben caminaba nervioso, con el corazón latiéndole con fuerza. A cinco minutos del inicio del espectáculo, el cabeza de cartel, su mejor amigo y compañero musical, Jake, no aparecía por ningún lado.

—¿Dónde está? —preguntó Mark, el representante de Ben, al teléfono, con la voz cargada de pánico—. ¡El público está impaciente! ¡Las entradas están agotadas! ¿Qué se supone que les debo decir?

Ben golpeó la pared con el puño, desbordándose de su frustración.

—Todo esto es culpa mía —murmuró, con la voz llena de auto recriminación. Recordó las incontables noches soñando con el éxito musical, la búsqueda incesante de conciertos, los compromisos que había aceptado para «triunfar»; concesiones que habían dañado su relación con Dios y llevado a Jake por el destructivo camino de la adicción.

Había ignorado las señales de advertencia, los susurros de la realidad, los suaves empujoncitos para reevaluar sus prioridades. Había estado tan concentrado en su propia ambición que no había visto las dificultades y el declive espiritual de su amigo. Ahora, frente al escenario vacío, el micrófono en silencio y la inminente decepción de miles de fans, Ben sintió una pregunta que le atravesaba el corazón como un cristal: «¿Es esto lo que Dios me dijo que hiciera?»

Tras la desastrosa noche del concierto, Ben sintió una abrumadora sensación de fracaso y condena. Sentado en el auditorio vacío, se dio cuenta de cuánto se había desviado del propósito de Dios en su búsqueda de la fama. En esa quietud, clamó a Dios, arrepintiéndose de haber puesto sus ambiciones por encima de su llamado, dándose cuenta de que ni siquiera habría necesitado ambición si tan solo hubiera seguido la voluntad de Dios para su vida. Ben comprendió que Dios apoya su voluntad, no la del hombre.

Con una renovada humildad, Ben decidió alejarse de la industria musical para buscar la guía de Dios. Con el tiempo, Dios restauró su corazón y Ben comenzó a usar sus dones musicales para dirigir la alabanza en su iglesia de nuevo, priorizando la gloria de Dios sobre la suya. Su historia se convirtió en un testimonio de cómo al entregar nuestros deseos, Dios redirige nuestras vidas hacia su plan perfecto, brindándonos verdadera plenitud y alegría.

Aunque las identidades en estas historias están protegidas, ilustran luchas reales que personas honestas han compartido públicamente. Siempre que intentamos modificar la verdad de Dios para reflejar nuestros propios deseos, preferencias o circunstancias, inevitablemente nos desviamos del camino de la verdadera libertad y nos encontramos atrapados una vez más en las cadenas de la esclavitud. Ya sea que adoptemos prácticas que satisfacen nuestros apetitos carnales, prioricemos nuestras ambiciones sobre el llamado de Dios o permitamos que el dolor de experiencias pasadas moldee nuestras creencias sobre el carácter de Dios, estamos, en esencia, rechazando el señorío de Cristo y eligiendo vivir según nuestra sabiduría humana imperfecta.

Pero como advirtió el apóstol Pablo a los gálatas, aceptar falsas enseñanzas o confiar en nuestra justicia siempre nos lleva al engaño y la desesperación. Si no recibimos la historia de Dios para nuestras vidas, quien crea en ella recibirá el milagro que ella provee. Piénsalo: el mismo avance, sanidad y liberación por los que has estado orando podría serle otorgado a otra persona simplemente porque estuvo dispuesta a aceptar la verdad que tú rechazaste. No es que Dios nos esté castigando ni reteniendo bendiciones, sino que honra la fe y la obediencia. Él anhela derramar su bondad sobre quienes están alineados con su voluntad y listos para recibir. Ese es el bien que tú también puedes recibir cuando sigues el camino que Dios ha trazado para ti.

Las Escrituras abundan en promesas de bendición para quienes obedecen los mandamientos de Dios. Consideremos algunos ejemplos de estas promesas, que dan testimonio de la fidelidad de Dios y su deseo de derramar su bondad sobre quienes alinean sus vidas con su voluntad.

> *1 Bienaventurado el varón que no anduvo en consejo de malos,*
> *Ni estuvo en camino de pecadores,*
> *Ni en silla de escarnecedores se ha sentado;*
> *2 Sino que en la ley de Jehová está su delicia,*
> *Y en su ley medita de día y de noche.*
> *3 Será como árbol plantado junto a corrientes de aguas,*
> *Que da su fruto en su tiempo,*
> *Y su hoja no cae;*
> *Y todo lo que hace, prosperará.*
>
> **Salmo 1:1-3 RVR1960**

> *1 Bienaventurados los perfectos de camino,*
> *Los que andan en la ley de Jehová.*
> *2 Bienaventurados los que guardan sus testimonios,*
> *Y con todo el corazón le buscan;*
> *3 Pues no hacen iniquidad*
> *Los que andan en sus caminos..*
>
> **Salmo 119:1-3 RVR1960**

> *24 Cualquiera, pues, que me oye estas palabras, y las hace, le compararé a un hombre prudente, que edificó su casa sobre la roca.*
> *25 Descendió lluvia, y vinieron ríos, y soplaron vientos, y golpearon contra aquella casa; y no cayó, porque estaba fundada sobre la roca.*
> *26 Pero cualquiera que me oye estas palabras y no las hace, le compararé a un hombre insensato, que edificó su casa sobre la arena;*
> *27 y descendió lluvia, y vinieron ríos, y soplaron vientos, y dieron con ímpetu contra aquella casa; y cayó, y fue grande su ruina.*
>
> **Mateo 7:24-27 RVR1960**

A menudo, en esos momentos difíciles de prueba, nuestra fe se perfecciona y experimentamos el poder liberador de la obediencia. Cuando alineamos nuestra voluntad con la de Dios, incluso cuando es costosa o dolorosa, colaboramos con Cristo en su misión de destruir las obras del enemigo en nuestras vidas y en el mundo que nos rodea. Al andar en obediencia, rompemos activamente fortalezas, desmantelamos maldiciones y liberamos a los cautivos. Lo que el enemigo planeó para nuestra destrucción se convierte, al someternos a Cristo, en el catalizador de nuestra liberación.

En su incesante búsqueda de la gratificación personal y la autonomía, el sistema mundial ofrece versiones falsas de la libertad, seduciéndonos con la promesa de una libertad sin límites para vivir como queramos y creer como elijamos. Sin embargo, la verdadera libertad, la que nos libera de la esclavitud del pecado y de la tiranía de nuestros deseos, solo se encuentra en la fiel sumisión a la voluntad de Dios, a la verdad y a la vida eterna ofrecida por medio de Jesucristo.

La evidencia de una vida genuinamente liberada

Cuando abrazamos con todo el corazón el camino de la obediencia, renunciando a nuestros deseos y alineando nuestras vidas con la voluntad de Dios, experimentamos una libertad espiritual y una profunda transformación que impregna cada aspecto de nuestro ser. Esta conversión no es una experiencia emocional fugaz ni una oleada de motivación pasajera; es un cambio duradero arraigado en el poder del Espíritu Santo y evidenciado por sus resultados en nuestras vidas.

¿Cómo puedes reconocer las señales de esta vida transformada? Por sus inconfundibles resultados:

22 Mas el fruto del Espíritu es amor, gozo, paz, paciencia, benignidad, bondad, fe,
23 mansedumbre, templanza; contra tales cosas no hay ley.

Gálatas 5:22-23 RVR1960

David, pastor de Ohio y querido hermano en Cristo, me llamó un día para pedirme oración por su campaña para la alcaldía de la ciudad. Mientras orábamos por teléfono, el Espíritu Santo me reveló una visión, que compartí con él: «Te veo convirtiéndote en alcalde». ¡Ambos nos alegramos con esta palabra de aliento!

Después de las elecciones, David me volvió a llamar para informarme que había perdido. Sentí el dolor, la decepción y la confusión en su voz cuando dijo: «Me dijiste que me veías siendo alcalde». Una oleada de miedo y vergüenza me invadió, pero respondí: «Solo sé lo que me mostró el Espíritu Santo. Hermano, esto no se acaba hasta que se acaba». David me aseguró que no me culpaba ni intentaba hacerme sentir mal, y terminamos la conversación de forma positiva.

Unos meses después, David me llamó con una increíble actualización: el alcalde electo había sido descubierto participando en actividades ilegales y posteriormente destituido. Como resultado, David fue nombrado nuevo alcalde. Celebramos juntos y le recordé lo que había dicho: «¡Esto no se acaba hasta que se acaba!». Esta experiencia demostró cómo el Espíritu Santo cultiva la paciencia y la confianza, permitiéndonos esperar el tiempo perfecto del Señor.

Cuando leemos la lista del fruto del Espíritu Santo, ¿la vemos como una pesada carga, un conjunto de reglas estrictas que obedecer? ¿O nos inspira una visión de la vida maravillosamente transformada que nos espera al otro lado de la obediencia? No son solo tareas espirituales; ¡son descripciones narrativas de quiénes nos estamos convirtiendo en Cristo!

La paciencia nos capacita para criar con amor a un hijo de voluntad firme, incluso cuando sus rabietas nos ponen a prueba. La bondad nos impulsa a servir a los pobres y marginados, no por obligación, sino con un corazón rebosante de compasión. La mansedumbre nos guía a restaurar, no a condenar, a un hermano o hermana caído, ofreciendo gracia en lugar de juicio. El autocontrol nos capacita para dominar nuestra lengua y nuestro temperamento, eligiendo palabras de vida en lugar de dejar que la ira o la frustración dicten nuestro hablar. Podemos llamar a esta disciplina: ¡andar en la radiante libertad de la vida del Evangelio!

Sin embargo, debemos permanecer vigilantes, reconociendo que el enemigo se opone implacablemente a nuestra búsqueda de crecimiento espiritual. Busca distraernos del camino de la rectitud y la justicia, tentándonos a creer que tales esfuerzos son inútiles, una carga o responsabilidad de otros. Sin embargo, a medida que profundizamos nuestra comprensión de la libertad genuina, reconocemos que la pasión perdurable caracteriza una vida transformada por el evangelio de Jesucristo. Esta vida refleja el amor de Dios por los oprimidos, los que se creen insignificantes y los perdidos. Como embajadores de Cristo, estamos llamados a ser agentes de su amor y gracia en un mundo que los necesita desesperadamente.

El plan de Dios vs. mi plan

Aunque marcado por momentos de victoria y progreso, caminar en libertad implica retos. Así como un niño que aprende a caminar inevitablemente tropieza y cae, también experimentaremos temporadas de lucha, duda y cansancio al recorrer el camino de la obediencia y la paciencia.

Soy una persona planificadora por naturaleza y me gusta organizar con mucha antelación porque detesto las prisas de última hora. En mi relación con Dios, he descubierto que no está dispuesto a avisarme de cómo se resolverán ciertas situaciones. Dicho de otro modo, la fe parece formar parte del lenguaje de amor de Dios, que él recibe y disfruta.

> *Pero sin fe es imposible agradar a Dios; porque es necesario que el que se acerca a Dios crea que le hay, y que es galardonador de los que le buscan.*
>
> Hebreos 11:6 RVR1960

La fe agrada a Dios. Por eso, cuando quiero saber el resultado o el momento de un evento directamente de Él, a menudo no recibo la información que deseo. Mis planes se estancan, mi inspiración se desvanece y me quedo dependiendo de la información que Dios decide revelarme según mi necesidad.

No ocultaré que he enfrentado mucha frustración, tanto dentro como fuera de la oración, y a menudo me he encontrado en una situación similar a la de Jesús cuando le pidió al Padre un camino diferente al que le había sido presentado. Jesús, en su humanidad, no quiso soportar la brutal crucifixión que le aguardaba. Sin embargo, concluyó su súplica rindiéndose a la voluntad de Dios, diciendo: «Padre, no se haga mi voluntad, sino la tuya». Esta oración se ha convertido en mi respuesta frecuente cuando le pido a Dios detalles que aún desconozco.

Dios me sigue recordando que Él es el Dios de lo desconocido. Mientras mi fe descanse en Él, eso es todo lo que necesito. Sé que me ama incondicionalmente y tiene compasión de mí, como se expresa en el Salmo 103:13 RVR1960: «Como el padre se compadece de los hijos, Se compadece Jehová de los que le temen». Puedo encontrar paz sabiendo que Él me cuida mucho mejor de lo que yo jamás podría.

En lugar de dejar que la ansiedad me domine cuando no recibo la información que busco de Dios, me concentro en su fidelidad en todas las demás circunstancias. Reflexiono sobre cómo siempre me ha deleitado con su manera de resolver las cosas. He aprendido que obsesionarse con el problema solo aumenta el estrés. En las últimas 24 horas, el Espíritu Santo me preguntó: «¿Cómo puedes estar ansioso por lo que Dios hará por ti? Recuerda, Él es Todopoderoso y te ama más que nadie. ¿Qué hay que temer cuando Dios mismo tiene el control? ¡Él es el Rey del Universo y te ama!»

La libertad que experimento estos días me trae paz, permitiéndome descansar sabiendo que los planes y el tiempo del Señor siempre son perfectos para mí. Aunque aún anhelo más detalles de Él, ahora puedo esperar con calma y paciencia su respuesta, incluso si esta llega en forma de milagro, uno que Él realiza sin darme ninguna idea previa de lo que hará.

CAPÍTULO 7:

CÓMO SUPERAR EL MIEDO Y LA ANSIEDAD

En el mundo actual, el miedo y la ansiedad parecen ser omnipresentes. Desde pandemias globales hasta luchas personales, el peso del miedo puede resultar abrumador, hechizando nuestra mente y corazón. Sin embargo, la Escritura es clara: *el amor perfecto echa fuera el temor* (1 Juan 4:18). Sin embargo, para muchos creyentes, liberarse del miedo y la ansiedad requiere más que simplemente conocer esta verdad. La libertad tan anhelada requiere instrucciones prácticas que produzcan resultados innegables, y espero con ansias ver cómo se empoderarán para superar conscientemente el miedo y la ansiedad al terminar este capítulo.

Romper el hechizo del miedo

El miedo es una fuerza poderosa, pero no tiene cabida en la vida de un creyente cristiano. Al obrar sabiamente en el amor de Dios, la verdad de su Palabra y el poder de la fe, podemos liberarnos de los hechizos del miedo y la ansiedad que quieren mantenernos cautivos. El enemigo puede intentar sembrar el miedo en nuestras vidas, pero tenemos la autoridad para rechazarlo y vivir en la libertad que Cristo nos ha dado. Debemos comprender cómo creer, ejercer la autoridad, desechar el miedo y vivir en la libertad de Cristo.

Al revestirnos de la armadura de Dios, confesar su Palabra y confiar en su amor, podemos vencer el miedo y vivir en la paz y la confianza que nos da saber que somos suyos. Elijamos la fe sobre el miedo, la verdad sobre la mentira y la libertad sobre la esclavitud mientras caminamos en la victoria que es nuestra en Cristo.

Romper el ciclo del miedo

El apóstol Juan declara que el amor perfecto expulsa el temor. Pero ¿qué significa esto en la práctica? El amor al que se refiere Juan no es meramente humano, limitado y condicional. El amor divino de Dios, completo y maduro, alcanza su máxima expresión en nosotros cuando confiamos plenamente en Él. El temor no puede coexistir con este amor porque el temor tiene su raíz en el castigo, mientras que el amor de Dios nos asegura gracia y protección.

¿Qué es, entonces, el amor perfecto? El término *perfecto* se refiere a algo *que ha llegado a su fin, a algo terminado, a lo que no le falta nada necesario para estar completo.* El amor abarca *el afecto,* que es *apego cariñoso y devoción.* Una vez que sabemos que Dios nos ama, cuando nuestra dependencia de Él se ajusta fielmente a su abundante provisión, nunca habrá lugar para el temor en nuestros corazones. La naturaleza del amor es llenar los corazones a su máxima capacidad. Aunque esa plenitud pueda parecer inalcanzable, la garantía de Dios de que podemos confiar en su amor se mantiene firme porque Él ha demostrado fielmente a innumerables almas que cumple cada promesa.

El amor perfecto de Dios es una fuerza poderosa de provisión, rescate, entrega de sacrificio y mucho más. Las siguientes historias bíblicas ilustran cómo el amor de Dios satisface las necesidades de las personas de maneras que superan la capacidad o las expectativas humanas.

Juan 3:16: Un amor que se sacrifica

En Juan 3:16, vemos el máximo ejemplo del amor perfecto de Dios. Su amor fue tan profundo que sacrificó a su único hijo, Jesús, para salvar a la humanidad. Este amor sacrificial fue dado sin condiciones, garantizando que todo aquel que crea en Jesús no perezca, sino que tenga vida eterna. El amor de Dios quiere restaurar y redimir, extendiéndose para encontrar a la humanidad en su mayor necesidad. Su amor perfecto no se limita a lo que podamos ofrecer a cambio; al contrario, rebosa de gracia, y ofrece salvación incluso cuando aún estamos perdidos.

El Mar Rojo: Un amor que rescata

Cuando los israelitas quedaron atrapados entre el ejército del faraón y el Mar Rojo, el amor de Dios intervino con una ruta de escape milagrosa. Éxodo 14 describe cómo Dios dividió el mar, permitiendo que su pueblo cruzara por tierra firme. Este acto de amor no fue solo un rescate, sino una demostración de la fidelidad y protección de Dios sobre su pueblo, incluso cuando todo parecía perdido. Mediante este milagro, el amor perfecto de Dios demostró que haría todo lo posible para garantizar la seguridad de sus seres queridos, reforzando su confianza en Él y guiándolos hacia adelante, libres de temor.

Alimentar a los 5.000: Un amor que provee

En Mateo 14:13-21, Jesús vio a la multitud que lo seguía y sintió compasión, reconociendo que tenían hambre y que podrían desfallecer en el camino sin alimento si los enviaban lejos. Movido por su amor, les dijo a sus discípulos que no los hecharan y, en cambio, realizó un milagro: multiplicó cinco panes y dos peces para alimentar a más de cinco mil personas. Esta historia del amor perfecto de Dios demuestra que Él provee para sus necesidades espirituales y físicas. El amor de Jesús es atento, ve las necesidades reales de la gente y se moviliza para satisfacerlas abundantemente.

Él ve sus necesidades. Su confianza en Él y su obediencia a sus mandamientos liberarán una provisión milagrosa, tal como lo hizo en los relatos verídicos de las Escrituras para quienes lo siguieron con fe.

Estas historias revelan el amor perfecto de Dios en acción: un amor que se sacrifica, rescata y provee, para que sus devotos no tengan miedo, pues Dios cuida con amor de los suyos. Ya sea que necesitemos salvación, estemos en una crisis o simplemente necesitemos provisión, el amor perfecto de Dios es poderoso, firme y suficiente para encontrarnos justo donde estamos: en el momento de nuestra necesidad.

Cuando el amor perfecto entra en nuestros corazones, expulsa el temor. Pero ¿cómo expulsa el amor el temor? Lo hace en virtud de su derecho territorial y su absoluta autoridad. La cuestión no es tanto cómo el amor expulsa el temor, sino cómo lo llevamos plenamente a nuestros corazones. Una vez que el amor perfecto llena nuestros corazones, el temor es expulsado de inmediato.

¿Cómo, entonces, alcanzamos el amor que expulsa el temor persistente, y de qué manera el amor expulsa el temor?

Para alcanzar el amor perfecto que disipa el temor persistente, primero debemos acercarnos a la fuente de ese amor: Dios mismo. Este no es un amor arraigado en meros sentimientos o afectos humanos; es divino y transformador, un amor que fluye de Dios a nuestros corazones. El apóstol Juan nos dice: «Nosotros le amamos a él, porque él nos amó primero» (1 Juan 4:19 RVR1960). Reconocer el amor de Dios por nosotros y aceptarlo nos permite crecer en nuestro amor por él, que es el principio del amor perfecto.

Cuando creemos verdaderamente en el amor de Dios por nosotros y permitimos que se convierta en el fundamento de nuestras vidas, su amor disipa nuestros miedos. Ya no vemos los desafíos, las dificultades ni siquiera el sufrimiento como algo a lo que temer, sino como situaciones en las que Dios nos cuidará y protegerá, en cualquier circunstancia, incluso en la destrucción total, porque nos ama. La confianza en Dios se fortalece, y el miedo se libera de nuestro corazón al vivir fielmente en su amor.

A menudo, podemos sentir que las circunstancias que soportamos son un castigo de Dios. Sin embargo, si hemos obedecido su Palabra, podemos confiar en que nuestro Padre justo no nos castigará sin causa. La Biblia está llena de versículos que nos recuerdan que enfrentaremos desafíos y dificultades. Jesús nunca prometió una vida sin problemas, pero sí nos animó:

Estas cosas os he hablado para que en mí tengáis paz. En el mundo tendréis aflicción; pero confiad, yo he vencido al mundo.

Juan 16:33 RVR1960

Dios, nuestro Padre, nos ama, y en este amor divino no hay cabida para el castigo ni el temor que sugiere el miedo (1 Juan 4:18). El amor perfecto y el miedo no pueden coexistir, y cuando el amor perfecto crece en nosotros, el miedo persistente se ve obligado a abandonar su espacio en nuestros corazones.

El amor de Dios expulsa el miedo, lo desplaza. El miedo es como la oscuridad en una habitación; cuando se le invita a entrar en ese lugar, la luz del amor de

Dios obliga a la oscuridad a retirarse, porque la luz y la oscuridad no pueden coexistir. De igual manera, al profundizar en el amor de Dios (1 Juan 4:16-21), su verdad y presencia brillan en nosotros, y el miedo debe desaparecer. Este amor nos asegura que, pase lo que pase, estamos seguros en las manos de Dios. Cuanto más comprendemos y creemos que Dios nos ama sinceramente y nos cuida con esmero, más seguros nos sentimos, sabiendo que nada —ni la vida ni la muerte, ni ángeles ni demonios, ni presente ni futuro— puede separarnos de su amor (Romanos 8:38-39).

Debemos entender que el amor es un espíritu, no una sustancia física que se pueda guardar en nuestros bolsillos o carteras. De igual manera, el miedo también es un espíritu. Dado que todo lo espiritual debe ser gobernado por quien lo controla, buscamos a Dios para que su Espíritu nos guíe en cuanto a cómo amar. El Espíritu Santo también nos instruye sobre cómo crecer en el amor hasta alcanzar la perfección (1 Juan 4:18). Por el contrario, el miedo es alimentado por la influencia de los demonios, que quieren infundir diversos tipos de miedo en nosotros.

Porque no nos ha dado Dios espíritu de cobardía, sino de poder, de amor y de dominio propio.

2 Timoteo 1:7 RVR1960

Este versículo de 2 Timoteo nos recuerda que el temor no proviene de Dios; en cambio, él nos ha dado poder, amor y dominio propio, que ahuyenta los efectos de muchos maleficios. Esta combinación divina nos capacita para rechazar el temor y vivir en libertad. Pero ¿qué hace que tanto el amor como el temor sean influencias tan poderosas en nuestras vidas?

Si bien el amor y el miedo pueden compartir ciertas cualidades, sus efectos sobre nosotros son sorprendentemente diferentes:

Similitudes

1. **Crecen a través de la atención**: cuanto más nos centramos en el amor o en el miedo, más fuerte se vuelve su influencia en nuestras vidas.

2. **Moldean nuestra perspectiva**: Tanto el amor como el miedo pueden cambiar la forma en que vemos el mundo y a los demás, influyendo en nuestras decisiones y acciones.
3. **Son contagiosos**: el amor y el miedo pueden transmitirse de una persona a otra y propagarse a través de las relaciones y las comunidades.
4. **Afectan a las relaciones**: tanto el amor como el miedo inciden profundamente en la forma en que nos relacionamos con nosotros mismos y con los demás, provocando a menudo que tengamos confianza o sospecha de nuestras conexiones más cercanas.
5. **Motivan acciones**: el amor y el miedo pueden impulsarnos a actuar, ya sea ayudando a alguien por compasión o evitando a un individuo debido a la ansiedad.

Diferencias

1. **El amor trae paz, el miedo trae angustia**: el amor infunde una sensación de calma y seguridad, mientras que el miedo introduce preocupación, ansiedad y agitación.
2. **El amor une, el miedo divide**: el amor fomenta la unidad, la conexión y la armonía, mientras que el miedo a menudo aísla, creando desconfianza y separación.
3. **El amor fomenta la vulnerabilidad, el miedo promueve la autoprotección**: El amor nos permite ser abiertos y vulnerables, mientras que el miedo nos hace protegernos de amenazas percibidas sin fundamento.
4. **El amor inspira coraje, el miedo inspira evasión**: el amor nos motiva a tomar riesgos y enfrentar desafíos, mientras que el miedo a menudo nos obliga a evitar lo que parece incierto.
5. **El amor es desinteresado, el miedo es preservación personal**: El amor nos impulsa a centrarnos en el bienestar ajeno, incluso a costa de nosotros mismos. El miedo, sin embargo, suele mantenernos centrados en la preservación personal y en evitar el malestar.

Estas distinciones nos ayudan a ver cómo cultivar el amor, especialmente en el plano espiritual, puede transformarnos de maneras que el miedo no puede.

El amor nos permite la libertad, mientras que el miedo a menudo resulta en una mentalidad y acciones limitantes, a menudo bajo el control de un hechizo o una maldición. Estas distinciones también nos ayudan a comprender que, a medida que permitimos que el amor perfecto crezca en nosotros con el tiempo, este expulsará naturalmente cualquier miedo que resida en nosotros o intente apoderarse de nosotros.

Temor malsano a Dios

Para muchas personas, incluso cristianas, el temor persistente es que Dios les permita enfrentar más dificultades o un resultado indeseable que acecha entre las sombras. Esta incertidumbre es similar a la incomodidad de que un pájaro entre repentinamente en casa. Puede que te encante observar a los pájaros desde la ventana de tu cocina, disfrutando de su hábitat natural, pero posiblemente no quieras a uno revoloteando en tu salón. Así que haces todo lo posible por guiarlo hacia afuera, por expulsarlo de tu casa. Con la misma determinación, el amor expulsa el miedo de nuestros corazones.

No se equivoquen: el amor no es una emoción frágil que fluctúa con nuestros sentimientos ni se desmorona rápidamente ante deseos momentáneos. El amor es una fuerza poderosa, tan potente que impulsó a Dios a entregar a su Hijo unigénito para morir por un mundo a menudo indiferente o desobediente a él. El amor verdadero posee una fuerza que destruye el odio, el miedo, la depresión y muchas otras cargas abrumadoras, como proclama la Escritura: «El amor es tan fuerte como la muerte».

> *Ponme como un sello sobre tu corazón, como una marca sobre tu brazo;*
> *Porque fuerte es como la muerte el amor;*
> *Duros como el Seol los celos;*
> *Sus brasas, brasas de fuego, fuerte llama.*
>
> Cantares 8:6 RVR1960

Sabemos que la muerte puede afectarnos de forma devastadora, dejando huellas que perduran durante décadas. De la misma manera, el amor, con su poder, puede empoderarnos, sanarnos y afectarnos de forma profunda y duradera. Cuando el amor es fuerte y perdurable, vence todo miedo, desarmando el poder del temor y la ansiedad. La fuerza del amor perfecto no solo relega el miedo a un segundo plano; el amor perfecto lo expulsa por completo, sin dejar espacio para que la emoción negativa se arraigue, porque el amor perfecto ocupa plenamente nuestro ser interior. Este tipo de amor no se desvanece con las emociones ni las circunstancias cambiantes; es tan constante como Dios, que *es* Amor.

Al acercarme al final de una batalla difícil en mi vida, Dios me decía con más frecuencia que me amaba. Cuando comparte su amor por mí, suelo decir: «Me amas». Quiero que me escuche afirmar sus palabras desde el corazón. A veces, añado: «¡Tú me amas, Señor y yo también te amo!». A menudo he sentido que Él aumentaba sus expresiones para consolarme y asegurarme que estaba conmigo, cuidándome con esmero durante la prueba, ¡y de hecho lo estaba!

Su amor me llenó de la confianza de que, sin importar lo que enfrentara, estar lleno de su amor perfecto me llevaría a la victoria. Incluso cuando el miedo intentaba acercarse a mí, el proverbial letrero de «No hay vacantes» confrontaba la desagradable sensación cada vez.

Como Dios es omnisciente, todopoderoso y sabio, ya sabe cómo y cuándo le responderemos con amor. Sin embargo, el Espíritu Santo me mostró que, aunque Dios prevé nuestros actos de amor, alabanza, adoración o bondad, estos no conmueven su corazón hasta que los expresamos. Dios no puede tener intimidad con su conocimiento; solo experimenta intimidad cuando lo amamos a través de nuestros pensamientos, palabras y acciones.

Cuando nuestro amor alcance su plena madurez, lo sabremos porque creeremos, en lo más profundo de nuestro ser, que Dios nos ama y jamás permitiría que el enemigo triunfara de maneras que Dios mismo no define como victoria. La confianza en su amor hace que fluya en nuestras vidas y desde ellas, transformando nuestra forma de amar a los demás. Nos encontraremos amando con todo el corazón, con libertad, con sinceridad y con naturalidad, reflejando el amor incondicional de Dios por todos.

¿Alguna vez han escuchado a alguien decir, y con toda sinceridad, «No me importaba morir porque estaba agotado de la vida y quería que terminara»? Incluso podrían decir que, si alguien les hubiera puesto una pistola en la cabeza, lo habrían aceptado por su vida llena de miedo. Yo mismo he pasado por eso. Cuando estaba exhausto y asustado, no había espacio en mí para la vida. Pero cuando me llené del amor de Dios, no tuve espacio para el agotamiento ni el miedo. Me asombró la fuerza que surgió en mí una vez que acepté el amor de Dios y me dejé llenar por él.

Me di cuenta de que el agotamiento había enmascarado la fuerza que se escondía en mi interior. El amor perfecto de Dios se convirtió en una fuerza liberadora, y el Espíritu Santo me aseguró: «Estás bien. Dios ya lo ha dispuesto todo para ti; solo estás esperando el momento en que la provisión esté lista». ¡Qué Dios y Padre tan misericordioso y paciente tenemos!

Reconocer el hechizo del miedo

El miedo no surge de la nada. A menudo se presenta a través de una historia, una situación o una experiencia que siembra la ansiedad en nuestros corazones, actuando como un hechizo. Por ejemplo, escuchar malas noticias sobre la economía o un diagnóstico médico preocupante puede desencadenar el miedo. Pero el miedo no es simplemente una emoción; es una fuerza espiritual que se apodera de nosotros cuando creemos una historia contraria a la Palabra de Dios.

Nuevamente, 2 Timoteo 1:7 nos enseña que Dios no nos ha dado un espíritu de temor. Si el temor no proviene de Dios, ¿de dónde proviene? Proviene del enemigo (satanás y sus demonios), quienes buscan infundir temor en nuestras vidas. Estos temores a menudo se manifiestan a través de los medios de comunicación, las redes sociales, los informes negativos o incluso las palabras de otros que infunden temor en nuestras circunstancias. Cuando nos aferramos a estas historias y permitimos que moldeen nuestras creencias, abrimos la puerta para que el temor se arraigue.

El miedo es un maestro del disfraz. Puede transformarse en innumerables formas, susurrando mentiras, distorsionando la realidad y manteniéndonos cautivos en sus oscuras garras. Al recorrer juntos este capítulo, desenmascaremos las múltiples caras del miedo, reconociéndolas como hechizos que necesitan ser rotos por el poder de la verdad y el amor de Dios.

Historias y rostros comunes del miedo:

- **Miedo al fracaso**: Las diapositivas de la presentación se desdibujaban ante sus ojos, sus palabras cuidadosamente ensayadas se disolvían en frases incoherentes. La sala de juntas, llena de los rostros expectantes de sus colegas y superiores, de repente parecía un circo. Ella era la condenada, a punto de ser devorada por los leones del juicio. Su carrera, su reputación ganada con esfuerzo y sus sueños de ascenso pendían de un hilo, amenazados por el hechizo paralizante del fracaso. En su mente corría un torrente de preguntas hipotéticas: «¿Y si olvido todo lo que he preparado? ¿Y si me hacen una pregunta que no puedo responder? No soy lo suficientemente buena... voy a suspender... todos lo sabrán...». Tenía las palmas de las manos empapadas de sudor, la respiración se le cortaba en la garganta y la voz le temblaba al empezar a hablar. «No puedo con esto», pensó, sintiendo como una oleada de náuseas subía por su pecho. «Voy a suspender».

- **Miedo al futuro**: Otra invitación de boda llegó por correo, la delicada escritura se burlaba de Emily con un recordatorio de su anhelo insatisfecho. A los 35 años, sentía la presión de las expectativas sociales, los susurros de que su tiempo se agotaba, el temor de estar sola para siempre. «¿Encontraré alguna vez el amor?», se preguntaba, su corazón un susurro frágil en el silencio de su apartamento vacío. «¿Experimentaré alguna vez la alegría del matrimonio y la familia?». La ansiedad por el futuro, un dolor persistente en su alma, proyectaba una sombra de duda sobre sus sueños, haciéndola cuestionar el plan de Dios y su valía de estar en una relación hermosa y duradera. El tictac del reloj parecía amplificar sus ansiedades, cada día que pasaba era una oportunidad robada, un recordatorio de lo que temía no tener nunca.

- **Miedo al pasado**: Los fuegos artificiales retumbaron, un clamor de truenos festivos que rasgó la noche, desatando un torrente de recuerdos irreprimibles. John, un veterano de guerra condecorado, se aferró al borde de la mesa de picnic, con los nudillos blancos y la mandíbula apretada. La barbacoa en el patio, escenario de risas y jolgorio despreocupado, parecía un campo de batalla, donde cada ruido repentino y destello de luz representaba una amenaza potencial. «Tranquilízate», pensó, mientras su mente repasaba imágenes que no podía borrar: el rugido ensordecedor de las explosiones, el cegador destello de los disparos, los gritos de los camaradas caídos. En un esfuerzo por tranquilizarse, reflexionó: «Ahora estás a salvo. Estás en casa». Pero el hechizo de la amenaza de muerte de ayer, tejido por el trauma de la guerra, lo mantuvo cautivo, convirtiendo una simple reunión en una pantalla mental de flashbacks, un recordatorio implacable de las batallas que aún libraba en su interior.

- **Ansiedades por la salud**: Cada tos, cada dolor, cada punzada, le producía una sacudida de miedo en el cuerpo. Recorrió páginas web médicas, pensando en los peores escenarios. Cada nuevo síntoma era una nueva amenaza en su preocupante escenario y se apoderaba de su paz. Imaginaba tumores acechando en las sombras, su cuerpo traicionándolo, su vida escapándose. El mundo, que antes era un vibrante paisaje de posibilidades, ahora parecía un campo minado de amenazas potenciales, cada una acechándolo a la vuelta de la esquina, esperando atacar. Las palabras del médico: «Necesitamos hacer más pruebas», resonaban en su mente, alimentando la incesante oleada de su peor miedo, transformando una simple revisión en un aterrador descenso a lo desconocido.

- **Miedo al rechazo**: El mensaje de texto seguía sin leer en su teléfono, con un cursor parpadeante que simulaba su vacilación. Anhelaba abrir su corazón, confesarle sus sentimientos al hombre que había conquistado su afecto, pero el miedo al rechazo, una mano fría que le apretaba el pecho, la detenía. «¿Y si él no siente lo mismo?», se angustiaba, evocando en su mente imágenes de su risa, palabras desdeñosas y el golpe devastador de su indiferencia. «¿Y si se ríe de mi vulnerabilidad? ¿Y si mi corazón, ya tan frágil y expuesto, se destroza de nuevo?». El hechizo del rechazo, una fortaleza custodiada, había encerrado su corazón, atrapándola en una prisión de silencio y amor sin respuesta.

- **Miedo al éxito**: La carta de ascenso yacía sobre su escritorio; el papel crujiente simbolizaba el logro y la puerta a un nuevo nivel de responsabilidad. Pero en lugar de emoción, una sensación de náusea lo abrumaba. Se quedó mirando las palabras, cada una de las cuales era un peso que le oprimía el pecho. Pensó: «No estoy listo para esto...», con la mente llena de dudas. Imágenes de largas jornadas, plazos imposibles y el peso intimidante de las expectativas inundaron su mente. ¿Y si no podía soportar la presión? ¿Y si fracasaba, decepcionando a sus colegas y a su familia? ¿Y si su éxito era fugaz, un destello momentáneo antes del inevitable colapso? El miedo al éxito, una sombra inesperada, amenazaba con eclipsar la alegría de su logro, tentándolo a permanecer pequeño y seguro, oculto al escrutinio y las expectativas que conllevaba alcanzar su potencial.

- **Miedo a lo desconocido**: Las cajas de la mudanza, apiladas en la sala, la ridiculizaban por su vacío. La nueva ciudad, una página en blanco en la historia de su vida, la llenaba de emoción y temor. Se encontraba en el centro de la habitación, rodeada por los restos de su antigua vida, con el corazón hecho un nudo de aprensión. ¿Encontraría amigos en este nuevo lugar? ¿Tendría éxito en su nuevo trabajo? ¿Se sentiría alguna vez en casa en este entorno desconocido, tan diferente de todo lo que había experimentado? El hechizo de lo inexplorado, un torbellino de incertidumbre, la atraía, amenazando con desenredar los hilos de su coraje y fe.

- **Miedo a tomar la decisión equivocada**: Los dos caminos se extendían ante ella, cada uno una bifurcación, una puerta a un futuro diferente.

Un camino prometía familiaridad y una sensación de seguridad. El otro la atraía con aventura, riesgo, el potencial de una gran recompensa, junto con la posibilidad de fracaso y arrepentimiento. ¿Cuál debería elegir? El peso de la decisión se cernía sobre ella, una pesada carga que amenazaba con aplastar su espíritu. ¿Y si tomaba la decisión equivocada? ¿Y si daba un paso en la dirección equivocada y se encontraba perdida y sola, incapaz de deshacer las consecuencias de su decisión? El miedo a tomar la decisión equivocada, una fuerza incapacitante, la mantuvo paralizada en la encrucijada, incapaz de avanzar, atrapada en la agonía de la indecisión.

¿Les parecen descabellados estos escenarios? Aunque no lo crean, son solo un vistazo a las experiencias reales que enfrentan las personas en todo el mundo, y muchas historias reales de feligreses que conozco han sido incluso mucho más intensas. Probablemente tengan relatos serios y precisos de miedos que han enfrentado, quizás incluso más drásticos que los que compartimos aquí. El miedo suele atacar cuando suceden cosas malas y cuando nos encontramos con cosas buenas inesperadas.

Cuando experimentamos las bromas repetidamente, podemos temer que los problemas acechen. Cuando era niño, algunas personas de mediana edad y mayores decían: «Todo va muy bien ahora mismo, así que algo malo debe estar a punto de suceder». Esa creencia no es solo superstición ni una mentalidad protectora: es un hechizo. En el momento en que el miedo empieza a reescribir la narrativa de las bendiciones, transformando la paz en ansiedad, ya no actuamos con fe; estamos bajo la influencia de una distorsión espiritual diseñada para distraernos de confiar en Dios.

La mayoría, si no todos, de estos ejemplos y mentalidades se enmarcan en el miedo a lo desconocido. Como compartí en un relato anterior, Dios, nuestro Padre Celestial, es el Dios de lo desconocido. Él ve lo que nosotros no podemos ver, conociendo el final desde el principio. Mientras que el miedo se alimenta de la incertidumbre, el amor perfecto de Dios nos asegura que sus planes para nosotros son inherentemente buenos, incluso cuando los detalles permanecen ocultos. Esta seguridad no promete una vida sin incógnitas ni supuestas «bajadas», pero sí significa que podemos confiar plenamente en Dios, a pesar de las sombras de la imprevisibilidad. Por su amor, él nos guía a través de cada misterio que enfrentamos.

Como creyentes, Dios nos llamó a vivir, aceptando su narrativa como el único plan para nuestras vidas. Cuando el miedo llama a la puerta de nuestro corazón y mente, debemos rechazarlo rápidamente. Esta disciplina requiere una fe profunda en el amor perfecto de Dios y un compromiso con su verdad, en lugar de las mentiras del enemigo. El miedo se nutre de las historias que la sociedad nos enseña a creer, pero si nos aferramos a las falsedades del enemigo, le damos poder a su influencia sobre nuestros pensamientos y acciones.

Los hechizos están diseñados para socavar nuestra fe en Dios sembrando miedo, duda y confusión. Las palabras e impresiones que decidamos creer determinan en última instancia dónde depositamos nuestra fe. Por eso, el enemigo trabaja incansablemente para desviar nuestra confianza de Dios. Ya sea mediante mentiras sutiles, historias que infunden miedo o las opiniones de otros, el objetivo es alejar nuestra fe de Dios y acercarla a las circunstancias, el razonamiento humano o incluso a nosotros mismos. Pero cuando fijamos nuestra mirada en Dios y aceptamos su Palabra como la verdad suprema, desmantelamos las falsedades diseñadas para debilitar nuestra fe y podemos vivir plenamente en la libertad que Él nos brinda.

Un hechizo funciona de forma muy similar al encendido de un vehículo: desencadena una acción que pone todo en marcha. Una vez hecho su trabajo, el encendido deja de estar activo, pero el motor sigue funcionando. De igual forma, los hechizos encienden una narrativa que, para bien o para mal, nos obliga a actuar de forma natural, convirtiéndose a menudo en un comportamiento arraigado con el tiempo. Para cualquiera de nosotros, los comportamientos inducidos por el miedo pueden volverse tan habituales que los percibimos como parte necesaria de nuestra vida cotidiana. Sin embargo, este comportamiento puede cambiarse «apagando» la chispa del miedo. La siguiente sección explora cómo apagar este interruptor proverbial y recuperar el control de nuestras vidas.

El poder del amor sobre el miedo

El miedo prospera en entornos donde el amor está ausente o se malinterpreta. El miedo se afianza cuando no estamos seguros del amor de Dios por nosotros, susurrando falsedades sobre nuestro valor, nuestro futuro, las intenciones de Dios hacia nosotros y su capacidad para protegernos. Sin embargo, cuando aceptamos la realidad del amor inquebrantable de Dios, el miedo pierde su poder. El amor de Dios es el único amor genuino que existe y se experimenta a través de una relación íntima con Dios. El apóstol Juan nos recuerda: «En el amor no hay temor, sino que el perfecto amor echa fuera el temor; porque el temor lleva en sí castigo. De donde el que teme, no ha sido perfeccionado en el amor» (1 Juan 4:18 RVR1960). Este no es un amor cualquiera, es un amor maduro y completo que se obtiene de una relación íntima con Dios.

Comprender el amor de Dios nos da paz y la valentía para afrontar el miedo sin dejarnos vencer. Así como la luz disipa la oscuridad, el amor de Dios expulsa el miedo, dándonos seguridad y calma. En la práctica, no tenemos por qué dejarnos humillar por la influencia del miedo, porque el amor y las promesas de Dios son más poderosos que cualquier amenaza que el enemigo pueda traer. Mediante el poder de Dios en nosotros, podemos reconocer y afrontar el miedo sin dejar que defina nuestras acciones posteriores.

El miedo quiere dominar nuestros pensamientos como un hechizo, instándonos a reaccionar impulsivamente. Sin embargo, la verdad es que el miedo no tiene ninguna oportunidad cuando comprendemos cuánto nos ama Dios. El amor de Dios es un escudo que nos rodea, protegiéndonos de las falsas narrativas que el enemigo intenta imponernos. El miedo se aleja por completo cuando nos sumergimos en el amor de Dios. El miedo puede llamar a nuestra puerta, pero no puede entrar ni siquiera quedarse lo suficiente como para seguir llamando a nuestra puerta.

Recuerdo conducir en mi ciudad natal, Orangeburg (Carolina del Sur) durante el día. Iba a la capital del estado, Columbia. Iba por Columbia Road hacia la autopista que solemos usar para viajar a Columbia. Mientras conducía, vi unos ciervos cruzar la carretera corriendo frente a una joven que conducía una camioneta al otro lado de la carretera. El ciervo la sorprendió y ella los esquivó por unos quince centímetros. Después de ese incidente, evité usar Columbia Road de noche y tampoco quería circular por esa carretera durante el día, por temor a que los ciervos del bosque que la bordeaba decidieran saltar delante de mi vehículo.

Me invadió un miedo repentino porque creía que conducir por esa carretera aumentaría mis posibilidades de sufrir un accidente. Decidí dejar de tomarla por lo que nunca le ocurrió a la joven. ¿Entendieron lo que acabo de decir? Temía que un accidente, que nunca le ocurrió a la otra conductora, me ocurriera a mí. Aunque la joven salió ilesa, pensé que podría haber tenido un accidente. La sola posibilidad me causó un miedo injustificado.

El Espíritu Santo me iluminó para ver este evento como lo que era: un intento espiritualmente exitoso de hechizarme. Decidí confiar en el amor de Dios por mí y asegurar que estaré a salvo en Columbia Road.

Vivo en Carolina del Sur, donde los ciervos son relativamente abundantes cerca de las carreteras. Durante mi experiencia como conductor hasta ese momento, no había tenido ningún accidente con un ciervo. La novedad de esta experiencia me sobresaltó, y creí que el perturbador momento que presencié algún día se convertiría en el mío.

Aunque solo fuera para romper el hechizo del miedo, decidí conducir por Columbia Road como testimonio del poder liberador de Dios. Ahora, tomo esa carretera cuando quiero ir más rápido ir a Columbia desde mi ciudad natal. Me he liberado de ese hechizo, y ese incidente no se repite en mi mente cuando tomo esa carretera. Obtuve mi libertad al negarme a creer la historia de que tendría un accidente de tráfico por cualquier ciervo que se cruzara o se lanzara a la carretera. No recuerdo la última vez que recibí una multa de tráfico, así que soy un conductor cuidadoso y atento. Simplemente me alteré por nada.

La naturaleza fascinante del miedo

Las personas, e incluso las fuerzas demoníacas, a menudo intentan lanzar hechizos que generan miedo, generalmente mediante noticias desalentadoras, rumores inquietantes o incluso consejos bienintencionados que siembran la duda. Por ejemplo, podríamos escuchar que no podremos pagar nuestras facturas o que no lograremos una meta específica. Estas historias ensombrecen nuestra fe, tentándonos a preocuparnos por las finanzas, la salud, las relaciones o cualquier otro aspecto de nuestro futuro. Pero estos miedos son, en esencia, hechizos: no tienen ningún derecho legítimo sobre nosotros y no tienen por qué convertirse en nuestra realidad.

La táctica del enemigo es contar historias que infunden miedo. Todos los demonios saben que vivimos bajo su poder una vez que creemos en sus historias. Pero la Palabra de Dios nos asegura algo diferente. Por ejemplo, en el Salmo 84:11 RVR1960, se nos asegura que «...No quitará el bien a los que andan en integridad». Esta promesa, arraigada en el amor de Dios, contrasta marcadamente con las mentiras del enemigo que infunden miedo.

En el momento de la tentación, cuando sentimos miedo, debemos recordar que sentir miedo no significa automáticamente que tengamos miedo. Como seres espirituales, a menudo percibimos la repentina llegada del miedo, el desánimo, la frustración y otras sensaciones abrumadoras. Sin embargo, sentir miedo no significa que nos controle. Podemos sentir con fuerza el espíritu de miedo y aun así elegir vivir por fe, confiando en que el amor de Dios nos protege y defiende.

Cuando confiamos en el amor de Dios, el miedo se descontrola. Reconocemos que nada nos sucede fuera del control soberano de Dios, y nada puede frustrar sus planes para nuestras vidas. En esencia, el miedo es una historia que no tenemos por qué creer.

Historias que alimentan el miedo

El miedo siempre empieza con una historia. Ya sea una noticia, un diagnóstico o un revés personal, el miedo se alimenta de la narrativa que elegimos creer. ¿Alguna vez has conducido por una carretera y de repente has visto un coche desviarse hacia ti? Si surge el miedo, proviene de la historia que nos contamos en ese momento: «¡Estoy a punto de tener un accidente!».

Constantemente recibimos historias a través de los medios de comunicación, las interacciones sociales e incluso nuestro diálogo interno cotidiano. Las personas diseñan historias para infundir miedo. Por ejemplo, podríamos escuchar una historia sobre un colapso económico y temer perder nuestro trabajo, nuestro hogar o nuestra estabilidad financiera. Cuanto más escuchamos, creemos y reflexionamos sobre estas historias, más moldean lo que aceptamos como nuestra realidad.

Pero como creyentes, estamos llamados a una historia superior: la historia de Dios. Este llamado a creer es la razón por la que Romanos 8:6 nos dice que la mente gobernada por la carne conduce a la muerte, pero la mente gobernada por el Espíritu conduce a la vida y a la paz. El miedo se arraiga en nosotros cuando permitimos que las historias de este mundo controlen nuestra mente. Pero cuando permitimos que el Espíritu Santo guíe nuestros pensamientos, nos llenamos de paz, sin importar las circunstancias.

Rechazar los hechizos basados en el miedo

Una de las estrategias más efectivas del enemigo es inducirnos a recopilar historias que refuercen nuestros miedos. Esta trampa puede ocurrir sutilmente, como guardar publicaciones en redes sociales o artículos de noticias negativas que alimentan nuestras ansiedades. Podemos empezar a desarrollar una colección de narrativas basadas en el miedo que moldean nuestra percepción del mundo.

Por ejemplo, muchas personas, sin saberlo, guardan, dan a «me gusta», comentan o comparten videos de TikTok u otro contenido de redes sociales que se alinea con sus miedos y ansiedades. En lugar de usar la Palabra de Dios como guía y defensa contra dicha preocupación, usan estas historias que les infunden miedo para justificar sus sentimientos y acciones. Al hacerlo, acumulan hechizos: historias que tienen el poder de atarlas al miedo.

Pero la Biblia ofrece un enfoque diferente. El Salmo 118:8-9 (RVR1960) nos recuerda: «Mejor es confiar en Jehová Que confiar en el hombre. Mejor es confiar en JehováQue confiar en príncipes». Cuando depositamos nuestra confianza en Dios, rompemos el poder de los hechizos basados en el miedo. Elegimos vivir bajo la verdad de la Palabra de Dios, no bajo las narrativas siempre cambiantes del mundo.

¿Tienes la costumbre de conducir por barrios desconocidos y tocar puertas al azar solo para ver qué opinan los desconocidos sobre la vida? Probablemente no. Tampoco es mi costumbre. Una vez le planteé esta pregunta a nuestra congregación del domingo por la mañana. Luego compartí algo que el Espíritu Santo me dijo: «Deja de navegar sin rumbo por las redes sociales, pasando de una publicación a otra, de un video a otro, hasta que algo te llame la atención». La mayoría de las veces, lo que nos llama la atención es frívolo, sin ofrecer nada significativo, alentador ni bíblicamente sólido.

Si entrar en casas al azar para escuchar los pensamientos sin filtro de desconocidos no es parte de nuestro comportamiento cotidiano, entonces tampoco debería serlo navegar por las redes sociales para absorber las opiniones y visiones del mundo de personas desconocidas. Ya enfrentamos suficientes batallas contra hechizos y maldiciones comunes. ¿Por qué y para qué invitar a más influencias demoníacas de miedo, duda y engaño a nuestras vidas?

El poder de la confesión

Una de las maneras más efectivas de superar el miedo es confesar la Palabra de Dios en nuestras vidas. Romanos 10:10 (RVR1960) dice: «Porque con el corazón se cree para justicia, pero con la boca se confiesa para salvación». Lo que decimos importa. Si confesamos continuamente el miedo, la duda y la derrota, los reforzamos en nuestras vidas. Pero cuando confesamos la fe, la esperanza y las promesas de Dios, activamos el poder de su Palabra para que obre a nuestro favor.

Hace tiempo, después de un largo día de trabajo, conduje hasta un edificio viejo y ruinoso y me puse a gritar. No, no estaba allí para aliviar el estrés; estaba ejercitando mi fe. Me inclinaba hacia la ventana, buscaba una pequeña abertura y declaraba con valentía: «¡Perteneces a The Feast of the Lord! ¡Perteneces a The Feast of the Lord!».

El Señor me había mostrado que este edificio se convertiría en la próxima sede de la iglesia que pastoreaba, The Feast of the Lord. Comencé la iglesia en la sala de estar de mi casa, y Dios nos bendijo para que nos quedara pequeña rápidamente. Pronto, comenzamos a alquilar un espacio en el centro, que nos fue útil, pero también presentó dificultades.

Para cada servicio dominical y el estudio bíblico del martes por la noche, los miembros de la iglesia conducían hasta mi casa en el campo, ubicada en un camino de tierra lleno de cráteres, para cargar y descargar altavoces pesados y otros equipos necesarios para los servicios. El montaje y desmontaje era agotador, pero los feligreses se mantuvieron fieles. Dios nos estaba preparando para ascender a un nivel superior.

Ser dueño de un edificio nos permitió llegar a un público más amplio y operar con un mayor nivel de excelencia. Pero, para los estándares terrenales, la idea parecía imposible. La gente pensaba que estaba loco. Nuestra congregación estaba llena de jóvenes; en aquel entonces, solo unos pocos miembros tenían trabajos a tiempo completo. Financieramente, la posibilidad de comprar un edificio parecía inalcanzable.

Toda la lógica del mundo me decía que ni siquiera debíamos intentarlo. No tenía el dinero, y la iglesia tampoco tenía los recursos, así que ¿para qué buscar? Pero me negué a dudar. Tenía una Palabra de Dios, una buena historia que decía que tendríamos nuestro propio edificio, y esa Palabra era todo lo que necesitaba. Así que, en lugar de preocuparme, profeticé. Siguiendo la guía del Señor, infundí vida en ese edificio a diario. No hice declaraciones basadas en ilusiones ni ambiciones personales; solo declaré lo que Dios decía.

Me decían que me apresuraba. Que no era el momento. Pero sabía lo que había oído del Señor, así que seguí adelante sin dudarlo. No necesitaba la confirmación de mis circunstancias ni la aprobación de los demás porque tenía fe en Dios. La fe, en su nivel más alto, no requiere validación externa; cree solo en la Palabra de Dios y no le importa declarar abiertamente lo que Dios dijo.

Hoy, estoy asombrado por lo que Dios ha hecho. Celebramos servicios en ese edificio, que está completamente libre de deudas. Cuando tenemos una gran fe en Dios y confesamos lo que realmente creemos, Él, en respuesta, obra grandes cosas para nosotros. Si hubiera dudado, habría sido prisionero de las opiniones de mis circunstancias en lugar de la promesa de mi Dios.

Lo que os digo en tinieblas, decidlo en la luz; y lo que oís al oído, proclamadlo desde las azoteas.

Mateo 10:27 RVR1960

Cuando Dios habla, y confesamos nuestra creencia porque creemos lo que Él dijo, debemos desechar toda toma de decisiones basada en las circunstancias.

La confesión no es algo que ocurra una sola vez; es una práctica diaria. Cuanto más hablamos la Palabra de Dios, más entrenamos nuestro corazón y nuestra mente para creer en la verdad de Dios. Y al hacerlo, el miedo se libera de nosotros y la fe en Dios crece y se fortalece con el beneficio de una confianza profunda en nosotros.

Superar el miedo al fracaso

Muchas personas luchan contra el miedo al fracaso. Temen no estar a la altura, cometer errores o decepcionar a los demás. Este miedo puede ser paralizante, impidiéndoles dar pasos de fe y seguir el plan de Dios para sus vidas.

Pero la Palabra de Dios nos asegura que no debemos temer al fracaso. Filipenses 4:13 RVR1960 declara: «Todo lo puedo en Cristo que me fortalece». Este versículo nos recuerda que nuestra capacidad para triunfar no proviene de nuestra propia fuerza, sino de la fuerza de Cristo que obra en nosotros y a través de nosotros.

Porque siete veces cae el justo, y vuelve a levantarse;
Mas los impíos caerán en el mal.

Proverbios 24:16 RVR1960

Incluso si cometemos errores o enfrentamos contratiempos, podemos confiar en que Dios está con nosotros y nos guiará en cada desafío. El fracaso no es definitivo para quienes confían en Dios. Él nos da la fuerza para recuperarnos, aprender de nuestros errores y seguir adelante con fe.

El viaje de Moisés es un excelente ejemplo de cómo el miedo al fracaso puede obstaculizar la obediencia al llamado de Dios. Cuando Dios le encargó a Moisés confrontar al faraón y sacar a los israelitas de Egipto, Moisés se centró de inmediato en sus deficiencias personales. Protestó: «¡Ay, Señor! nunca he sido hombre de fácil palabra, ni antes, ni desde que tú hablas a tu siervo; porque soy tardo en el habla y torpe de lengua» (Éxodo 4:10 RVR1960). Su miedo se originaba en sus limitaciones: le preocupaba cómo lo percibirían, si fallaría al comunicar el mensaje de Dios y cómo respondería el pueblo.

Sin embargo, Dios ya había planeado apoyar la obediencia de Moisés obrando milagros que superaron sus expectativas. Moisés no imaginaba que su vara se convertiría en una serpiente que devoraría las serpientes de los magos, demostrando así el poder de Dios sobre la hechicería de Egipto. No pudo predecir las diez plagas devastadoras que obligarían al faraón a actuar. No previó que, en tan solo una noche, el Mar Rojo se abriría ante él, permitiéndole a él y a los israelitas caminar sobre tierra firme mientras sus enemigos se ahogaban después.

En el momento del llamado de Moisés, Dios no le reveló nada de esto; simplemente le pidió obediencia. Quizás nunca sepamos cuántas veces temimos al fracaso y nos dejamos llevar por ese temor, perdiendo así la oportunidad de experimentar el poder de Dios de primera mano y para beneficio de los demás.

Un beneficio de la obediencia completa a Dios es que activa su intervención. Cuando Moisés finalmente se sometió al mandato de Dios, a pesar de sus inseguridades, Dios obró maravillas que silenciaron sus dudas y demostraron su respaldo divino. Moisés no solo salía a «probar y ver» si las cosas funcionaban; caminaba en un llamado para el cual Dios ya lo había capacitado, aunque la evidencia de ese equipamiento era invisible hasta que obedeció. Anímense cuando Dios les da una orden porque él no pierde, ni ustedes perderán.

Temer al fracaso significa enfocarnos en las habilidades con las que nos sentimos cómodos, creyendo que podemos lograr algo con nuestras propias fuerzas. Sin embargo, cuando Dios nos llama, no espera que dependamos de nosotros mismos. Espera que confiemos en Él. Por la autoridad de Dios, debemos romper el hechizo del miedo al fracaso para que Él pueda obrar con nosotros (Marcos 16:20), confirmando su llamado mediante la evidencia sobrenatural que produce para acompañar nuestros actos de obediencia.

Romper el hechizo del miedo social: La historia de Kaitlin

Kaitlin, una joven que asiste a la iglesia que pastoreo, vivió bajo este hechizo durante más de un año. Me envió un poderoso testimonio sobre cómo Dios me usó para ayudarla a liberarse mediante los dones de una Palabra de Conocimiento (conociendo detalles específicos solo por la revelación del Espíritu Santo) y una Palabra de Sabiduría (recibiendo la sabiduría sobrenatural de Dios para aplicar el conocimiento con éxito). Ruego que, al leer su historia, experimenten la misma libertad que ella.

Para algunos, el miedo a hablar, a ser vistos o simplemente a existir en una sala llena de gente puede ser paralizante. No es solo una incomodidad menor; es un hechizo que ata, convenciendo a quien lo alberga de que su voz es insignificante, de que su presencia no importa, de que el silencio es más seguro.

Lo sé porque viví bajo ese hechizo.

Luché contra el miedo y la ansiedad en presencia de la gente, especialmente de desconocidos. Pensamientos específicos me rondaban la mente constantemente:

«¿Qué pasa si digo algo que no se entiende?»

«¿Y si no les gusto?»

«Tengo algo que compartir en este estudio bíblico, pero no quiero que la gente piense que hablo demasiado».

Tenía constantemente estos y otros pensamientos en presencia de otras personas, especialmente de desconocidos. Estos pensamientos estaban arraigados en el miedo y la ansiedad.

No me gustaba hablar con la gente a menos que iniciaran la conversación, e incluso entonces, mis respuestas eran breves. Evitaba las conversaciones triviales y, si estaba en un grupo, me sentaba en silencio, desconectada. Incluso cuando creía tener algo valioso que aportar a la conversación, dudaba de mí misma, convencida de que mis palabras no eran necesarias.

Mi ansiedad aumentó hasta el punto de que aprovechaba cualquier excusa para irme de las reuniones sociales. Como repartidora, recibía pedidos en mi teléfono y esperaba con ansias una notificación para escapar de los grupos. No tenía ninguna razón objetiva para sentirme incómoda en estos ambientes cálidos y amigables, pero a menudo solo quería salir.

Lo que no me di cuenta fue que estaba bajo un hechizo que actuaba en contra del propósito de Dios para mí.

El hechizo del silencio

No solo era tímida, sino que evitaba a la gente deliberadamente. Había desarrollado el hábito de aislarme y retirarme de los momentos que Dios había diseñado para mí, para compartir lo que Él había puesto en mi corazón. Incluso en conversaciones alegres, estaba ausente. Si la gente se reía de un chiste, apenas reaccionaba. Mi mente estaba en otra parte, en cualquier lugar menos en el momento.

Por mucho que deseara ser ministra y líder poderosamente efectiva, Dios no podría usarme plenamente si permanecía bajo el hechizo de creer que mi participación no importaba, incluso cuando el Espíritu Santo me impulsaba a hablar.

Mirando hacia atrás, veo lo egoísta que fui. Mucha gente decía que tenía una personalidad hermosa, pero no me apetecía compartirla. Ahora me veo con más claridad que nunca. No estaba en un estado de lucha o escape, sino en uno de bloqueo o escape.

Entonces, una noche, todo cambió.

Oré una oración sencilla pero desesperada: «Dios, quita de mi corazón todo lo que no es como Tú». Todavía no lo sabía, pero mi avance estaba en camino.

Una palabra de Dios

Mi pastor me dijo que el Espíritu Santo me reveló que estaba bajo un hechizo que me hacía evitar a la gente, que me desconectaba, que me mantenía atrapada en el silencio. Me hizo consciente de que la manera en que tratamos a quienes pertenecen a Jesús, incluso aquellos a quienes quizás consideraba los más insignificantes, es también la manera en que tratamos a Jesús. Entonces, compartió conmigo un versículo que lo cambió todo:

Fui forastero, y no me recogisteis; estuve desnudo, y no me cubristeis; enfermo, y en la cárcel, y no me visitasteis.

Mateo 25:43 RVR1960

Este versículo me impactó como un rayo. Me impactó y me condenó. Nunca quise tratar así a Jesús.

Nunca antes había notado este versículo, pero en cuanto lo leí, sentí que algo se quebraba en mi interior. Ahora veo claramente que mi corazón no estaba dispuesto a aprovechar cada oportunidad que Dios me ofrecía para acoger y brindar hospitalidad a los demás, y al hacerlo, trataba a Jesús de la misma manera.

De repente vi mi comportamiento tal como era: no solo introversión o timidez, sino rechazo y ocultamiento de las mismas personas que Jesús había puesto en mi vida. Y por eso, lo estaba rechazando.

Liberándose

Después de la conversación con el pastor Shane, cuando compartió lo que el Espíritu Santo le reveló sobre mi comportamiento, el hechizo se rompió y mi mentalidad cambió. Le dije que lo que compartió creó algo en mí porque me sentí diferente. No fue que algo me abandonara ni que algo entrara en mí; el impacto fue como si sus palabras del Espíritu Santo hubieran creado, cambiado, reorganizado o ajustado algo en lo más profundo de mi corazón, como si hubiera liberado algo que había estado atrapado.

No me había dado cuenta de que mi comportamiento se basaba en el miedo, ni de que me tenía tan aferrada y me impedía cumplir el propósito de Dios para mi vida. Ahora entiendo que no puedo tener amor y miedo a la vez. Si he de estar completamente llena del amor de Dios, no puedo estar vacía por miedo.

En el amor no hay temor, sino que el perfecto amor echa fuera el temor, porque el temor lleva en sí castigo. De donde el que teme, no ha sido perfeccionado en el amor.

1 Juan 4:18 RVR1960

Con la revelación de Dios implantada en mí ese día, ya no permitiré que el miedo infundado ni la preocupación por las reacciones y opiniones ajenas me detengan. Oraré continuamente para llenarme del amor de Dios por las personas y actuar con todo mi corazón, permitiendo que su amor guíe cada interacción.

Tuve que actuar según esta revelación. No podía volver a aislarme y alejarme de los entornos sociales, así que empecé poco a poco, aprendí y cambié mi forma de ser a partir de ahí. Mi miedo a las reacciones u opiniones de los demás se desvaneció gradualmente, y hoy comparto por amor. Amar a la gente me ayuda a dejar de pensar en mí y en los demás, y me mantiene pensando en cuidar de ellos, porque así es como también trato a Jesús.

Ahora converso tanto con desconocidos como con personas más cercanas, ya sea de comida, educación, viajes o temas espirituales. Hablo primero, en vez de esperar a que alguien inicie una conversación conmigo. En lugar de evadir las interacciones, me involucro en ellas. Hablo con desconocidos. Me río de los chistes. Además, no solo tolero los entornos sociales; los disfruto de verdad. Puedo revelar con honestidad que estoy completamente presente y lista para que Dios me use en cualquier momento.

Dios quiere que sea yo misma y use mi personalidad para Él. Mi pastor suele decir que Dios unge a las personas y usa sus personalidades. Esa verdad se me ha quedado grabada.

El amor ha superado el miedo en mis futuras relaciones. En lugar de preguntarme: «¿Qué pensarán de mí?», ahora me pregunto: «¿Cómo puedo mostrar amor a quienes me rodean?». En lugar de esconderme, doy un paso al frente, sabiendo que cada vez que me relaciono con alguien, lo amo y amo a Jesús. Me libero del hechizo de la evasión y me niego a volver a esa esclavitud.

Tu libertad te espera

El miedo fue un hechizo que me convenció de que ni mi presencia ni mi voz importaban y de que esconderme me mantenía a salvo. Si alguna vez han luchado contra el miedo a hablar, al rechazo o simplemente a ser visto, deben saber esto: no están obligados a quedarse quietos.

Desde que me liberé de ese hechizo, comprendí que nunca podría haber experimentado la libertad en esa área de mi vida si primero no hubiera reconocido el cautiverio, creído en la posibilidad de la libertad y deseado sinceramente ser libre.

> *38 ¿Y cuándo te vimos forastero, y te recogimos, o desnudo, y te cubrimos?*
> *39 ¿O cuándo te vimos enfermo, o en la cárcel, y vinimos a ti?*
> *40 Y respondiendo el Rey, les dirá: De cierto os digo que en cuanto lo hicisteis a uno de estos mis hermanos más pequeños, a mí lo hicisteis.*
> Mateo 25:38-40 RVR1960

Seguiré amando activamente a las personas y, al hacerlo, también le mostraré amor a Jesús. Elegí adentrarme en el amor, conectar con los demás y liberarme del miedo que me tenía prisionera. Ahora me siento libre porque soy libre.

Luchar contra lo que se debe creer

Creer que los hechizos y las maldiciones son tan poderosos que requieren un ejército de ángeles, semanas de ayuno u otras medidas extremas revela que el miedo ha lanzado su hechizo con éxito: un engaño que nos convence de que el mal nos destruirá antes de que el poder de Dios nos proteja. A menudo, esperamos el daño del mal con mayor facilidad que confiar en el amor de Dios para protegernos. Otra forma de ver el sistema de creencias del miedo y la ansiedad es que, instintivamente, confiamos más en la capacidad de un hechizo para hacernos daño que en el poder de Dios para prevenir o bloquear el intento de un arma contra nosotros.

> *Ninguna arma forjada contra ti prosperará, y condenarás toda lengua que se levante contra ti en juicio. Esta es la herencia de los siervos de Jehová, y su salvación de mí vendrá, dijo Jehová.*
>
> Isaías 54:17 RVR1960

El hecho de creer en el poder del mal sobre Dios desvía sutilmente nuestra confianza de Él y fortalece el miedo en nuestros corazones. En cambio, debemos aprender a creer —rápidamente y casi sin esfuerzo— que el poder de Dios vencerá el poder del mal. Ahora es el momento de liberarnos del hechizo del miedo y dejar de confiar en que los demonios trabajarán incansablemente para dañarnos, mientras dudamos en esperar que Dios devaste y destruya las obras del diablo.

> *Jehová es mi luz y mi salvación; ¿de quién temeré?*
> *Jehová es la fortaleza de mi vida; ¿de quién he de atemorizarme?*
>
> Salmo 27:1 RVR1960

No importa cuán fuertes parezcan los hechizos y las maldiciones ni cuántos estragos hayan causado, el poder de Dios es imparable. Él puede romper y destruir cualquier hechizo o maldición con facilidad. Solo necesitamos depositar nuestra fe en su poder en lugar de temer las maquinaciones del enemigo. Demostramos nuestra fe en Dios al negarnos a actuar guiados por el miedo que nos atormenta y, en cambio, actuar con fe en Él, esperando su orden antes de seguir adelante.

Creer en Dios por encima de los demonios requiere una fe viva, no una fe muerta (Santiago 2:26). La fe muerta titubea, duda y exige pruebas antes de creer y obedecer. Pero la fe viva se mueve en la obediencia, confiando plenamente en que Dios actuará sin que veamos evidencia de su obra. Cuando obedecemos porque tenemos fe en Dios, veremos en el ámbito natural lo que Dios hará sobrenaturalmente por nosotros y por aquellos por quienes oramos. Así como Moisés no tenía idea de cómo Dios liberaría a Israel hasta que obedeció por completo, nosotros tampoco siempre sabremos cómo intervendrá Dios. Pero una cosa es segura: Él siempre hace lo necesario cuando actuamos con fe.

Superar el miedo a lo desconocido

Uno de los miedos más comunes es el miedo a lo desconocido. Nos preocupamos por el futuro, lo que podría suceder, lo que alguien podría decir en represalia y otras incógnitas que escapan a nuestro control. Pero Jesús nos da un recordatorio aleccionador:

Así que, no os afanéis por el día de mañana, porque el día de mañana traerá su afán. Basta a cada día su propio mal.

> *Así que, no os afanéis por el día de mañana, porque el día de mañana traerá su afán. Basta a cada día su propio mal.*
>
> Mateo 6:34 RVR1960

Este versículo me reconforta un poco, pues parece que Jesús me dice que no me preocupe por lo que pueda pasar mañana hasta que llegue el día siguiente, y que luego me preocupe. Sé que Jesús no quiere que nos preocupemos en absoluto, porque cuando llegue el día siguiente, todavía espera que tengamos fe. En Mateo 6:24-33, Jesús explica que Dios cuida perfectamente de los suyos.

Nadie se preocupa por el pasado porque conocemos bien lo sucedido. Nos preocupamos por lo que desconocemos: los detalles sobre el desenlace de nuestra situación en el futuro. Aunque Dios nos llama a vivir el día a día, también estamos llamados a confiarle nuestro futuro. Cuando intentamos controlarlo todo o nos preocupamos constantemente por lo que pueda suceder, nos privamos de la paz que proviene de confiar en Dios. En lugar de centrarnos en las incertidumbres del futuro, deberíamos centrarnos en la fidelidad de Dios en el presente.

En lugar de perder el tiempo diciendo: «Me alegraré tanto cuando tenga paz...» o «Me alegraré tanto cuando esto termine...» o cualquier otra frase que exprese frustración por el tiempo, podemos elegir alegrarnos hoy por el mañana. No pospongamos un día feliz por preocuparnos por las incógnitas del mañana. Como mencioné en una conversación anterior, podemos consolarnos sabiendo que nuestro Dios es el Dios de lo desconocido. Quizás no sepamos qué nos traerá el mañana, pero sabemos quién nos trae cada mañana, y Él nos ama y se preocupa profundamente por nosotros.

Cuando leemos la Biblia, creemos en la Palabra de Dios, oramos conforme a esa creencia y alineamos nuestros pensamientos y acciones en consecuencia, hoy agradecemos a Dios por lo bien que nos ha preparado para las situaciones del mañana. La fe no se centra en las preocupaciones del mañana. La fe ve al Dios de hoy y del mañana como un Padre amoroso que nunca nos dejará ni nos abandonará en nuestras dificultades. Confiar en la soberanía de Dios nos permite descansar, sabiendo que, pase lo que pase, él ya está allí, obrando todo para nuestro bien.

Debemos tener cuidado de no exaltar nada que creamos que vaya en contra de lo que Dios ya sabe (2 Corintios 10:5), porque si creemos en algo que Dios desconoce, estamos bajo un hechizo de engaño. Ese engaño nos convence de que nuestra percepción merece más confianza que la sabiduría de Dios. Nuestra opinión limitada deposita nuestra confianza en el razonamiento humano en lugar del conocimiento perfecto y exacto de Dios, lo que nos lleva a vivir en la incertidumbre y el temor en lugar de la fe.

La verdadera paz llega cuando entregamos nuestro entendimiento a la verdad de Dios, confiando en que, al principio de una prueba, él conoce perfectamente el final y que sus planes para nuestra victoria ya están en marcha. Aun cuando tengamos incertidumbre sobre el futuro, mantengamos la mente fija en el amor y las promesas de Dios. Entonces, experimentaremos una paz que sobrepasa todo entendimiento.

> *Tú guardarás en completa paz a aquel cuyo pensamiento en ti persevera; porque en ti ha confiado.*
>
> Isaías 26:3 RVR1960

> *Y la paz de Dios, que sobrepasa todo entendimiento, guardará vuestros corazones y vuestros pensamientos en Cristo Jesús.*
>
> Filipenses 4:7 RVR1960

Vivir en la libertad del amor de Dios

En definitiva, vivir en la libertad de conocer con certeza el amor de Dios y descansar con confianza en él rompe los hechizos del miedo y la ansiedad. Cuando comprendemos cuán profunda y perfectamente nos ama Dios, el miedo pierde su poder para confundirnos y atormentarnos ante las circunstancias que enfrentamos.

> *En el amor no hay temor, sino que el perfecto amor echa fuera el temor; porque el temor lleva en sí castigo. De donde el que teme, no ha sido perfeccionado en el amor.*
>
> 1 Juan 4:18 RVR1960

Esta libertad no significa que nunca enfrentaremos desafíos ni circunstancias difíciles. Pero sí significa que no tenemos que enfrentarlos solos ni con miedo. Cuando el miedo y la ansiedad intenten arraigarse en nuestro corazón, debemos recordar el amor de Dios demostrado hacia nosotros. Debemos elegir creer en sus promesas por encima de las mentiras del enemigo y mantenernos firmes en la verdad de que somos amados, protegidos y cuidados por nuestro Padre Celestial.

Sí, recordarnos que debemos creer y mantenernos firmes es difícil a menos que actuemos conforme a las enseñanzas de las Sagradas Escrituras. Así como un productor de teatro o cine sigue un guion que le dice a cada actor y actriz qué decir y hacer, las Escrituras nos dicen qué decir y hacer. Dios siempre hace su parte a la perfección: es el Productor y la Estrella de nuestras vidas. Nuestro rol es confiar en Él, seguir su Palabra y mantenernos alineados con su dirección. Cuando vivimos conforme al guion de Dios, el miedo se desvanece y caminamos con confianza en la paz y la seguridad que provienen de saber que Él tiene el control. ¡Dios hace que el final de la historia del «buen hechizo» de nuestras vidas sea victorioso!

LLAMADO AL ALTAR Y ORACIÓN POR LA SALVACIÓN

Nuestro Señor Jesús dijo:

> *Todo lo que el Padre me da, vendrá a mí; y al que a mí viene, no le echo fuera.*
>
> Juan 6:37 RVR1960

Querido Padre, sé que salvarás a quien haga la siguiente oración, según tu santísima, justa y recta voluntad para esta preciosa vida. Te pido, te ruego y te doy gracias en el nombre de mi Señor y Salvador, Jesucristo.

Si eres pecador o deseas renovar tu relación con Dios, haz la siguiente oración y recibe a Jesucristo en tu vida ahora mismo. Él te espera. Él es el único camino al Cielo y anhela ser la parte principal de tu vida aquí en la Tierra.

Padre Dios, vengo ante Ti ahora en el nombre de Jesucristo. Confieso que soy pecador. Por favor, perdóname y sálvame de todos mis pecados impenitentes. Sé que Jesucristo es Tu Hijo, que murió por mis pecados y que Tú lo resucitaste de entre los muertos. Señor, Jesús, te invito a mi corazón y a mi vida ahora mismo. Entra y vive la vida a través de mí para que pueda agradar a nuestro Padre, así como Tú agradas a nuestro Padre. Ahora creo que has entrado en mi corazón y en mi vida. Padre, he pedido y orado por estas cosas en el nombre de Jesucristo. Gracias, Padre, por perdonarme todos mis pecados, por salvarme y liberarme del poder de todo demonio. Padre, te doy mi vida; ya no la tengo. ¡Úsame y viviré para Ti para siempre! En el nombre de Jesucristo, oro, ¡Amén! ¡ESTOY SALVADO!

ORACIÓN DIARIA PARA TENER PODER CADA DÍA

Estás pidiendo estas cosas que son obligatorias para hoy (el próximo período de 24 horas):

Padre, en el nombre de Jesucristo, me presento ante ti. Creo que al pedir lo siguiente, recibiré todo lo que pido de inmediato. Muchas gracias, Padre, por permitirme venir, pedir y recibir todas estas grandes cosas de ti, por mi Señor Jesucristo, y por el poder de tu Espíritu Santo.

Padre, mi único deseo hoy es complacerte plenamente en todo lo que pienso, en cada intención de mi corazón, en todo lo que digo y en cada acción que realizo; y te complaceré en todo esto. ¡Fortaléceme donde soy débil, levántame de donde he caído y colócame donde quieres que esté solo para tu gloria! Padre y Señor, te pido y exijo todo lo siguiente. Así que, en el nombre de Jesucristo, concédeme...

1. La sangre de mi Señor Jesucristo nos cubre. (Juan 6:53, 54, 56; Romanos 5:9; Efesios 1:7, 2:13; Colosenses 1:14; Hebreos 10:19, 13:12)
2. La unción del Espíritu Santo y su poder. (Hechos 10:38)
3. Tu santa, imponente y divina presencia, y tu inmensa gloria, sobre mí y sobre todos a quienes sirvo. (Lucas 2:9; Hechos 3:19; 2 Corintios 3:18)
4. La mayor sensibilidad que puedo tener hacia tu Espíritu Santo y conocerlo personalmente muy bien. (Juan 14:17; Romanos 8:26; 1 Corintios 2:11; 1 Corintios 12:8-13; Efesios 3:5; Hebreos 5:14)
5. Sabiduría y entendimiento (Proverbios 4:5-7)
6. Confianza (Hechos 28:31; Efesios 3:12; Hebreos 10:35)
7. Tu intención original para cada situación que enfrento y para aquellos a quienes debo ministrar. (Jeremías 29:11)

8. La revelación de todo lo que quieres que se destruya en mi vida y en la de aquellos a quienes debo ministrar. (Romanos 6:6; 1 Juan 3:8)
9. La capacidad de liberar a voluntad y cómo impartir tu poder divino, conquistador y destructivo en mi vida y en la de todos a quienes ministro. (Hechos 1:8; Romanos 1:11, 8:37)
10. La capacidad de someterme a tu dulce Espíritu Santo para recibir todas las poderosas y abrumadoras transferencias de tu poder desde Ti, a través de mí, hacia todos a quienes ministro. (Romanos 6:13)
11. Tu poder, presente para sanar hoy, y la liberación de tu poderoso poder sanador a través de mí, para que te glorifique. (Lucas 5:17-26)
12. Tu virtud sanadora, por medio de mí, para todos los que creen y para quienes buscan ayuda para su incredulidad. (Marcos 5:30; Lucas 6:19; Marcos 9:24; Hechos 5:15; Hechos 19:12)
13. El gran aumento del poder sobrenatural de tu Reino en mi vida. (1 Corintios 4:20)
14. La posición sobrenatural de autoridad que tienes sobre mí. (Lucas 10:19)
15. Pensamientos sobrenaturales. (Romanos 12:2; Filipenses 4:8)
16. Gran precisión en los dones del Espíritu que el Espíritu Santo desea que estén en mi vida. (1 Juan 2:27; 1 Corintios 12:11)
17. Sabiendo específicamente, en cada situación, lo que dices y haces, es lo que yo debo decir y hacer hoy. (Juan 5:19)
18. Solo vivir, según tu propósito divino para mi vida, guiado por tu precioso Espíritu Santo. (Mateo 4:1; Lucas 4:1; Romanos 8:14)
19. Siempre teniendo y dando la Palabra que quieres que comparta para impartir una fe sobrenatural en el corazón de cada oyente. (Romanos 10:17)
20. Cómo abrir y explicar el sentido de las Escrituras para que los corazones de los oyentes se conmuevan profundamente y ardan por dentro. (Lucas 24:32)
21. La capacidad de predicar el Evangelio de tal manera que este genere una fuerte convicción en cada oyente (Hechos 2:36-37).
22. Sabiduría para ganar almas para tu Reino. (Proverbios 11:30)

23. Todo lo demás que necesito está disponible para mí gracias a Ti, por medio de Jesucristo y por tu Espíritu Santo. (Mateo 7:11; Romanos 8:26)

¡Muchísimas gracias, en el nombre de Jesús! ¡Que así sea! ¡Amén! (Juan 14:13-14; Juan 15:16; Juan 16:23, 24-26)

Antes de la lectura de la Sagrada Escritura:

Espíritu Santo:

1. Abre mis ojos para que contemple hoy las maravillas de tu ley. (Salmo 119:18)
2. Dame hoy el conocimiento puro y original, la sabiduría, el entendimiento y la revelación de tu Santísima Palabra. (Hechos 8:30)
3. Imparte el ministerio de Jesucristo en mí y revélamelo cada vez más mientras leo Tu Santa Palabra hoy (Hechos 20:24, 2 Corintios 5:18).
4. Imparte hoy todo lo que debo recibir del amor, la fe, el poder, la compasión, la autoridad, el conocimiento, la sabiduría, la comprensión, la sensibilidad de Jesucristo y todo lo que Él me provee. Haz que conozca con certeza tu voz y la voluntad del Padre, oyéndote, viéndolo claramente o siendo impresionado por ti en mi espíritu, precisamente lo que debo decir y hacer para obedecer siempre al Padre y para ordenar y vencer a todo demonio y espíritu inmundo en cada encuentro. (Juan 16:14; Autoridad - Mateo 8:5-13)

¡Muchas gracias, en el nombre de Jesús!

BENDICIONES QUE ROMPEN MALDICIONES

El duelo, en su estado natural, no es una maldición (Mateo 5:4). Es una respuesta humana normal ante una pérdida, y la Biblia reconoce que hay «tiempo de llorar, y tiempo de reír; tiempo de endechar, y tiempo de bailar» (Eclesiastés 3:4 RVR1960). Sin embargo, el duelo puede convertirse en una maldición cuando ata a las personas a una carga emocional o espiritual y puede impedirles avanzar hacia la restauración y el gozo que Dios promete. Dios diseñó el duelo para que tuviera su tiempo, pero también desea que su pueblo experimente restauración y gozo después del duelo.

El poder del Evangelio garantiza que el consuelo y la libertad de Dios estén disponibles para romper cualquier reacción natural que parezca habernos atrapado en lo que se supone es un proceso restaurador, del dolor al alivio. Dios desea convertir nuestro duelo en alegría y nuestra tristeza en paz (Jeremías 31:13). Reconocer esta distinción nos permite comprender por qué el duelo y otras reacciones naturales se clasifican como «maldiciones».

Isaías 61:3 (RVR1960) ofrece una profunda verdad sobre el deseo de Dios de liberar a su pueblo del dolor prolongado: «a ordenar que a los afligidos de Sion se les dé gloria en lugar de ceniza, óleo de gozo en lugar de luto, manto de alegría en lugar del espíritu angustiado; y serán llamados árboles de justicia, plantío de Jehová, para gloria suya». Este versículo muestra que Dios no quiere que su pueblo permanezca en duelo indefinidamente. Cuando el dolor se convierte en un «espíritu de tristeza», deja de ser un proceso emocional natural para convertirse en una carga espiritual. Dios desea reemplazar esa tristeza con óleo de gozo y manto de alabanza, ofreciendo libertad y sanidad.

El Salmo 30:5 (RVR1960) refuerza esta verdad: «Porque un momento será su ira, Pero su favor dura toda la vida. Por la noche durará el lloro, Y a la mañana vendrá la alegría». El plan de Dios es que el duelo sea un estado temporal. Supongamos que la tristeza persiste como un estado emocional permanente o se convierte en un aspecto definitorio de la identidad de una persona. En ese caso, tal resultado podría indicar que el enemigo la ha transformado en una maldición, despojándola del gozo y la paz que Dios desea para ella.

El miedo, la ansiedad, la enfermedad y otras dificultades no siempre provienen de maldiciones. A veces, forman parte de los desafíos de la vida o del crecimiento espiritual. Sin embargo, cuando persisten de forma anormal, obstaculizan el progreso o causan daño emocional y espiritual, pueden convertirse en maldiciones. Las bendiciones que se enumeran en este cuadro representan las promesas de Dios de reemplazar cualquier efecto persistente de estas dificultades con la recuperación.

Las bendiciones de Dios son lo suficientemente poderosas como para revertir cualquier maldición y traer esperanza, sanidad y restauración. Su Palabra nos asegura que ninguna maldición puede contradecir sus bendiciones (Números 23:20). Al revisar esta lista, permitan que el Espíritu Santo les revele las áreas donde podrían necesitar recibir la bendición de Dios y liberar cualquier atadura espiritual, emocional o física.

- Cuando estén **de luto**, Dios les ofrece **consuelo**. Encuentren esta promesa en *Mateo 5:4*.
- Si **el miedo** les domina, recuerden que Dios da **poder, amor y una mente sana**. Esto se basa en *2 Timoteo 1:7*.
- En momentos de **debilidad**, Él nos **fortalece**. Lean *Isaías 40:29*.
- Donde **la pobreza** parece abrumadora, Dios promete **provisión**. Reflexionen sobre *Filipenses 4:19*.
- Ante **la enfermedad**, aférrense a la bendición de **la sanidad**. *Isaías 53:5* habla de ello.
- Cuando **la soledad** les invada, tengan la seguridad de que tienen **la presencia de Dios**. *Hebreos 13:5* nos lo asegura.
- Si luchan contra **la condenación**, acepten la verdad de que no hay condenación en Cristo. Esto se afirma con convicción en *Romanos 8:1*.

- Para **la ansiedad**, busquen la **paz de Dios**. Encuentren guía en *Filipenses 4:6-7*.
- Al enfrentar **el rechazo**, recuerden su **aceptación** en Cristo. *Efesios 1:6* destaca este don.
- En lugar de **vergüenza**, Dios ofrece **honra**. Vean esta promesa en *Isaías 61:7*.
- Contra **la derrota**, reclamen **su victoria**. *1 Corintios 15:57* declara esta verdad.
- Cuando **la confusión** nubla su mente, Dios les da **claridad y dirección**. *Proverbios 3:5-6* ofrece sabiduría al respecto.
- Por los sentimientos de **culpa**, reciban la bendición del **perdón**. *1 Juan 1:9* es una piedra angular para esto.
- En tiempos de **desesperanza**, encuentren **esperanza en Cristo**. *Romanos 15:13* ilumina su camino.
- Si **la inseguridad** les preocupa, fortalezcan su **confianza** en Dios. *Proverbios 3:26* nos anima a hacerlo.
- Al luchar contra **la depresión**, recuerden que Dios ofrece **alegría**. *Nehemías 8:10* vincula la alegría con la fortaleza.
- Para liberarse de **la esclavitud**, abracen **la libertad** en Cristo. *Gálatas 5:1* es una declaración clave.
- Donde hay **oscuridad**, Dios trae **luz**. *Juan 8:12* lo ilustra.
- Cuando experimenten **falta de dirección**, **confíen en la guía** de Dios. *El Salmo 32:8* promete su dirección.
- Ante **el cansancio**, hallen **descanso**. *Mateo 11:28-30* ofrece esta invitación.
- Si les preocupa **la provisión**, **confíen en la provisión** de Dios. *Mateo 6:31-33* habla directamente de esto.
- En tiempos de **aislamiento**, busquen **la comunión**. *1 Juan 1:7* apunta hacia la conexión en Él.
- Para superar **la amargura**, practiquemos **el perdón**. *Efesios 4:32* nos llama a esto.
- Contra **el orgullo**, cultivemos **la humildad**. *Santiago 4:10* nos muestra el camino.

- Cuando experimenten **dolor**, Dios les promete **alegría**. Pueden encontrar esto en *el Salmo 30:11*.
- Contra **la ceguera espiritual**, Él ofrece **visión espiritual**. *Juan 9:25* habla de ver de nuevo.
- Por **el corazón de piedra**, Dios puede dar un **corazón de carne**. *Ezequiel 36:26* describe esta transformación.
- En **el quebrantamiento**, busquen su **plenitud**. *El Salmo 147:3* asegura que él sana a los que tienen el corazón quebrantado.
- Donde hay **cautiverio**, Él proclama **libertad**. Esta libertad se encuentra en *Isaías 61:1*.
- Contra **la esterilidad**, confíen en **la fecundidad**. *El Salmo 113:9* celebra esta bendición.
- Ante **la duda**, elijan **la fe**. *Marcos 11:23* nos anima a tener una fe que mueve montañas.
- Para contrarrestar **el odio**, abracemos **el amor**. *1 Juan 4:7* nos recuerda que el amor viene de Dios.
- En tiempos de **ignorancia**, pidan **sabiduría**. *Santiago 1:5* promete sabiduría a quienes la piden.
- Contra el **temor a la muerte**, aférrense a **la vida eterna**. *Juan 11:25* revela a Jesús como la Resurrección y la Vida.
- En lugar de **la condenación de la ley**, recibamos **la gracia**. *Romanos 6:14* declara que estamos bajo la gracia.
- Si se sienten como **un paria**, deben saber que son **elegidos**. *1 Pedro 2:9* les llama elegidos.
- Para **la falta de perdón**, busquen **la reconciliación**. *2 Corintios 5:18* habla del ministerio de la reconciliación.
- En **la pobreza de espíritu**, encontramos **riqueza en Cristo**. *2 Corintios 8:9* resalta el sacrificio de Cristo para nuestro enriquecimiento.
- Cuando se sientan **desamparados, recuerden el amor eterno** de Dios. *Jeremías 31:3* afirma su amor perdurable.
- Donde **falta la paz**, Él ofrece **paz perfecta**. *Isaías 26:3* promete paz a la mente firme.

- Para vencer **la ira**, cultiven **la paciencia**. *Proverbios 14:29* elogia a los que tardan en enojarse.
- En lugar de buscar **venganza**, practiquen **el perdón**. *Romanos 12:19* nos recuerda que la venganza pertenece al Señor.
- Ante **la injusticia, confíen en la justicia** de Dios. *Isaías 30:18* asegura que el Señor espera para ser misericordioso y es un Dios de justicia.
- En tiempos de **sequía espiritual**, busquemos **ríos de agua viva**. *Juan 7:38* promete este fluir desde el interior de los creyentes.
- Si se sienten **perdidos**, recuerden que pueden experimentar la presencia de **Dios**. *Lucas 15:24* celebra el regreso de los perdidos.
- Contra **la falta de propósito**, encuentren **un propósito**. *Efesios 2:10* revela que somos hechura de Dios, creados para buenas obras.
- Donde haya **división**, procuremos **la unidad en Cristo**. *Efesios 4:3* nos anima a mantener la unidad del Espíritu.
- Ante los sentimientos de **alienación**, acepten su **adopción** en la familia de Dios. *Efesios 1:5* habla de esta adopción predestinada.
- En lugar de **muerte espiritual**, recibamos **nueva vida en Cristo**. *2 Corintios 5:17* declara que somos una nueva creación.
- En **la desesperanza**, ánclense en **la esperanza viva**. *1 Pedro 1:3* celebra la esperanza viva a través de la resurrección de Cristo.
- Al afrontar **el temor al futuro**, confíen en la promesa divina de **esperanza y futuro**. *Jeremías 29:11* es una promesa amada.
- Y para los **que se sienten desanimados**, reciban **nuevas fuerzas**. *Isaías 40:31* promete nuevas fuerzas a quienes esperan en el Señor.

Maldición	Bendición	Referencia
Luto	Consuelo	Mateo 5:4
Miedo	Poder, amor y una mente sana	2 Timoteo 1:7
Debilidad	Fortaleza	Isaías 40:29
Pobreza	Provisión	Filipenses 4:19

Maldición	Bendición	Referencia
Enfermedad	Sanación	Isaías 53:5
Soledad	La presencia de Dios	Hebreos 13:5
Condenación	No hay condenación en Cristo	Romanos 8:1
Ansiedad	Paz de Dios	Filipenses 4:6-7
Rechazo	Aceptación en Cristo	Efesios 1:6
Lástima	Honor	Isaías 61:7
Fracaso	Victoria	1 Corintios 15:57
Confusión	Claridad y dirección	Proverbios 3:5-6
Culpa	Perdón	1 Juan 1:9
Desesperación	Esperanza en Cristo	Romanos 15:13
Inseguridad	Confianza en Dios	Proverbios 3:26
Depresión	Alegría	Nehemías 8:10
Esclavitud	Libertad en Cristo	Gálatas 5:1
Oscuridad	Luz	Juan 8:12
Falta de dirección	Guía	Salmo 32:8
Cansancio	Descanso	Mateo 11:28-30
Preocupación por la provisión	El suministro de Dios	Mateo 6:31-33
Aislamiento	Compañerismo	1 Juan 1:7
Amargura	Perdón	Efesios 4:32
Orgullo	Humildad	Santiago 4:10
Dolor	Alegría	Salmo 30:11
Ceguera espiritual	Visión espiritual	Juan 9:25
Corazón de piedra	Corazón de carne	Ezequiel 36:26
Quebrantamiento	Integridad	Salmo 147:3
Cautiverio	Libertad	Isaías 61:1
Esterilidad	Fecundidad	Salmo 113:9

Maldición	Bendición	Referencia
Duda	Fe	Marcos 11:23
Odio	Amor	1 Juan 4:7
Ignorancia	Sabiduría	Santiago 1:5
Miedo a la muerte	Vida eterna	Juan 11:25
Condena de la ley	Gracia	Romanos 6:14
Ser un paria	Ser elegido	1 Pedro 2:9
Falta de perdón	Reconciliación	2 Corintios 5:18
Pobreza de espíritu	Riqueza en Cristo	2 Corintios 8:9
Sentirse no amado	El amor eterno de Dios	Jeremías 31:3
Falta de paz	Paz perfecta	Isaías 26:3
Enojo	Paciencia	Proverbios 14:29
Venganza	Perdón	Romanos 12:19
Injusticia	La justicia de Dios	Isaías 30:18
Sequedad espiritual	Ríos de agua viva	Juan 7:38
Errante	Ser encontrado	Lucas 15:24
Sin objetivo	Objetivo	Efesios 2:10
División	Unidad en Cristo	Efesios 4:3
Alienación	Adopción en la familia de Dios	Efesios 1:5
Muerte espiritual	Nueva vida en Cristo	2 Corintios 5:17
Desesperación	Esperanza viva	1 Pedro 1:3
Miedo al futuro	Esperanza y un futuro	Jeremías 29:11
Cobardía	Fuerza renovada	Isaías 40:31

ORACIONES PARA ROMPER HECHIZOS Y MALDICIONES

Al comenzar esta sección sobre Oraciones, y las siguientes secciones sobre Declaraciones y Afirmaciones, recuerden que no son solo palabras para recitar, sino herramientas para ayudarles a iniciar su camino personal con Dios. Cada una de estas oraciones está diseñada para ser un punto de partida, guiándoles para profundizar en la Palabra de Dios (la Santa Biblia) y aplicarla a sus circunstancias específicas. Que estas declaraciones les sirvan de trampolín para un estudio más profundo, y una mayor intimidad con el Señor a medida que crecen en la comprensión y la autoridad sobre cada área de sus vidas. Una vez que hayan encontrado una oración, declaración o afirmación que satisfaga sus necesidades, amplíenla con todo lo que han estudiado y aprendido. Luego, añadan su revelación a lo que leerán en estas secciones. ¡Que Dios les bendiga en su camino lleno del Espíritu Santo!

Cuando nos sentimos abrumados, agobiados o necesitamos ayuda divina, la oración se convierte en nuestro lugar sagrado de oración a Dios. Esta sección ofrece oraciones guiadas por el Espíritu para ayudarnos a comunicarnos con nuestro Padre Celestial sobre las fortalezas, las luchas y la guerra espiritual en nuestras vidas. No son solo palabras; son peticiones basadas en la fe, la entrega y la verdad de la Palabra de Dios.

Utilicen esta sección como parte de sus conversaciones íntimas con Dios cuando necesiten depositar sus preocupaciones en Él, pedir liberación, clamar por un avance o abordar otras deficiencias urgentes en sus vidas.

1. Oraciéón para la protección contra los ataques espirituales
Padre, en el nombre de Jesús, pido tu divina protección sobre mi mente, cuerpo y espíritu. Pon un cerco de protección alrededor de mí y de mi familia. Que

ninguna arma forjada contra mí prospere, y que toda lengua que se levante en juicio sea condenada. Me cubro con la sangre de Jesús y declaro que todo ataque espiritual contra mí ha sido quebrantado e impotente. Fortaléceme para permanecer firme en la fe, sabiendo que mayor es el que está en mí que el que está en el mundo. En el nombre de Jesús, amén.

2. Oración por la valentía para caminar en el llamado de Dios
Señor, sé que me has llamado para un propósito divino. Hoy te pido valentía para caminar con confianza en mi llamado. Silencia la voz del miedo y la intimidación que quiere detenerme. Permíteme avanzar con valentía, sabiendo que ya me has equipado con todo lo necesario para cumplir mi misión. Permite que tu fuerza crezca en mí mientras sigo tu guía sin vacilar. En el poderoso nombre de Jesús, amén.

3. Oración para sanar las heridas emocionales
Padre Celestial, te entrego mis heridas emocionales. Sana las heridas de mi corazón, marcadas por el rechazo, la traición y la decepción. Que tu amor me inunde como aceite sanador, aliviando cada herida y restaurando mi paz. Libero a toda persona y situación que me ha causado dolor. Lléname de tu alegría y permite que mi corazón recupere su plenitud. En el nombre de Jesús, amén.

4. Oración por la sabiduría y el discernimiento espiritual
Señor, tu Palabra dice que, si me falta sabiduría, puedo pedirte y tú me la darás generosamente. Hoy te pido sabiduría y discernimiento en cada área de mi vida. Permíteme distinguir la verdad del engaño y dame la perspicacia para tomar decisiones alineadas con tu voluntad. Abre mis ojos y oídos espirituales para escuchar y percibir tu guía. Recibo tu sabiduría con gratitud. En el nombre de Jesús, amén.

5. Oración para la liberación de maldiciones/hechizos generacionales
Padre, me presento ante ti hoy, perdonado por todos mis pecados porque me he arrepentido de todo corazón, y Tú, en tu gracia, me has perdonado cualquier pecado que pudiera atarme a una maldición generacional. Por tu Palabra y tu poder, rompe toda maldición generacional que opera en mi linaje y en mi

familia. Gracias por darme el poder para renunciar a todo patrón pecaminoso, atadura, aflicción transmitida en mi familia, y a todo pacto hecho, consciente o inconscientemente, con el reino de las tinieblas. Padre, que tu libertad reine sobre mi linaje, de esta generación en adelante. ¡Por la sangre de Jesucristo! En el nombre de Jesús, amén.

6. Oración para la fortaleza durante la guerra espiritual
Señor, la batalla se presenta intensa, pero sé que ya has asegurado la victoria. Como tu Palabra manda, enséñame a revestirme con toda tu armadura: el cinturón de la verdad, la coraza de la justicia, el escudo de la fe, el yelmo de la salvación, la espada del Espíritu y los pies calzados con el apresto del Evangelio de la paz. Fortalece mis manos para la batalla y mi corazón para la victoria. Que luche no con mis fuerzas, sino con el poder de tu poder. No seré conmovido, porque tú estás conmigo. En el nombre de Jesús, amén.

7. Oración para una mente renovada
Padre, tu Palabra dice que la renovación de mi mente me transforma. Hoy traigo mis pensamientos ante ti y te pido que los alinees con tu verdad. Elimina todo pensamiento negativo, temeroso y dudoso que no refleje tu voluntad para mi vida. Permite que mi mente se sature de pensamientos de fe, paz, victoria y todo lo que tienes para que reflexione. Rechazo las mentiras del enemigo y elijo pensar en cosas verdaderas, nobles y dignas de alabanza. En el nombre de Jesús, amén.

8. Oración para liberarse del miedo al fracaso
Señor, confieso que he permitido que el miedo al fracaso me impida caminar plenamente en mi propósito. Hoy, renuncio a ese miedo y declaro que mi éxito no se basa en mi fuerza, sino en tu fidelidad. Daré un paso de fe, sabiendo que me guiarás y me darás poder. Aunque tropiece, me levantarás y me guiarás por el buen camino de nuevo. Mi éxito está asegurado en ti. En el nombre de Jesús, amén.

9. Oración por la paz en tiempos de incertidumbre
Padre, la incertidumbre me rodea, pero tú eres el Dios de paz. Me niego a sentirme ansioso o abrumado por lo desconocido. Llena mi corazón con una paz que

sobrepasa todo entendimiento. Permíteme descansar en la seguridad de que tú tienes el control y que todo obras para mi bien. Aun cuando no veo el camino, confío en que me guías. Recibo tu paz ahora, en el nombre de Jesús. Amén.

10. Oración para la victoria sobre la tentación y el pecado
Padre, en el nombre de Jesús, vengo ante ti con un corazón sincero, confesando que he elegido el pecado por encima de la obediencia demasiadas veces. Pido fuerza y discernimiento, para que cuando el enemigo intente seducirme, pueda vencer el mal con el bien (Romanos 12:21). Líbrame de todo plan diseñado para apartarme de tu voluntad. Fortalece mi espíritu para elegir la justicia por encima del pecado, y permíteme vivir en la libertad que me compraste en la cruz.

Me has dado el poder para resistir la tentación, y hoy elijo la libertad duradera de las garras de la tentación. Tu Palabra dice que quien ha padecido en la carne ha dejado de pecar y vive para agradarte a ti en lugar de a sí mismo y al mundo (1 Pedro 4:1). Ayúdame a armarme con esta misma mentalidad: para soportar y resistir con paciencia la tentación en lugar de ceder y no agradarte.

Renuncio a todo deseo que he albergado para satisfacer la carne. Confieso y abandono todo pecado que he encubierto, ocultado o excusado. Recibo tu misericordia según Proverbios 28:13. Enséñame a reconocer las causas que me llevan al pecado, ya sea la soledad, el estrés, el rechazo o la inseguridad. Muéstrame cómo entregarte todo anhelo e impulso. No haré provisión para que mi carne satisfaga sus lujurias (Romanos 13:14). En cambio, me visto del Señor Jesucristo y decido vivir en obediencia y santidad. Llena los vacíos con tu presencia, Señor. Sé mi paz, mi gozo y mi verdadera satisfacción. En el nombre de Jesús, amén.

11. Oración para una evolución financiera
Padre, eres mi Proveedor. Hoy te pido un gran avance en mis finanzas. Quita toda barrera que se interponga entre mí y las bendiciones financieras que tienes para mí. Abre las puertas a la oportunidad y concédeme sabiduría en mis decisiones financieras. Permite que la abundancia fluya en mi vida para que pueda ser una bendición para los demás. En el nombre de Jesús, amén.

12. Oración para protegerse de las malas influencias

Señor, te pido tu protección contra toda influencia maligna que intente invadir mi vida. Cierra todo portal demoníaco y desconéctame de cualquier atadura impía del alma. Rodéame de ángeles que me guarden y me defiendan de las maquinaciones del enemigo. Que ninguna arma forjada contra mí prospere y que toda trampa tendida contra mí sea desmantelada. Camino en tu protección y seguridad. En el nombre de Jesús, amén.

13. Oración para la estabilidad emocional

Padre, vengo a ti con mis emociones al descubierto. Calma las tormentas que me aquejan y dame estabilidad emocional. No permitas que me domine la ira, el miedo ni la tristeza. Restaura mi equilibrio emocional y lléname de paz y alegría. Permite que mi corazón descanse seguro en tu amor. En el nombre de Jesús, amén.

14. Oración para las relaciones

Señor, elevo mis relaciones hacia ti. Sana lo roto y, solo si es tu voluntad, recompone lo que se ha desgarrado. Que el perdón fluya donde ha habido ofensa. Restaura la confianza donde se ha roto. Que el amor, la paz y la comprensión sean el fundamento de mis relaciones. Recibo tu bendición: que mis relaciones reflejen tu corazón y glorifiquen tu nombre. En el nombre de Jesús, amén.

15. Oración para liberarse de la ansiedad

Padre, deposito todas mis ansiedades en ti porque me cuidas. Que tu paz guarde mi corazón y mi mente. Quítame el peso de la ansiedad y reemplázalo con la seguridad de tu amor y fidelidad. Tu paz perfecta gobierna mi corazón. En el nombre de Jesús, amén.

16. Oración para favores y puertas abiertas

Señor, pido tu favor divino en cada área de mi vida. Abre puertas que nadie pueda cerrar y conéctame con las personas y oportunidades adecuadas. Que tu favor me preceda, abriendo camino donde parece imposible. En el nombre de Jesús, amén.

17. Oración para recibir orientación en la toma de decisiones

Padre, busco tu guía en cada decisión que tomo. Que tu Espíritu Santo me guíe y me dé claridad y paz. Que no dependa de mi propio entendimiento, sino que confíe plenamente en ti. Cierra las puertas que no provienen de ti y abre las que se alinean con tu voluntad. En el nombre de Jesús, amén.

18. Oración para el crecimiento y el fruto espiritual

Señor, deseo profundizar mi relación contigo. Aumenta mi hambre de tu Palabra y mi sensibilidad a tu Espíritu. Permite que mi fe se fortalezca y madure al pasar tiempo en tu presencia. Permíteme reflejar más tu carácter cada día. Entonces, cuando mi crecimiento esté listo para dar fruto y bendecir a otros, úsame para que puedas recibir toda la gloria que deseas de mi vida. En el nombre de Jesús, amén.

19. Oración para pedir protección a la familia

Padre, encomiendo a mi familia a tu cuidado. Protégelos del daño, la enfermedad y el mal. Cúbrelos bajo la sombra de tus alas. Permíteles caminar en tu bendición y favor. Mantenlos cerca de ti y permite que cumplan el destino que tienes para ellos. En el nombre de Jesús, amén.

20. Oración para liberarse de la amargura

Señor, libero de mi corazón toda amargura y falta de perdón. Límpiame del resentimiento y lléname de tu amor. Permíteme vivir en paz y libertad. Me niego a dejarme agobiar por la amargura. En el nombre de Jesús, amén.

21. Oración para la protección de la mente

Padre, te pido que guardes mi mente de pensamientos negativos, confusión y engaño. Permite que mis pensamientos estén alineados con tu verdad. Silencia la voz del enemigo que intenta infundir mentiras en mi mente. Cuando me pongo el yelmo de la salvación, sé que mi mente está sana y segura en ti. Permite que la paz de Cristo gobierne mi mente y mi corazón. En el nombre de Jesús, amén.

22. Oración para liberarme del miedo al rechazo

Señor, confieso que he temido el rechazo de los demás. Hoy, renuncio a ese miedo y declaro que soy plenamente aceptado y amado por ti. Que ya no busque la aprobación de los demás, sino que encuentre seguridad en tu amor perfecto. Que camine con confianza en mi identidad de hijo tuyo, sabiendo que tu amor es todo lo que necesito. En el nombre de Jesús, amén.

23. Oración para la restauración del gozo

Padre, devuélveme el gozo de mi salvación. Que tu alegría sea mi fuerza. Quita la pesadez y la tristeza de mi espíritu y reemplázalas con risa y alegría. Permíteme caminar en la libertad y la ligereza de corazón que provienen de conocerte. Recibo la plenitud de tu gozo. En el nombre de Jesús, amén.

24. Oración para pedir fuerza para perdonar

Señor, confieso que perdonar es difícil, pero elijo perdonar a quienes me han herido. Pongo toda ofensa en tus manos y te pido que sanes mi corazón. Dame la fuerza para soltar la amargura y vivir en la libertad del perdón. Que el amor reemplace el resentimiento y que la paz guarde mi corazón. En el nombre de Jesús, amén.

25. Oración para la salud y sanación divina

Padre, gracias porque por las llagas de Jesús soy sanado. Permite que tu poder sanador fluya por mi cuerpo y me devuelva la salud completa. Rechazo la enfermedad y me afirmo en tus promesas de salud y fortaleza. Permite que mi cuerpo se alinee con tu Palabra y que la sanación sea mi porción. En el nombre de Jesús, amén.

26. Oración para la sabiduría financiera

Señor, te pido sabiduría para administrar mis finanzas. Permíteme ser un fiel administrador de todo lo que me has confiado. Abre mis ojos a las oportunidades y dame discernimiento en mis decisiones financieras. Permíteme vivir en abundancia, no en escasez. Gracias porque mis necesidades son satisfechas conforme a tus riquezas en gloria. En el nombre de Jesús, amén.

27. Oración para la claridad y dirección espiritual

Padre, necesito escuchar tu voz con claridad. Quita las distracciones y la confusión que nublan mi entendimiento. Permíteme discernir tu voluntad y caminar con confianza por el camino que has trazado ante mí. Que mis pasos sean guiados por ti y que no me apoye en mi propio entendimiento. En el nombre de Jesús, amén.

28. Oración para la salvación familiar

Señor, elevo a mi familia hacia Ti y te pido que los atraigas hacia Ti. Que la luz de tu verdad brille en sus corazones y quite todo velo de engaño. Haz que conozcan el amor de Cristo y reciban la salvación. Creo de todo corazón que salvarás mi casa y que juntos serviremos al Señor. Por favor, envía a quien escuchen, y permite que quien les testifique tenga tu corazón de amor, compasión y paciencia para ayudar a mis seres queridos a comprenderte a Ti y tu amor infinito por ellos. Si quien testifica es quien plantará, regará, fertilizará o cosechará la salvación de mis seres queridos, por favor, dales la unción, la sabiduría, el entendimiento, el conocimiento, el fruto y los dones del Espíritu Santo necesarios para persuadir a mis seres queridos a venir a Jesús y permanecer con Él. Luego, que alguien los discipulen por el resto de sus vidas en la Tierra. En el nombre de Jesús, Amén.

29. Oración para liberarse de la procrastinación

Padre, en el nombre de Jesús, vengo ante ti reconociendo que la procrastinación me ha impedido cumplir con lo que has asignado a mi vida. Me arrepiento de cada retraso causado por el miedo, la distracción, el perfeccionismo o la pereza. Renuncio a toda fuerza espiritual que promueva la demora y declaro que ya no tiene autoridad en mi vida.

Tu Palabra dice: «El alma del perezoso desea, y nada alcanza; Mas el alma de los diligentes será prosperada» (Proverbios 13:4 RVR1960). Señor, hazme diligente de espíritu. Quita de mí el impulso de posponer lo que me has llamado a hacer. Que tu fuego arda en mi corazón con urgencia, enfoque y disciplina para cumplir cada tarea y encargo que me has encomendado.

Recibo fuerza divina para actuar, moverme y terminar. Declaro que ya no me dejaré dominar por la vacilación ni la pasividad. Camino en el poder del Espíritu Santo y redimo el tiempo en los días malos. En el nombre de Jesús, amén.

30. Oración para romper los lazos impíos del alma

Padre, en el nombre de Jesucristo, vengo ante ti, entregándote completamente mi corazón, mente, alma, espíritu y cuerpo. Según 1 Corintios 6:16-17 RVR1960, tu Palabra advierte que «Los dos serán una sola carne» y también promete que «el que se une al Señor se convierte en un solo espíritu con él». Señor, ya no deseo ser uno con nadie ni con nada que tú no hayas asignado a mi vida. Renuncio y rompo todo lazo impío del alma, el corazón, la mente, el espíritu y el cuerpo, ya sea formado por el pecado, apegos emocionales dañinos, amistades, relaciones o experiencias que nunca fueron tu voluntad para mí.

Como Ezequiel 13:18 RVR1960 habla de quienes «...cazar las almas de mi pueblo...», declaro que todo transportador demoníaco, manipulador o secuestrador espiritual que haya accedido a través de esas ataduras del alma ha quedado separado de mí. En el poderoso nombre de Jesús, aplico la sangre de Jesucristo sobre cada parte de mí —alma, corazón, mente, espíritu y cuerpo— y desautorizo su poder y cancelo sus asignaciones ahora y para siempre.

Padre, te agradezco por purificarme, restaurar mi pureza y alinearme con tu voluntad. Soy libre, y permaneceré libre, de toda atadura impía y conexión demoníaca. Recibo tu paz, plenitud y sanación en todo lugar que una vez estuvo atado. En el nombre de Jesús, amén.

31. Oración para romper la demora y el estancamiento

Padre, ¿podrías, por favor, romper todo espíritu de demora y estancamiento en mi vida? Que las puertas que han estado cerradas se abran. Elimina todo obstáculo que impida mi progreso. Permite que mi vida avance en sintonía con tu tiempo y propósito. Gracias por el gran avance y la aceleración de todo lo que has prometido en mi vida. En el nombre de Jesús, amén.

32. Oración para la restauración del propósito

Señor, te pido que restaures el propósito que pusiste en mi vida. No permitas que siga vagando ni viviendo sin rumbo. Que mis dones y mi llamado cobren vida en mí. Abre las puertas de la oportunidad y permíteme cumplir la tarea que me has encomendado. Gracias porque, mediante mi obediencia a tu plan, tu propósito para mi vida se cumplirá. En el nombre de Jesús, amén.

33. Oración para liberarme de la culpa y la vergüenza

Padre, te entrego mi culpa y vergüenza. Confieso mis pecados y recibo tu perdón. Que la carga de la condena me sea quitada. Gracias porque estoy purificado por la sangre de Jesús y me presento justo ante ti. Permíteme vivir en la libertad de la gracia y la misericordia. En el nombre de Jesús, amén.

34. Oración para la protección contra la brujería y la hechicería

Señor, gracias porque ningún hechizo, maldición o maleficio tiene autoridad sobre mi vida. La sangre de Jesús me cubre. El Evangelio rompe todo mal en mi vida mediante mi fe en Jesucristo. Tus bendiciones aplastan toda maldición en mi vida para librarme de ella, para tu gloria. Que toda misión demoníaca enviada contra mí sea cancelada. Que toda palabra pronunciada contra mí en la oscuridad sea expuesta, condenada y destruida según tu Palabra. Camino en la protección y la victoria divinas. En el nombre de Jesús, amén.

35. Oración para un favor sobrenatural en el trabajo

Padre, te pido que me rodees de tu favor en mi trabajo. Que mi trabajo sea excelente y mi reputación honorable. Que mis superiores y colegas me favorezcan. Que los ascensos, los aumentos y el reconocimiento sean mi parte. Gracias, Padre, porque trabajo para ti, y mi labor será recompensada. En el nombre de Jesús, amén.

36. Oración para liberarme de la depresión

Señor, te pido que alejes la pesadumbre de la depresión de mi corazón. Enséñame a permitir que tu alegría sea mi fuerza. Disipa toda nube de oscuridad, y deja que la luz y la esperanza inunden mi alma. Rechazo toda mentira del enemigo que dice que no valgo nada o que no soy amado. Permíteme vivir en paz y alegría. En el nombre de Jesús, amén.

37. Oración por la reconciliación en las amistades

Padre, te pido que sanes las amistades rotas en mi vida que deseas restaurar. Que el perdón, la gracia y la comprensión fluyan donde ha surgido la división. Que haya reconciliación y restauración. Que el amor reemplace el resentimiento y que se establezca la unidad. En el nombre de Jesús, amén.

38. Oración para el aumento de los dones espirituales

Señor, te pido que avives los dones espirituales en mí. Ya sea profecía, sanidad, sabiduría, discernimiento de espíritus u otro don que el Espíritu Santo me haya dado, fluye poderosamente a través de mí para la edificación de otros. Permíteme obrar en el poder del Espíritu Santo. Permite que mis dones me den cabida y te glorifiquen. En el nombre de Jesús, amén.

39. Oración para la paz durante los ataques espirituales

Padre, incluso cuando el enemigo me ataca, enséñame a no temer y a actuar en lugar de la ansiedad que me hace retroceder cuando me atacan. Que tu paz guarde mi corazón y mi mente. Permíteme mantener la calma y la confianza, sabiendo que tú eres mi defensor. Gracias porque ningún ataque del enemigo tendrá éxito. Descanso en tu protección y fortaleza. En el nombre de Jesús, amén.

40. Oración para aumentar mi fe

Señor, te pido que me enseñes a aumentar y profundizar mi fe en ti. Sé que la fe viene al escuchar tu Palabra (Romanos 10:17), así que enséñame a cultivarla escuchándola y obedeciéndola. Permíteme confiar en ti incluso cuando no pueda ver el resultado. Que mi fe se profundice y se fortalezca al caminar contigo. Permíteme creer en lo imposible y esperar milagros. Que la fe sea mi fundamento y mi escudo. En el nombre de Jesús, amén.

41. Oración para tener la valentía de alcanzar mi propósito

Padre, te pido la valentía para alcanzar el propósito que has diseñado para mí. Que el miedo y la incertidumbre no me detengan. Fortalece mi corazón para dar pasos audaces de fe, incluso cuando el camino por delante sea incierto. Permíteme confiar en que has preparado el camino para mí y que cada paso que doy es guiado por tu mano. Rechazo la duda y abrazo la valentía que proviene de saber que vas delante de mí. Gracias porque cumpliré el llamado que has puesto en mi vida, y nada se interpondrá en tu camino hacia tu propósito. En el nombre de Jesús, amén.

42. Oración para liberarme del espíritu de control
Señor, entrego en tus manos toda necesidad de control. He intentado controlar resultados, personas y situaciones por miedo e inseguridad. Te entrego esta necesidad y te pido que me enseñes a confiar plenamente en ti. Permíteme vivir con fe, sabiendo que tú tienes el control de todo. Reemplaza el deseo de control con la paz que proviene de confiar en tu soberanía. Permíteme vivir libremente bajo la guía de tu Espíritu. En el nombre de Jesús, amén.

43. Oración para la protección de mi hogar
Padre, imploro la sangre de Jesús sobre mi hogar. Que mi casa sea un lugar de paz, seguridad y descanso. Que ninguna arma forzada contra mi hogar ni mi familia prospere. Gracias porque ningún espíritu maligno ni obra de las tinieblas entrará en mi hogar. Que tus ángeles rodeen mi casa, vigilando el perímetro de mi propiedad y apostados en cada puerta y ventana según tu mandato. Que tu presencia llene mi hogar, expulsando todo rastro de oscuridad. Establezco mi casa bajo la autoridad de Jesucristo. En el nombre de Jesús, amén.

44. Oración para claridad en la toma de decisiones
Señor, te pido claridad divina en cada decisión que tomo. No permitas que me deje llevar por mis emociones ni por las opiniones de los demás. Permíteme escuchar tu voz con claridad y seguir tu guía sin dudar. Dame sabiduría y discernimiento para elegir el camino que se alinea con tu voluntad. Permíteme caminar con confianza, sabiendo que tú diriges mis pasos. Me niego a la indecisión o la incertidumbre. Gracias porque tengo la mente de Cristo y tu verdad guía mis decisiones. En el nombre de Jesús, amén.

45. Oración para romper el hechizo de la pereza
Padre Celestial, en el nombre de Jesús, me opongo a todo hechizo, maldición e influencia demoníaca que promueva la pereza, la complacencia o la indolencia en mi vida. Me arrepiento por cada vez que he permitido que la procrastinación y la comodidad ocupen el lugar de la diligencia y el propósito. Tu Palabra declara: «El alma del perezoso desea, y nada alcanza; Mas el alma de los diligentes será prosperada» (Proverbios 13:4 RVR1960). Gracias porque las

excusas, las distracciones y la comodidad ya no me gobiernan. Renuncio a toda pesadez espiritual y mental que me dificulte comenzar, continuar o terminar las tareas que me has encomendado. Padre, enciende en mí un nuevo fuego de disciplina, enfoque y empuje. Recibo tu gracia para ser diligente en todas las cosas, tanto naturales como espirituales, y para hacer todo de corazón, como para ti. Rompo toda cadena de pereza espiritual ahora y me levanto con fuerza para cumplir mi propósito. En el nombre de Jesús, amén.

46. Oración para pedir fuerza para superar el duelo
Señor, te entrego mi dolor y tristeza. Te pido que consueles mi corazón y alivies la carga que me agobia. Que tu paz llene los vacíos que deja la pérdida. Ayúdame a liberar el dolor y a confiarte mi corazón. Gracias porque no me definirá el dolor, sino que caminaré en la sanación y la restauración que provienen de tu presencia. Que la alegría reemplace el duelo y que la esperanza resurja en mí. En el nombre de Jesús, amén.

47. Oración para ser liberado del espíritu de culpa y condenación
Padre, confieso que he permitido que la culpa y la condenación me lastren. Hoy, pongo en tus manos cada error y fracaso. Tu Palabra declara que no hay condenación para quienes están en Cristo Jesús. Permíteme caminar en la libertad de tu gracia, sabiendo que me he arrepentido y, por lo tanto, soy perdonado y limpiado por la sangre de Jesús. Me niego a permitir que el enemigo me acuse o me mantenga cautivo de errores pasados. Gracias porque soy libre, completo y justo en Cristo. En el nombre de Jesús, amén.

48. Oración para romper el espíritu de los celos
Señor, confieso que los celos se han arraigado en mi corazón. Renuncio al espíritu de envidia y comparación. Permíteme estar contento con lo que me has dado y regocijarme en las bendiciones de los demás. Permíteme celebrar el éxito y el favor de quienes me rodean sin resentimiento. Enséñame a confiar en tu tiempo y en tu plan para mi vida. Que mi corazón sea puro y libre de amargura. Gracias porque viviré en amor y gratitud, sabiendo que tienes cosas buenas reservadas para mí. En el nombre de Jesús, amén.

49. Oración para la sabiduría en las relaciones

Padre, te pido sabiduría en mis relaciones. Permíteme discernir a las personas que has asignado para caminar conmigo y dame la valentía para liberar a quienes no están alineados con mi destino. Permíteme caminar en unidad con quienes son de tu Espíritu y protégeme de las relaciones que me alejarían de ti. Permite que el amor, el respeto y la comprensión rijan mis relaciones. Permíteme ser una fuente de aliento y fortaleza para quienes has puesto en mi vida. En el nombre de Jesús, amén.

50. Oración para un avance sobrenatural

Señor, te pido un avance sobrenatural en mi vida. Derriba todo muro y barrera que se interponga en mi camino hacia mi destino. Que las cadenas de la demora, los obstáculos y las limitaciones se rompan en mi vida. Que toda puerta cerrada se abra según tu voluntad. Que milagros, señales y prodigios me sigan mientras camino en fe y obediencia. Gracias porque estoy entrando en una nueva época de favor y crecimiento. Que vea la manifestación de tus promesas. En el nombre de Jesús, amén.

DECLARACIONES PARA ROMPER HECHIZOS Y MALDICIONES

¡Oh gálatas insensatos! ¿quién os fascinó para no obedecer a la verdad, a vosotros ante cuyos ojos Jesucristo fue ya presentado claramente entre vosotros como crucificado?

Gálatas 3:1 RVR1960

Este versículo confronta la trágica realidad de que incluso los creyentes —aquellos que habían visto a Cristo con claridad— pueden caer bajo la influencia del engaño. La palabra «hechizado» en griego implica una manipulación espiritual o un hechizo que nubla el juicio, ciega el corazón, obstaculiza la verdad y desvía la lealtad de la cruz de Cristo. Pablo no solo se refería a la inmadurez, sino que exponía un ataque espiritual.

Cuando los creyentes se sienten espiritualmente embotados o engañados, no siempre se debe a que hayan retrocedido por decisión propia. A veces, sin saberlo, han caído bajo un hechizo: fascinados por una mentira, cautivados por una falsa enseñanza o enredados en ataduras emocionales que anulan el discernimiento. Por eso, las declaraciones, arraigadas en la Palabra de Dios, no son meras suposiciones, sino armas espirituales. Una declaración bíblica es *una proclamación audaz de lo que Dios ya ha establecido, prometido o decretado en su Palabra.*

Nuestra generación lucha con fuerzas espirituales ocultas que buscan cegarnos, desanimarnos y mantenernos atados. Por eso, esta sección no es solo una lista de declaraciones de buenas intenciones. Son *armas audaces, basadas en la verdad,* para la guerra espiritual, formuladas a partir de las Escrituras y dirigidas a romper fortalezas, cancelar maldiciones y restaurar la claridad.

Aunque algunas de estas declaraciones pueden parecer similares en cuanto a su tema, cada una fue construida para abordar una fortaleza o tema específico que se trata en estas páginas, basado en la Palabra de Dios. Tienen un propósito distinto: afrontar directamente las diferentes maneras en que se manifiestan los hechizos y las maldiciones.

No he incluido esta sección sobre declaraciones para reemplazar sus vidas de oración, sino para ayudarles *a impulsar su camino* o a orar con mayor precisión, a estudiar la Biblia con mayor profundidad y motivarles a encontrar versículos adecuados que se ajusten perfectamente a su situación particular. Estas declaraciones se basan en la fe y les brindarán el lenguaje, la dirección y la confianza espiritual necesarios para estrategias de guerra eficaces mientras buscan con tesón seguir la guía del Espíritu Santo.

Solo ustedes y el Espíritu Santo pueden crear una declaración a la medida que se ajuste a sus necesidades. Me siento honrado de acompañarles para ayudarles a prepararse y avanzar desde la línea de salida o dondequiera que se encuentren en su camino. Desde allí, el Espíritu Santo les guiará para obtener todo lo necesario para cruzar la meta en libertad y victoria.

Recorrer la distancia de principio a fin no es cuestión de rapidez en llegar al destino. Nuestro enfoque es agradar a Dios durante todo el proceso. Recuerden lo que han aprendido en este libro: la guerra espiritual se trata de agradar a Dios, no a nosotros mismos.

Hay momentos en que debemos elevarnos a una autoridad espiritual superior y proclamar con valentía lo que Dios ya nos ha prometido. Estas declaraciones se basan en las verdades inmutables de las Escrituras, ya establecidas en el Cielo y listas para manifestarse en la Tierra. Esta sección forma parte de nuestro arsenal para la guerra espiritual, que nos ayudan a silenciar la voz del enemigo y a alinear nuestras circunstancias con la voluntad de Dios.

Al pronunciar estas declaraciones en voz alta, háganlo con confianza y autoridad, sabiendo que se están asociando con las promesas del Cielo. Que su fe aumente, porque su transformación ya ha comenzado.

1. Declaración de autoridad sobre el enemigo

Declaro que se me ha dado autoridad para pisotear serpientes y escorpiones, y sobre todo el poder del enemigo, y nada me dañará (Lucas 10:19). Estoy sentado en los lugares celestiales con Cristo Jesús (Efesios 2:6), y reino con él en autoridad espiritual. Ninguna arma forjada contra mí prosperará, y condeno toda lengua que se levante contra mí en juicio, porque esta es mi herencia como siervo del Señor (Isaías 54:17). Camino en victoria, sabiendo que el enemigo ya está derrotado.

2. Declaración de empatía y compasión

Declaro que me visto de compasión, bondad, humildad, mansedumbre y paciencia, como elegido de Dios (Colosenses 3:12). Rechazo todo espíritu de egoísmo, frialdad e insensibilidad. El amor de Dios ha sido derramado en mi corazón por el Espíritu Santo (Romanos 5:5), y estoy capacitado para cuidar profundamente a los demás. Camino en amor, busco comprender antes de juzgar y extiendo la gracia que he recibido.

3. Declaración de confianza en mi identidad

Declaro que no me compararé con los demás, pues es imprudente y conduce al engaño (Gálatas 6:4-5). Examino y pongo a prueba mi propio trabajo, y me enorgulleceré solo de él. Soy una creación admirable y maravillosa (Salmo 139:14), moldeada de manera única por Dios para un propósito divino. Celebro a los demás sin menospreciarme, y camino con valentía en la persona que Dios me creó para ser.

4. Declaración de sanación y plenitud

Declaro que por las llagas de Jesucristo he sido sanado (Isaías 53:5). Rechazo toda enfermedad, afección y dolencia en mi cuerpo, porque Cristo mismo tomó mis dolencias y cargó con ellas (Mateo 8:17). Declaro vida y salud sobre mi cuerpo, declarando que estoy sano desde la coronilla hasta la planta de los pies. Mi cuerpo es templo del Espíritu Santo, y ninguna enfermedad ni aflicción puede morar en él (1 Corintios 6:19).

5. Declaración de victoria sobre el enemigo

Declaro que soy más que vencedor por medio de Cristo, quien me ama (Romanos 8:37). Ninguna estratagema del enemigo prevalecerá contra mí, pues las armas de mi milicia no son carnales, sino poderosas en Dios para la destrucción de fortalezas (2 Corintios 10:4). Toda conspiración, plan y estrategia del enemigo contra mi vida es desmantelada y destruida en el nombre de Jesús (Isaías 54:17). Camino en victoria, sabiendo que Dios siempre me hace triunfar en Cristo (2 Corintios 2:14).

6. Declaración de provisión sobrenatural
Declaro que mi Dios suplirá todas mis necesidades conforme a sus riquezas en gloria en Cristo Jesús (Filipenses 4:19). El Señor es mi Pastor; nada me faltará (Salmo 23:1). Soy bendecido en la ciudad y bendecido en el campo (Deuteronomio 28:3). Nada me falta porque el Señor me provee abundantemente. No me preocuparé por el mañana, porque Dios es mi Fuente y mi Sustentador (Mateo 6:25-26).

7. Declaración de fuerza renovada
Declaro que todo lo puedo en Cristo que me fortalece (Filipenses 4:13). Cuando estoy débil, el Señor es mi fuerza (2 Corintios 12:9-10). Levantaré alas como las águilas; correré y no me cansaré; caminaré y no desmayaré (Isaías 40:31). Mi fuerza se renueva a diario porque el gozo del Señor es mi fuerza (Nehemías 8:10).

8. Declaración de liberación de la ansiedad y la preocupación
Declaro que no estoy ansioso por nada. Sin embargo, en toda oración y ruego, con acción de gracias, presento mis peticiones a Dios (Filipenses 4:6). La paz de Dios, que sobrepasa todo entendimiento, guarda mi corazón y mi mente en Cristo Jesús (Filipenses 4:7). Declaro que no me dejaré dominar por el miedo ni la preocupación. Rechazo el espíritu de preocupación y ansiedad, sabiendo que Dios tiene el control de cada detalle de mi vida (Mateo 6:34).

9. Declaración de favor y puertas abiertas
Declaro que camino en el favor y el éxito de Dios. Declaro que estoy rodeado de su favor como de un escudo (Salmo 5:12). El Señor va delante de mí y endereza los caminos torcidos (Isaías 45:2). Abre puertas que nadie puede cerrar y cierra puertas que nadie puede abrir (Apocalipsis 3:7). Camino en el favor del Señor, sabiendo que él se deleita en hacerme prosperar y darme buen éxito (Salmo 35:27; Josué 1:8).

10. Declaración de administración de mi salud

Declaro que honro mi cuerpo como templo del Espíritu Santo (1 Corintios 6:19-20). No me descuido, pues pertenezco a Dios y fui comprado por un precio. Me tomo tiempo para descansar, refrescarme y reponer fuerzas para servir al Señor con fuerza, claridad y alegría. Elijo el equilibrio y priorizo el bienestar del alma y el cuerpo, confiando en que Dios me restaurará y me sostendrá a diario.

11. Declaración de ruptura de lazos del alma

Declaro que todo vínculo impío y maligno del alma, el corazón, la mente, el espíritu y el cuerpo que tengo con cualquier persona o cosa queda ahora roto en el nombre de Jesucristo. Aplico la sangre de Jesucristo a mi alma, corazón, mente, espíritu y cuerpo (Apocalipsis 12:11). Renuncio y revoco todo placer, influencia y conexión impía que me haya mantenido cautivo de cualquier manera. Desautorizo a todo transportador demoníaco y su misión sobre mi vida, declarando que su acceso a mí queda ahora revocado por la autoridad de Jesucristo (Lucas 10:19). Soy libre y permaneceré libre de toda influencia y conexión impía, ahora y para siempre (Juan 8:36). ¡Que así sea!

12. Declaración de claridad espiritual

Declaro que tengo la mente de Cristo (1 Corintios 2:16). Rechazo todo espíritu de confusión, confusión mental e indecisión. Mi mente es aguda, enfocada y sana, porque Dios me ha dado un espíritu de dominio propio, no de temor (2 Timoteo 1:7). Recibo entendimiento y claridad divinos, sabiendo que el Espíritu Santo me guía a toda la verdad (Juan 16:13). Ya no dudaré de la dirección de Dios porque su Palabra es lámpara a mis pies y lumbrera a mi camino (Salmo 119:105).

13. Declaración de escisión de maldiciones generacionales

Rompo todo lazo generacional que Dios no ha dispuesto para mí y mi familia. Ninguna maldición tiene autoridad legal sobre mi vida. Que toda maldición pronunciada sobre mi linaje quede sin poder. Declaro que toda maldición generacional en mi linaje ha sido rota por el poder de la sangre de Jesucristo (Gálatas 3:13). Los pecados de mis antepasados ya no me atan; soy una nueva creación en Cristo (2 Corintios 5:17). Rechazo la herencia de enfermedad, pobreza, adicción y fracaso que ha plagado a mi familia. En cambio, recibo la herencia de justicia, paz y gozo por medio del Espíritu Santo (Romanos 14:17). Toda maldición pronunciada sobre mi linaje familiar ha sido cancelada. Soy libre en el nombre de Jesucristo (Juan 8:36). Declaro que soy libre de toda fortaleza generacional y establezco un nuevo legado de bendición y justicia para mi familia.

14. Declaración de evolución financiera
Declaro que soy bendecido y no maldecido en mis finanzas (Deuteronomio 28:12). Mi Dios suplirá todas mis necesidades conforme a sus riquezas en gloria en Cristo Jesús (Filipenses 4:19). Rechazo el espíritu de escasez y pobreza; soy prestamista, no prestatario (Deuteronomio 28:12). Camino bajo un cielo abierto donde la provisión y el favor de Dios me acompañarán en cada área de mi vida (Malaquías 3:10). Declaro que mis circunstancias actuales no me limitan, porque Dios es más que suficiente. Decreto aumento y abundancias sobrenaturales sobre mis finanzas en el nombre de Jesucristo.

15. Declaración de restauración
Declaro que Dios está restaurando todo lo que el enemigo me ha robado (Joel 2:25). Mis años desperdiciados, las oportunidades perdidas y las relaciones rotas son restauradas por la mano de Dios. El Señor está renovando todo en mi vida (Apocalipsis 21:5). Mis últimos días serán mejores que los primeros (Hageo 2:9), y daré testimonio de la bondad y la fidelidad de Dios.

16. Declaración de sabiduría y discernimiento
Declaro que la sabiduría de Dios habita en abundancia en mí (Santiago 1:5). Puedo discernir entre la verdad y el engaño, la luz y la oscuridad (Hebreos 5:14). Las falsas enseñanzas, los espíritus manipuladores y las astutas estrategias del enemigo no me engañarán. El Espíritu Santo me guía a toda la verdad (Juan 16:13), y la mente de Cristo guía mis decisiones.

17. Declaración de fecundidad y multiplicación
Declaro que soy fructífero en cada área de mi vida (Génesis 1:28). Mis manos son benditas, y el trabajo de mis manos prospera (Deuteronomio 28:8). Rechazo

la esterilidad y el estancamiento; decreto crecimiento y expansión para mi vida (Isaías 54:2-3). Todo lo que toco florecerá porque el favor del Señor está sobre mí (Salmo 1:3).

18. Declaración de alineación divina
Declaro que mi vida está en armonía con la voluntad y el propósito divinos (Jeremías 29:11). El Señor ordena mis pasos (Salmo 37:23), y estoy en el lugar correcto en el momento oportuno. Todo desvío, distracción y retraso del enemigo queda anulado, y camino con confianza en mi misión divina.

19. Declaración de valentía para testificar
Declaro que no me avergüenzo del Evangelio de Cristo, porque es poder de Dios para salvación (Romanos 1:16). El Espíritu Santo me ha dado poder para proclamar la verdad de la Palabra de Dios con valentía y confianza (Hechos 4:31). Soy una luz en la oscuridad. Mi testimonio atraerá a otros a la salvación (Mateo 5:16).

20. Declaración de fortaleza en la guerra espiritual
Declaro que estoy revestido de toda la armadura de Dios (Efesios 6:11). Me mantengo firme contra las asechanzas del enemigo, blandiendo la espada del Espíritu, que es la Palabra de Dios (Efesios 6:17). Ninguna arma forjada contra mí prosperará (Isaías 54:17). Tomo autoridad sobre todo ataque espiritual e influencia demoníaca en el nombre de Jesucristo (Mateo 18:18).

21. Declaración del tiempo divino
Declaro que mis tiempos y mis estaciones están en las manos del Señor (Salmo 31:15). No me angustiaré por el futuro, porque el Señor hace todo hermoso a su tiempo (Eclesiastés 3:11). El Señor dirige mis pasos. Camino con confianza en su tiempo y provisión (Proverbios 3:5-6).

22. Declaración de desbordamiento y abundancia
Declaro que mi copa está rebosando (Salmo 23:5). El Señor me ha bendecido abundantemente para que pueda ser una bendición para otros (2 Corintios

9:8). Recibo un crecimiento sobrenatural en mis finanzas, relaciones y dones espirituales. Nada me faltará, porque el Señor es mi fuente (Filipenses 4:19).

23. Declaración de alegría y paz
Declaro que el gozo del Señor es mi fortaleza (Nehemías 8:10). Rechazo el espíritu de tristeza y depresión, porque Dios me ha dado un manto de alabanza (Isaías 61:3). Camino en una paz sobrenatural que sobrepasa todo entendimiento (Filipenses 4:7).

24. Declaración de liberación de la adicción
Declaro que estoy libre de toda adicción, baluarte y esclavitud (Juan 8:36). Ya no soy esclavo del pecado, pues he sido redimido por la sangre de Jesús (Romanos 6:14). Toda adicción está rota y camino en libertad (2 Corintios 3:17).

25. Declaración de reconciliación
Declaro que Dios está restaurando las relaciones rotas en mi vida que Él desea que tenga (2 Corintios 5:18). El perdón, la sanación y la comprensión fluyen libremente en mis relaciones. El Señor está curando las heridas del pasado y, según su voluntad, trayendo reconciliación donde había división (Salmo 147:3).

26. Declaración de la influencia del reino
Declaro que soy embajador del reino (2 Corintios 5:20). Represento el reino de los Cielos en la Tierra y llevo la autoridad del rey. Mis palabras y acciones glorifican a Dios y promueven su reino (Mateo 6:10).

27. Declaración de administración financiera
Declaro que soy un fiel administrador de los recursos que Dios me ha dado (Lucas 16:10). Administro mis finanzas con sabiduría e integridad, honrando a Dios con mis diezmos y ofrendas (Malaquías 3:10).

28. Declaración de liberación de la vergüenza
Declaro que no estoy condenado, porque ninguna condenación se da a los que están en Cristo Jesús (Romanos 8:1). Mis errores y fracasos

pasados ya no me definen; soy una nueva creación en Cristo (2 Corintios 5:17).

29. Declaración de promoción divina
Declaro que el ascenso viene del Señor (Salmo 75:6-7). Estoy alcanzando nuevos niveles de influencia y autoridad porque he sido fiel en lo poco (Lucas 16:10).

30. Declaración de coraje
Declaro que soy fuerte y valiente (Josué 1:9). Rechazo el espíritu de temor e intimidación, sabiendo que el Señor está conmigo dondequiera que vaya (2 Timoteo 1:7).

31. Declaración de victoria sobre el miedo
Declaro que no soy esclavo del temor, pues soy hijo de Dios (Romanos 8:15). El temor no tiene cabida en mi vida porque Dios no me ha dado un espíritu de cobardía, sino de poder, amor y dominio propio (2 Timoteo 1:7). Camino con valentía y confianza, sabiendo que el Señor va delante de mí y es mi retaguardia (Isaías 52:12). Rechazo todo atisbo de temor y ansiedad. Declaro que mi mente y mi corazón están protegidos por la paz de Dios (Filipenses 4:7).

32. Declaración de audacia espiritual
Declaro que no me avergüenzo del Evangelio de Cristo, porque es poder de Dios para salvación (Romanos 1:16). Hablo con valentía y convicción, sabiendo que el Espíritu Santo me capacita para ser un testigo valiente de Cristo (Hechos 1:8). Soy valiente al proclamar la verdad. No cederé ante la oposición (2 Timoteo 4:2). Camino con autoridad espiritual, sabiendo que el poder de Dios reposa sobre mí (Lucas 10:19).

33. Declaración del favor de Dios
Declaro que el favor de Dios me rodea como un escudo (Salmo 5:12). Camino en el favor divino con Dios y con los hombres (Lucas 2:52). Se me abren puertas de oportunidad porque el favor de Dios está sobre mi vida. Estoy bendecido en

la ciudad y bendecido en el campo (Deuteronomio 28:3). Recibo aceleración divina y crecimiento gracias al favor de Dios.

34. Declaración de salud mental y estabilidad emocional
Declaro que tengo la mente de Cristo (1 Corintios 2:16). Rechazo toda mentira y distorsión del enemigo. Mi mente está estable, en paz, y reflexiona en Dios y su bondad, pues me mantengo en perfecta paz porque mi mente está fija en el Señor (Isaías 26:3). Pongo todo pensamiento cautivo a la obediencia a Cristo (2 Corintios 10:5). Camino con claridad mental y estabilidad emocional, libre de confusión y angustia.

35. Declaración de salud y sanación
Declaro que tomo decisiones sabias en lo que consumo, pues ya sea que coma o beba, lo hago todo para la gloria de Dios (1 Corintios 10:31). No dejo que los antojos ni la ociosidad dicten mis decisiones. Mi apetito está sometido a Cristo y elijo alimentos que nutren y fortalecen mi cuerpo. Soy disciplinado y estoy guiado por el Espíritu Santo incluso en mis hábitos alimenticios, y rechazo los hábitos que conducen a la destrucción (Proverbios 23:2).

36. Declaración de superación de la tentación
Declaro que no estoy tentado más allá de lo que puedo soportar, pues Dios provee una vía de escape para toda tentación (1 Corintios 10:13). Tengo la fuerza y la disciplina para resistir las argucias del enemigo (Santiago 4:7). Me guío por el Espíritu, no por la carne (Gálatas 5:16). Camino en santidad y pureza, rechazando todo deseo e impulso impío. Declaro que ya no soy esclavo del pecado; soy siervo de la justicia, liberado por la verdad de Dios. Declaro que he vencido toda tentación y que no seré vencido por el pecado.

37. Declaración de protección
Declaro que habito al abrigo del Altísimo y moro bajo la sombra del Todopoderoso (Salmo 91:1). Ningún mal me sobrevendrá, ni plaga tocará

mi morada (Salmo 91:10). El Señor ha encomendado a sus ángeles que me guarden en todos mis caminos (Salmo 91:11). Estoy cubierto y protegido por la sangre de Jesucristo (Apocalipsis 12:11).

38. Declaración de liberación del temor a la muerte
Declaro que no temo a la muerte, porque Cristo ha vencido la muerte y el sepulcro (1 Corintios 15:55-57). Mi vida está escondida con Cristo en Dios (Colosenses 3:3). Cumpliré el número de mis días y no moriré antes de tiempo (Salmo 118:17). El Señor ha asegurado mi futuro eterno, y camino con la confianza de su promesa de vida eterna (Juan 3:16).

39. Declaración de unción y poder espiritual
Declaro que estoy ungido por el Espíritu Santo (1 Juan 2:27). El mismo poder que resucitó a Jesús de entre los muertos vive en mí (Romanos 8:11). Camino en autoridad espiritual, y las señales y prodigios me siguen porque creo en Jesucristo (Marcos 16:17-18). Estoy capacitado para sanar enfermos, expulsar demonios y proclamar el Evangelio con poder.

40. Declaración de libertad frente al gasto excesivo
Declaro que camino con la comprensión del Espíritu Santo en cuanto a mis finanzas. No tomo decisiones impulsivas ni gasto más de lo que puedo, porque la Palabra dice:

> *Porque ¿quién de vosotros, queriendo edificar una torre, no se sienta primero y calcula los gastos, a ver si tiene lo que necesita para acabarla?*
>
> Lucas 14:28 RVR1960

Calculo el costo antes de comprometerme financieramente. Rechazo los gastos excesivos y las compras emocionales. El Espíritu de sabiduría y prudencia guía mis decisiones financieras. Soy un fiel administrador de lo que Dios provee, y experimento paz, no presión, porque vivo por principios, no por impulsos.

41. Declaración de enfoque y disciplina digital

Declaro que fijo mi mirada en lo eterno, no en lo temporal (2 Corintios 4:18). Las notificaciones, el desplazamiento constante ni la revisión compulsiva no me controlarán. Fijo mi mente y la mantengo fija en lo de arriba, no en las distracciones de este mundo (Colosenses 3:2). Mi tiempo es precioso y mi atención es valiosa. Tomo control de mis dispositivos y vivo una vida presente, enfocada y con propósito cada día.

42. Declaración de fuerza para superar la oposición

Declaro que ninguna arma forjada contra mí prosperará (Isaías 54:17). Condeno toda lengua que se levante contra mí en juicio (Isaías 54:17). Soy más que vencedor por medio de Cristo que me fortalece (Romanos 8:37). Me mantengo firme e inquebrantable ante la oposición, sabiendo que Dios lucha por mí (Éxodo 14:14).

43. Declaración de andar en autoridad

Declaro que he recibido autoridad sobre todo el poder del enemigo (Lucas 10:19). Piso serpientes y escorpiones, y nada me dañará. Camino en el poder del Espíritu Santo, y el enemigo huye cuando me resisto a él (Santiago 4:7). Decreto que ninguna influencia demoníaca prosperará en mi vida.

44. Declaración de paz sobrenatural

Declaro que estoy lleno de la paz de Dios, que sobrepasa todo entendimiento (Filipenses 4:7). Mi corazón y mi mente están protegidos por la paz de Cristo (Colosenses 3:15). Rechazo el espíritu de ansiedad y agitación. Camino en paz divina, descansando en las promesas de Dios.

45. Declaración de liberación de la desesperanza

Declaro que tengo esperanza porque Cristo es mi ancla (Hebreos 6:19). Rechazo el espíritu de desesperación y desesperanza. Mi futuro está asegurado en el Señor, y tengo un fin bueno y esperado (Jeremías 29:11). Camino en fe, sabiendo que Dios completará lo que ha comenzado en mi vida (Filipenses 1:6).

46. Declaración de superación de las dudas sobre uno mismo

Declaro que fui creado de manera admirable y maravillosa (Salmo 139:14). Rechazo todo pensamiento negativo sobre mi identidad y mi valor. Estoy completo en Cristo (Colosenses 2:10). Tengo confianza, sabiendo que soy la obra maestra de Dios, creado para buenas obras (Efesios 2:10).

47. Declaración de paciencia y resistencia

Declaro que correré con perseverancia la carrera que tengo por delante (Hebreos 12:1). No me cansaré de hacer el bien, porque a su tiempo cosecharé (Gálatas 6:9). Me fortalece con todo poder conforme a su glorioso poder (Colosenses 1:11).

48. Declaración de percepción sobrenatural

Declaro que tengo discernimiento y revelación divina por medio del Espíritu Santo (Efesios 1:17-18). Mis ojos están abiertos para ver las profundidades de Dios. Tengo discernimiento y entendimiento espiritual que sobrepasan la sabiduría humana.

49. Declaración de victoria sobre la depresión

Declaro que tengo óleo de gozo en vez de luto y manto de alabanza, en vez de espíritu abatido (Isaías 61:3). La depresión y la tristeza no tienen cabida en mi vida. El gozo del Señor es mi fortaleza (Nehemías 8:10).

50. Declaración de confianza en el plan de Dios

Declaro que confío en el Señor con todo mi corazón (Proverbios 3:5-6). No me apoyo en mi propio entendimiento, sino que me someto a la guía de Dios. Él endereza mi camino y lo sigo con confianza.

AFIRMACIONES PARA ROMPER HECHIZOS Y MALDICIONES

A veces, la batalla no está a nuestro alrededor, sino dentro de nosotros. Las afirmaciones son *declaraciones poderosas y basadas en la verdad, diseñadas para transformar nuestra percepción de nosotros mismos y renovar nuestra mente de acuerdo con la Palabra de Dios.* Las afirmaciones no son dichos casuales ni frases que nos hacen sentir bien; son expresiones de acuerdo basadas en la verdad que alinean nuestra mente (corazón), alma, espíritu y boca con la voluntad de Dios. Afirmar algo es expresar con persistencia, firmeza y confianza que es cierto, incluso cuando otros lo dudan y las circunstancias lo contradicen. Lo vemos claramente en el libro de los Hechos:

> *14 la cual, cuando reconoció la voz de Pedro, de gozo no abrió la puerta, sino que corriendo adentro, dio la nueva de que Pedro estaba a la puerta.*
> *15 Y ellos le dijeron: Estás loca. Pero ella aseguraba que así era. Entonces ellos decían: ¡Es su ángel!*
> *16 Mas Pedro persistía en llamar; y cuando abrieron y le vieron, se quedaron atónitos.*
> Hechos 12:14-16 RVR1960

En ese momento, la sirvienta no solo comunicó lo que creía, sino que lo afirmó. Se mantuvo firme en su declaración a pesar del ridículo y la incredulidad. Eso es lo que las afirmaciones bíblicas nos enseñan a hacer: alinear con valentía nuestras palabras y pensamientos con lo que Dios dice que es verdad, incluso cuando el mundo natural lo niega.

Cuando nuestra identidad se tambalea o nuestros pensamientos se nublan por mentiras, estas afirmaciones bíblicas nos ayudan a interiorizar y materializar la verdad de Dios sobre quiénes somos. Recítalas lenta, repetida e intencionalmente, permitiendo que cada afirmación te ayude a replantear tu pensamiento y a reconstruir tu confianza en Cristo.

1. Afirmación de la identidad en Cristo

Soy hijo de Dios, elegido, amado y aceptado por mi Padre Celestial. Mis errores pasados, mis debilidades y las opiniones de los demás no me definen. Soy una creación admirable y maravillosa, creada a imagen de Dios y llamada a andar en su luz. Nada ni nadie puede separarme del amor de Dios que está en Cristo Jesús. Soy su obra maestra, creada para cumplir el propósito que él diseñó para mí antes de la fundación del mundo. (Romanos 8:38-39; Salmo 139:14; Efesios 2:10)

2. Afirmación de la autoridad espiritual

He recibido poder y autoridad por medio de Jesucristo para pisotear serpientes, escorpiones y todo el poder del enemigo. Ninguna arma forjada contra mí prosperará, y condenaré toda lengua que se levante contra mí en juicio. Estoy sentado en los lugares celestiales con Cristo Jesús, y gobierno y reino con autoridad espiritual porque mayor es el que está en mí que el que está en el mundo. (Lucas 10:19; Isaías 54:17; 1 Juan 4:4)

3. Afirmación de confianza en la protección de Dios

Habito al abrigo del Altísimo y moro bajo la sombra del Todopoderoso. El Señor es mi refugio y mi fortaleza; en Él confío. Me cubre con sus plumas, y bajo sus alas encuentro refugio. Ningún mal me sobrevendrá, ni plaga se acercará a mi morada. Dios ha ordenado a sus ángeles que me guarden en todos mis caminos. Estoy seguro y a salvo bajo la protección de mi Padre Todopoderoso. (Salmo 91:1-11)

4. Afirmación de libertad ante el miedo y la ansiedad

Me niego a vivir con miedo o ansiedad porque Dios no me ha dado un espíritu de temor, sino de poder, amor y dominio propio. Derribo todo pensamiento ansioso y toda imaginación que se alce contra el conocimiento de Dios. Descanso en la paz de Dios que sobrepasa todo entendimiento. La paz de Cristo guarda mi mente, y no me dejaré llevar por el temor. (2 Timoteo 1:7; Filipenses 4:7; 2 Corintios 10:5)

5. Afirmación de la provisión de Dios

Mi Dios suplirá todas mis necesidades conforme a sus riquezas en gloria en Cristo Jesús. No me preocupo por lo que comeré, beberé o vestiré, porque mi Padre Celestial conoce mis necesidades incluso antes de que se las pida. Él viste los lirios del campo y alimenta a las aves del cielo; ¿cuánto más cuidará de mí? Estoy libre del temor a la escasez, porque el Señor es mi Pastor, y nada me falta. Vivo bajo un cielo abierto, y las bendiciones de Dios me cubren. (Filipenses 4:19; Mateo 6:25-33; Salmo 23:1; Malaquías 3:10)

6. Afirmación de romper hechizos y maldiciones

Afirmo que el Evangelio de Jesucristo rompe todo hechizo, y las bendiciones de Dios rompen toda maldición impuesta contra mí. Ningún encantamiento ni adivinación prosperará contra mí porque el pacto de la cruz me protege. Toda maldición generacional queda cancelada y revertida en el nombre de Jesús. Soy liberado de toda tarea oscura y ataque oculto. Camino en la bendición de Abraham, y el favor de Dios me rodea como un escudo. (Números 23:23; Gálatas 3:13-14; Salmo 5:12)

7. Afirmación de caminar en el favor de Dios

El favor de Dios me rodea como un escudo. Estoy bendecido y no maldito, cabeza y no cola, solo por encima y no por debajo. Todo lo que empeño prospera porque la mano del Señor está sobre mí. Se abren ante mí puertas de oportunidad, y nadie puede cerrarlas. El favor de Dios me prepara para el éxito, y su gracia me lleva ante reyes. (Salmo 5:12; Deuteronomio 28:13; Proverbios 18:16)

8. Afirmación de sanación

Por las llagas de Jesucristo, estoy sanado. Rechazo todo síntoma de enfermedad, afección o dolencia. Mi cuerpo es templo del Espíritu Santo, y afirmo que Dios me da salud y fortaleza en cada órgano, célula y sistema de mi cuerpo. Estoy libre de dolor y malestar porque Dios ha enviado su Palabra y me ha sanado. La sanidad es mi derecho de pacto, y camino en salud divina todos los días de mi vida. (Isaías 53:5; Salmo 103:3; 1 Corintios 6:19)

9. Afirmación de coraje

Soy fuerte y valiente porque el Señor mi Dios está conmigo dondequiera que vaya. No temeré ni me desanimaré porque Dios va delante de mí y nunca me dejará ni me abandonará. Me levanto con fe y valentía, sabiendo que la fuerza de Dios se perfecciona en mi debilidad. Me niego a tolerar las tácticas de intimidación del enemigo porque el Señor es mi fuerza y mi escudo. (Josué 1:9; Deuteronomio 31:8; Salmo 28:7)

10. Afirmación de plena confianza

Camino por fe, no por vista. Confío en el Señor con todo mi corazón y no me apoyo en mi propio entendimiento. En todos mis caminos, reconozco a Dios con todo mi corazón y con fidelidad, porque necesito que Él guíe mi camino. Me niego a ser insensato y a dejarme llevar por las circunstancias terrenales, porque tengo una fe firme en Dios y creo que la Palabra de Dios es la verdad. Mi fe está cimentada en Cristo y no seré conmovido. (2 Corintios 5:7; Proverbios 3:5-6; Salmo 125:1)

11. Afirmación de logro

Dios me fortalece con todo su poder, según su glorioso poder, para que pueda cumplir cada tarea, honrando a Jesucristo, quien aumenta mi capacidad. El Señor es la fortaleza de mi vida; no seré sacudido ni conmovido por la adversidad. Mi fuerza proviene del gozo del Señor, y me mantengo firme en la obediencia a su santa voluntad por su poder vivificante. (Colosenses 1:11; Filipenses 4:13; Nehemías 8:10)

12. Afirmación de rechazo al cautiverio

El Señor es mi Libertador. Me ha librado de la trampa del cazador y de la peste mortal. Ninguna fortaleza del enemigo me mantendrá atado porque el Espíritu del Señor me ha liberado. Camino en libertad y me niego a ser cautivo del miedo, la duda o la opresión. (Salmo 91:3; 2 Corintios 3:17; Salmo 34:17)

13. Afirmación de un corazón conquistador

Soy más que vencedor por medio de Cristo, quien me ama. Dios siempre me hace triunfar en Cristo Jesús. Ninguna batalla es demasiado grande para el Señor, y él lucha por mí. La victoria es mía porque la batalla pertenece al Señor. (Romanos 8:37; 2 Corintios 2:14; Éxodo 14:14)

14. Afirmación de la restauración

Dios restaura los años que las langostas se han comido, y me devolverá todo lo que el enemigo me robó, con creces. Dios renueva todas las cosas y trae belleza de las cenizas de mi vida. La restauración es mi porción, y camino en la plenitud de la bendición de Dios. (Joel 2:25; Isaías 61:3; Apocalipsis 21:5)

15. Afirmación de testimonio valiente

Afirmo que soy testigo de Jesucristo, fortalecido por el Espíritu Santo para compartir la verdad con valentía y compasión. No me avergüenzo del Evangelio, pues es poder de Dios para salvación. Hablo como enviado y llamado, sin temor al rechazo, porque sé que el Cielo me respalda. Las palabras que pronuncio no son mías, sino del Espíritu que mora en mí. Soy una luz en la oscuridad y no callaré. (Romanos 1:16; Hechos 1:8; Mateo 5:14)

16. Afirmación de la esperanza

Mi esperanza está en el Señor y no seré defraudado. Estoy anclado en las promesas de Dios y sé que él obra todo para mi bien. Mi futuro está asegurado en Cristo y vivo con esperanza y confianza en su fidelidad. (Romanos 15:13; Jeremías 29:11; Hebreos 6:19)

17. Afirmación de paciencia
Espero en el Señor, y Él renueva mis fuerzas. No me cansaré de hacer el bien porque sé que cosecharé a su debido tiempo. No me adelantaré al tiempo de Dios porque confío en que sus planes para mí son buenos y perfectos. (Isaías 40:31; Gálatas 6:9)

18. Afirmación de seguir el llamado de Dios
«Prosigo a la meta, al premio del supremo llamamiento de Dios en Cristo Jesús.» (Filipenses 3:14 RVR1960). Afirmo que, cuando Dios me lo pida, correré con paso firme hacia la meta, el objetivo o el fin que Dios me ha permitido ver, de la alta invitación de Dios para el destino de mi vida en Cristo Jesús. No me distraeré con errores del pasado ni con desafíos del presente. Mi mirada está fija en el llamado supremo de Dios y mi vida está comprometida con el cumplimiento de Su propósito divino. Dejo atrás lo que queda atrás y me esfuerzo hacia adelante con fe. Corro esta carrera con perseverancia, sabiendo que Cristo es mi recompensa. (Filipenses 3:14; Hebreos 12:1; 1 Corintios 9:24)

19. Afirmación de la fidelidad de Dios
Dios es fiel y nunca me abandonará. Sus promesas son verdaderas y eternas. Puedo confiar en su Palabra y en su carácter. Lo que Dios ha dicho se cumplirá con seguridad porque Él vela por su cumplimiento. (Lamentaciones 3:22-23; 2 Timoteo 2:13; Números 23:19)

20. Afirmación de amor
El amor de Dios se derrama abundantemente en mi corazón. Estoy arraigado y cimentado en su amor. Amo a los demás porque Dios me amó primero. Su amor me fortalece, me consuela y me da la fuerza para amar incluso a quienes son difíciles de amar. Nada puede separarme del amor de Dios. (Romanos 5:5; Efesios 3:17-19; 1 Juan 4:19)

21. Afirmación de la posición y autoridad espiritual
Afirmo, por la Palabra de Dios previa respecto a mi asignación terrenal, que estoy posicionado por encima y no por debajo, como cabeza y no como cola,

porque Dios me ha establecido en Su autoridad (Deuteronomio 28:13). Estoy sentado con Cristo en los lugares celestiales, gobernando y reinando con Él (Efesios 2:6). Por lo tanto, solo lo permitido, legal y desatado en el Cielo será permitido, legal y desatado en la Tierra en mi vida (Mateo 18:18). Recibo la paz de Dios, que guarda mi corazón y mi mente, ayudándome a reconocer claramente Su voz y Su guía divina (Filipenses 4:7). Estoy protegido de toda vigilancia espiritual satánica. Ningún ser, físico o espiritual, puede espiar mi vida con fines de planificación estratégica. Estoy escondido en Cristo Jesús (Colosenses 3:3). Ninguna arma forjada contra mí prosperará, y ningún altar maligno erigido contra mí permanecerá en pie. Toda lengua malvada que habla contra mí es silenciada y condenada (Isaías 54:17). Porque Dios me bendice, ninguna maldición tiene poder sobre mí (Números 23:8). También afirmo que toda prisión espiritual que me mantenía cautivo se ha abierto. Así como Pablo y Silas experimentaron una liberación sobrenatural, hoy camino en libertad (Hechos 16:26). Gracias, Señor Jesús, por liberarme para cumplir tu propósito en mi vida. En el nombre de Yeshúa Hamashiach, Jesús el Mesías, Amén (Así sea).

22. Afirmación de la paz sobrenatural
Afirmo que la paz de Dios, que sobrepasa todo entendimiento, guarda mi corazón y mi mente por medio de Cristo Jesús. No me perturba el caos de este mundo porque descanso en la paz que Dios me da. Su paz afirma mis pasos y me guía en perfecta armonía con su voluntad. El miedo y la ansiedad no tienen autoridad sobre mí porque la paz de Dios reina en mi vida. (Filipenses 4:7; Isaías 26:3; Juan 14:27)

23. Afirmación de audacia espiritual
Afirmo que soy valiente y audaz porque el Señor mi Dios está conmigo dondequiera que voy. No me intimidan las amenazas del enemigo ni me desaniman los desafíos de la vida. El Señor me ha llenado de un espíritu de poder, amor y dominio propio. Me mantengo firme, sabiendo que la fuerza de Dios se perfecciona en mi debilidad. (Josué 1:9; 2 Timoteo 1:7; 2 Corintios 12:9)

24. Afirmación del tiempo de Dios

Confío en el tiempo perfecto de Dios. No me preocupa el futuro porque sé que Dios ha designado cada etapa de mi vida. Él hace que todo sea hermoso a su tiempo y completará la obra que comenzó en mí. Descanso en la seguridad de que el tiempo de Dios siempre es el correcto y no intentaré forzar puertas que Él no ha preparado para mí. (Eclesiastés 3:11; Filipenses 1:6; Salmo 31:15)

25. Afirmación de la salvación familiar

Desde la Palabra de Dios, en Hechos 16:31 RVR1960, hablo a la atmósfera: «Ellos dijeron: Cree en el Señor Jesucristo, y serás salvo, tú y tu casa». Afirmo que mi familia y yo pertenecemos al Señor. Al creer en Jesucristo, la salvación fluye a través de mi linaje. Cada ser querido está llegando al conocimiento de la verdad. Declaro que sus corazones se están ablandando y sus ojos se están abriendo a la luz del Evangelio. La misma gracia que me salvó los acompaña. Mi familia conocerá a Dios, lo amará y le servirá fielmente. (Hechos 16:31; Isaías 54:13; 2 Pedro 3:9)

26. Afirmación de la protección de Dios sobre mi familia

Afirmo que la sangre de Jesús cubre mi hogar. Ninguna arma forjada contra mi familia prosperará. Los ángeles de Dios están apostados alrededor de mi hogar, protegiéndonos día y noche. El Señor construye un cerco protector alrededor de mi familia, y estamos protegidos bajo sus alas. (Salmo 91:10-11; Isaías 54:17; Job 1:10)

27. Afirmación de ser escuchado por Dios

Afirmo que Dios me escucha cuando clamo. Mis oraciones no caen en el suelo, porque los oídos del Señor están atentos al clamor de los justos. Él conoce mi voz y responde con compasión y poder. No soy ignorado ni pasado por alto; soy amado y escuchado. Mis peticiones se elevan como incienso ante Él, y mi voz tiene peso en los atrios celestiales. (Salmo 34:15; 1 Juan 5:14; Apocalipsis 5:8)

28. Afirmación de liberación de la esclavitud espiritual

Afirmo que estoy libre de toda fortaleza espiritual e influencia demoníaca. La unción del Señor destruye todo yugo, y las cadenas de opresión se rompen en mi vida. He sido liberado del reino de las tinieblas y transferido al reino del amado Hijo de Dios. Camino en libertad, y el enemigo ya no tiene autoridad sobre mi vida. (Isaías 10:27; Colosenses 1:13; Gálatas 5:1)

29. Afirmación de alegría y fortaleza

El gozo del Señor es mi fuerza. Elijo regocijarme incluso en circunstancias difíciles porque mi esperanza está en Dios. Su gozo me llena de fuerza sobrenatural y me capacita para soportar cada prueba. No me conmueve lo que veo; el gozo de Dios me fortalece. (Nehemías 8:10; Habacuc 3:18-19; Filipenses 4:4)

30. Afirmación de victoria sobre la tentación

Afirmo que soy victorioso sobre toda tentación. Dios me ha provisto una vía de escape y tengo la fuerza para resistir toda artimaña del enemigo. El pecado no me domina porque el Espíritu Santo me fortalece, y no hay nada en la tierra que me dé más placer que saber que agrado a Dios. Camino en pureza y rectitud, sabiendo que la fuerza de Dios me permite vencer toda tentación. (1 Corintios 10:13; Santiago 4:7; Romanos 6:14)

31. Afirmación de fecundidad y éxito

Afirmo que soy fructífero y exitoso en todo lo que hago. Dios ha bendecido el trabajo de mis manos y veo un crecimiento en cada área de mi vida. Soy como un árbol plantado junto a corrientes de agua, que da fruto a su tiempo. Todo lo que hago prospera porque el favor de Dios está sobre mí. (Salmo 1:3; Deuteronomio 28:12; Josué 1:8)

32. Afirmación de claridad y sabiduría

Afirmo que camino con claridad y sabiduría divinas. Dios me concede entendimiento y comprensión que superan la capacidad humana. No estoy confundido ni inseguro porque el Espíritu de verdad me guía a toda la verdad. Tengo la mente de Cristo y pienso con claridad y estrategia. (Santiago 1:5; 1 Corintios 2:16; Juan 16:13)

33. Afirmación de fe inquebrantable

Afirmo que mi fe es sólida e inquebrantable. Confío en las promesas de Dios incluso cuando las circunstancias parecen imposibles. Mi fe no se basa en lo que perciben mis sentidos, sino en la verdad de la Palabra de Dios. Creo que lo que Dios ha dicho se cumplirá. (Romanos 4:20-21; Hebreos 11:1; 2 Corintios 5:7)

34. Afirmación de vida abundante

Jesús dijo en Juan 10:10 RVR1960: «El ladrón no viene sino para hurtar y matar y destruir; yo he venido para que tengan vida, y para que la tengan en abundancia». Afirmo que Jesús vino para darme vida y recibo la plenitud de vida que Él tiene para mí. No vivo bajo el peso de la supervivencia; vivo en la abundancia de Su abundancia. Mi vida está marcada por el propósito, la paz, el gozo y la gracia. El enemigo viene a despojarme, pero Jesús vino a darme más que suficiente, y lo tengo; Dios lo prepara y lo pone a mi disposición en Su tiempo perfecto. Camino en la riqueza de la vida de Jesús: cuerpo, alma y espíritu. (Juan 10:10; Salmo 16:11; Efesios 3:20)

35. Afirmación de plenitud

Afirmo que estoy completo y pleno en Cristo. Nada falta, está roto ni ausente en mi vida. El poder restaurador de Dios obra en mí, sanándome en cada aspecto: espíritu, alma y cuerpo. Me siento fortalecido, sano y completo gracias a la obra consumada de Jesucristo. (Colosenses 2:10; 1 Tesalonicenses 5:23; Isaías 58:12)

36. Afirmación de luz e influencia

Afirmo para gloria de Dios que soy la luz del mundo. Mi vida brilla con fuerza ante los hombres, y ellos ven la bondad de Dios a través de mí. Estoy llamado a ser luz en la oscuridad, y la gloria de Dios irradia a través de mí. La luz de Cristo en mí disipa la oscuridad, y camino con confianza como un instrumento de su amor y verdad. (Mateo 5:14-16; Isaías 60:1-2)

37. Afirmación del discernimiento espiritual

Afirmo que, aunque no posea el don de discernimiento de espíritus, por medio del Espíritu Santo, no soy ni seré fácilmente engañado, porque el Espíritu de verdad me guía a toda la verdad. Reconozco las artimañas del enemigo y rechazo toda falsedad y mentira. Mis sentidos espirituales son agudos y distinguiré entre el bien y el mal. Dios me concede sabiduría y discernimiento para tomar decisiones justas. (1 Juan 4:1; Hebreos 5:14; Juan 16:13)

38. Afirmación de la libertad de culpa y vergüenza

Estoy libre de culpa y vergüenza porque Cristo me ha redimido. No estoy condenado porque estoy en Cristo Jesús. Mis pecados han sido perdonados y ando en la justicia de Dios. Rechazo toda acusación del enemigo y me mantengo firme en la verdad de mi perdón y aceptación en Cristo. Estoy lavado, santificado y justificado por la sangre de Jesús. (Romanos 8:1; 1 Juan 1:9; 1 Corintios 6:11)

39. Afirmación para los líderes gubernamentales y la nación

Afirmo que Dios es soberano sobre las naciones y levanto ante Él a mi país, sus líderes y sus influyentes. Proclamo que quienes ostentan autoridad serán guiados por la sabiduría, el entendimiento, la justicia y la verdad de Dios. Dios, por su Espíritu Santo, les ha dado su Palabra, voluntad y camino, presentados de una manera que no rechazarán. La justicia exalta a una nación, y declaro que el consejo piadoso rodeará y será impartido a quienes ostentan el poder. Afirmo que Dios trae y mantiene la paz y el bienestar de mi tierra, y me mantengo firme por mi generación, sabiendo que la oración eficaz y ferviente de los justos de Dios puede mucho. (1 Timoteo 2:1-2; Proverbios 14:34; Santiago 5:16)

40. Afirmación de estrategia y dependencia

Afirmo que ninguna arma forjada contra mí prosperará. Toda maquinación del enemigo queda expuesta y destruida por el poder de Dios. La sangre de Jesús me cubre, y el Señor es mi Defensor y Protector. Los planes del enemigo contra mí quedan impotentes, y camino en victoria total y autoridad espiritual. (Isaías 54:17; 2 Corintios 10:4-5; Lucas 10:19)

41. Afirmación de protección para mis hijos

Afirmo que la sangre de Jesús cubre a mis hijos. Ningún mal les sobrevendrá, y ninguna arma forjada contra ellos prosperará. Los ángeles de Dios los rodean y los protegen en todos sus caminos. Mis hijos andarán en la verdad de la Palabra de Dios y cumplirán el propósito y el destino que Dios ha planeado para ellos. (Salmo 91:10-11; Isaías 54:13; Proverbios 22:6)

42. Afirmación de confianza en la guía de Dios

Confío en el Señor con todo mi corazón y no me apoyo en mi propia prudencia. En todos mis caminos lo reconozco, y él dirige mis veredas. No estoy confundido ni inseguro porque la sabiduría de Dios me guía. Su voz es clara, y lo sigo con confianza, sabiendo que nunca me desviará. (Proverbios 3:5-6; Juan 10:27; Isaías 30:21)

43. Afirmación de fortaleza durante las pruebas

Soy fuerte en el Señor y en el poder de su fuerza. Enfrento las pruebas con valentía y perseverancia, sabiendo que Dios obra todas las cosas para mi bien. Incluso en medio de las dificultades, me sostiene la fuerza de Dios y me alientan sus promesas. Soy victorioso porque Cristo ya ha vencido al mundo. (Efesios 6:10; Romanos 8:28; Juan 16:33)

44. Afirmación de liberación del miedo al fracaso

Afirmo que el miedo al fracaso no me ata. El amor perfecto de Dios expulsa todo temor, y avanzo con fe y confianza. Mi éxito está determinado por el plan de Dios para mi vida, no por estándares humanos. Aunque tropiece, la mano de Dios me sostiene y me fortalece para levantarme de nuevo. Camino con valentía en obediencia al llamado de Dios. (2 Timoteo 1:7; Salmo 37:23-24; 1 Juan 4:18)

45. Afirmación de descanso y renovación
Ahora puedo afirmar con valentía que entro en el reposo de Dios. No me abruman las exigencias de la vida porque Dios me da paz y restauración. Me guía junto a las aguas de reposo y restaura mi alma. Pongo mis cargas en el Señor, y él me sostiene. Encuentro descanso para mi alma en su presencia. (Mateo 11:28-30; Salmo 23:2-3; Isaías 40:31)

46. Afirmación de liberación del rechazo
Afirmo que Dios me acepta y me ama. Las opiniones de los demás no me definen y me niego a vivir bajo el peso del rechazo. Dios me ha elegido y designado, y estoy seguro en su amor. Mi identidad está en Cristo y estoy completo en él. No estoy abandonado ni olvidado; mi Padre Celestial me aprecia. (Efesios 1:4-6; Salmo 27:10; Isaías 41:9-10)

47. Afirmación de la bondad desbordante de Dios
Afirmo que la bondad y la misericordia de Dios me acompañan todos los días de mi vida. Su favor me rodea como un escudo y sus bendiciones abundan en mi vida. Espero que sucedan cosas buenas porque Dios es bueno y sus planes para mí son buenos. Su bondad me guía y camino en la abundancia de su provisión. (Salmo 23:6; Romanos 8:28; Santiago 1:17)

48. Afirmación de firmeza en la fe
Afirmo que me mantengo firme en mi fe. No me dejo conmover por las pruebas ni la oposición porque mi fundamento está en Cristo. Me aferro a mi confesión de fe, sabiendo que Dios es fiel. Mi corazón es firme y mi fe se fortalece con cada prueba. Permanezco arraigado y cimentado en la verdad de Dios. (Hebreos 10:23; 1 Corintios 15:58; Salmo 112:7)

49. Afirmación de asignaciones divinas y puertas abiertas
Afirmo que estoy viviendo según mi designio divino. Dios me ha abierto puertas que nadie puede cerrar. Estoy equipado y ungido para cada tarea que me ha encomendado. Camino en armonía con su propósito y cumplo mi destino con

confianza. Cada oportunidad que Dios me ha asignado está asegurada y se me concede en su tiempo perfecto. (Apocalipsis 3:8; Filipenses 2:13; Isaías 22:22)

50. Afirmación del amor perfecto de Dios
Afirmo que el amor de Dios se ha perfeccionado en mí. Su amor perfecto expulsa todo temor y me llena de valentía y confianza. Estoy seguro en su amor, sabiendo que nada puede separarme de él. Amo a los demás con el amor que Dios me ha dado y soy un instrumento de su compasión y gracia. (1 Juan 4:18; Romanos 8:38-39; Colosenses 3:14)

ACERCA DEL AUTOR

Shane Wall ha predicado internacionalmente durante más de 40 años y es autor de dos libros más vendidos: bestseller #8 *Understanding: All Success is Attained by It* (considerado el primer libro cristiano jamás escrito sobre el tema del entendimiento) y el bestseller #1 *The Supernatural Guide to Understanding Angels*. También grabó un CD de góspel titulado *Conversations with God*, con canciones que escribió personalmente para expresar conversaciones divinas entre Dios y Sus hijos.

Es fundador y pastor principal de The Feast of the Lord en Orangeburg (Carolina del Sur), donde reside con sus dos hijos, Joshua y Amayah. El Apóstol Wall ministra regularmente en iglesias y conferencias alrededor del mundo, ayudando a las personas a liberarse de la esclavitud espiritual y a caminar en claridad divina. Su plataforma móvil gratuita, la Aplicación Shane Wall (que próximamente estará disponible en español), ofrece enseñanzas poderosas, revelación y recursos para quienes desean crecer en su caminar con Dios.

Contacto

Shane Wall
PO Box 2005
Orangeburg, SC 29116

• • •

Aplicación SHANEWALL

www.shanewall.com

www.ingramcontent.com/pod-product-compliance
Lightning Source LLC
Chambersburg PA
CBHW042300030526
44119CB00066B/818